雅学堂 第二辑

丛书·刘进宝 主编

东塾近思录

刘梦溪 著

读者出版传媒股份有限公司
甘肃文化出版社
甘肃·兰州

图书在版编目（ＣＩＰ）数据

东塾近思录 / 刘梦溪著. -- 兰州 ： 甘肃文化出版
社，2024.6
　　（雅学堂丛书 / 刘进宝主编. 第二辑）
　　ISBN 978-7-5490-2980-8

　　Ⅰ．①东… Ⅱ．①刘… Ⅲ．①史学－中国－文集
Ⅳ．①K207-53

　　中国国家版本馆CIP数据核字(2024)第107186号

东塾近思录
DONGSHU JINSI LU

刘梦溪 | 著

策　　　　划 | 郧军涛　周乾隆　贾　莉
项 目 负 责 | 鲁小娜
责 任 编 辑 | 何荣昌
装 帧 设 计 | 石　璞

出 版 发 行 | 甘肃文化出版社
网　　　　址 | http://www.gswenhua.cn
投 稿 邮 箱 | gswenhuapress@163.com
地　　　　址 | 兰州市城关区曹家巷1号 | 730030(邮编)

营 销 中 心 | 贾　莉　　王　俊
电　　　　话 | 0931-2131306

印　　　　刷 | 兰州新华印刷厂
开　　　　本 | 880毫米×1230毫米　1/32
字　　　　数 | 225千
印　　　　张 | 10.25
印　　　　数 | 1~3000册
版　　　　次 | 2024年6月第1版
印　　　　次 | 2024年6月第1次
书　　　　号 | ISBN 978-7-5490-2980-8
定　　　　价 | 68.00元

学术的传承与人格的养成（代序）

　　甘肃文化出版社2023年7月出版的"雅学堂丛书"共10本，即方志远《坐井观天》、王子今《天马来：早期丝路交通》、孙继民《邯郸学步辑存》、王学典《当代中国学术走向观察》、荣新江《三升斋三笔》、刘进宝《从陇上到吴越》、卜宪群《悦己集》、李红岩《史学的光与影》、鲁西奇《拾草》、林文勋《东陆琐谈》。由于这套丛书兼具学术性、知识性和可读性，从而得到了学界和社会的认可。2023年7月27日，在济南举办的第31届全国图书博览会上，读者出版传媒股份有限公司举行了"雅学堂丛书"新书首发暨主题分享会。全套丛书入选"2023甘版年度好书"；丛书之一的《当代中国学术走向观察》入选2023年9月《中华读书报》月度好书榜，并被评为"2023年15种学术·新知好书"。《光明日报》《中华读书报》《中国新闻出版广电报》《中国出版传媒商报》《甘肃日报》等，都发表了书评或报道，认为"雅学堂丛书""直面一个时代的历史之思"，被誉为"系统呈现了一代学人的学术精神"，"真实反映了一代学人把个人前途与国家命运紧密联系在一起严谨治学的点滴，诠释了一代学人的使命与担当"。"雅学堂丛书""既是视角新颖的学术史，也是深刻生动的思想史，更是一代学人的心灵史"。"丛书坚持'大家小书'的基本思路，将我国人文社科领域学术大家的学术史、思想史、学术交流史及其最新成果，以学术随笔形式向大众传播，让大众了解学界大家的所思、所想、所悟。"

一

鉴于"雅学堂丛书"出版后的社会影响，以及在学术界引起的关注，出版社希望能够继续编辑出版第二辑。经过仔细考虑和筛选，我们又选了十家，即樊锦诗《敦煌石窟守护杂记》、史金波《杖朝拾穗集》、刘梦溪《东塾近思录》、郑欣淼《故宫缘》、陈锋《珞珈山下》、范金民《史林余纪》、霍巍《考古拾贝》、常建华《史学鸿泥》、赵声良《瀚海杂谈》、李锦绣《半枰小草》。这些作者都是有影响的人物，他们的研究成果分别代表了各自领域学术研究的前沿。

在考虑第二辑作者的人选时，我想既要与第一辑有衔接，又要有不同。在反映一个时代的学术走向时，还要看到学术的传承，乃至人格的养成。

已经出版的"雅学堂丛书"10位作者是以"新三级"学人为主，而"新三级"学人在进入学术场域的20世纪70年代末80年代初，随着"科学的春天"到来，大学及研究生招生和教学逐渐走上正轨，加上学位制度的实施，到处洋溢着积极向上的氛围。我们的老师中既有20世纪初出生的老先生，也有 30 年代出生的中年教师。

老一代学者，由于从小就受到比较严格的家学熏陶或私塾教育，在民国时期完成了系统的学业，他们都有比较宽广的视野，学术基础扎实，格局比较大，因此在学术方法、理念和格局上，无意中承传了一个良好传统。"新三级"学子与他们相处，可以得到学识、做人、敬业各方面的影响。尤其是跟随他们读书的研究生，直接上承民国学术，站在了巨人的肩膀上。

为了反映学术的传承，我特别邀请了樊锦诗、史金波、刘梦溪、郑欣淼 4 位 80 岁左右的学人。他们的研究各具特色，樊锦诗先生的敦煌石窟保护与研究、史金波先生的西夏历史文化研究、刘梦溪先生以学术史和思想史为重点的文史之学、郑欣淼先生的故宫学研究，都代表了各自领域学术研究的前沿。

由于有了第一辑出版后的社会影响，第二辑约稿时，就得到了各位作者的积极响应，很快完成了第二辑的组稿编辑。

二

樊锦诗先生的《敦煌石窟守护杂记》收录了作者有关敦煌文化的价值、敦煌石窟保护研究的历程，敦煌石窟的保护、管理与开放和向前贤学习的文章 26 篇。作者写道："此生命定，我就是个莫高窟的守护人，故此我把这本书称为《敦煌石窟守护杂记》。希望本书能为后续文化遗产保护、研究、弘扬和管理事业起到一点参考的作用。"

刘梦溪先生的《东塾近思录》，按类型和题意，收入了4组文章：一、经学和中国文化通论；二、魏晋、唐宋、清及五四各时期的一些专题；三、对王国维、陈寅恪、马一浮的个案探讨；四、序跋之属。刘梦溪先生说："'雅学堂丛书'已出各家，著者都是时贤名素，今厕身其间，虽不敢称雅，亦有荣焉。"

郑欣淼先生是"故宫学"的倡导者，他曾任故宫博物院院长，并于2003年首倡"故宫学"。到2023年编辑本书时，恰好是整整20年。郑先生提出："故宫学是以故宫及其历史文化内涵为研究对象，集保护、整理、研究与展示为一体的综合性学问和开拓性学科。故宫学的提出有其丰厚而坚实的基础与依据。它的研究对象不仅丰富深邃，而且研究对象之间存在着不可分割的紧密关系，即故宫是一个文化整体，或者说故宫遗产的价值是完整的。正是基于对故宫是个文化整体的认识，故宫学的学术概念才有了更为丰富、厚重与特殊的内涵。这也是故宫学的要义。"又说："我与故宫有缘。因此我把这本小书起名为《故宫缘》。"

热爱考古的霍巍先生说："就像一个大山里来的孩子初见大海，充满了蔚蓝色的梦想，却始终感觉到她深不可测，难以潜入。更多的时候，只能伫立在海边听涛观海、岸边拾贝。——正因为如此，这本小书我取名为《考古拾贝》，这一方面源自我在早年曾读到过一本很深沉、很有美感的著作，叫作《艺海拾贝》，这或许给了我一个隐寓和暗示。另一方面，倒也十分妥帖——我写下的这些文字，时间跨度前后延续了几十年，就如同我在考古这瀚海边上拾起的一串串海贝一样，虽然说不上贵重，但自认为透过这些海贝，也能折射出几缕大海的色彩与光芒，让人对考古的世界浮想联翩。"

常建华先生说："我从事历史普及读物的写作，出版过《中国古代岁时节日》《中国古代女性婚姻家庭》《清朝大历史》《乾隆事典》等书。本书的首篇文章就是谈论如何认识普及历史知识的问题。我写过一些学术短文，知道此类文字写得深入浅出不易，引人入胜更难，自己不过是不断练笔，熟能生巧而已。""我的短文随笔成集，这是首次……内容多为学术信息类的书评，也有书序、笔谈、综述、时评等，题材不同，但尽量写得雅俗共赏，吸引读者。"

赵声良先生1984年大学毕业后志愿到莫高窟研究敦煌，他说："我在敦煌工作了40年，我的工作、我的生活都与敦煌石窟、敦煌艺术、敦煌学完全联系在一起了，不论是写文章还是聊天，总免不了要说敦煌，可以说'三句话不离敦煌'。"他刚到敦煌时就想写一本有关敦煌山水画史的著作，没想到30多年后的2022年，才在中华书局出版了《敦煌山水画史》。他感叹道：这本书的写作过程，"似乎也见证了：由'看山是山，看水是水'，发展到'看山不是山，看水不是水'，最后，又终于回归到'看山还是山，看水还是水'的历程。我在敦煌的40年的历程又何尝不是这样"。

"雅学堂丛书"第二辑的10位作者，年龄最大的樊锦诗先生，出生于1938年，已经是86岁的高龄；最小的李锦绣先生，出生于1965年，也接近60岁了。虽然他们已经或即将退休，但都以"时不我待"的紧迫感，仍然奋斗在学术前沿，展现了这一代学人的使命与担当。这代学人遭遇了学术上的重大转变，即20世纪80年代，是一个思想的时代。90年代初，思想淡出、学术凸显，王国维、罗振玉和傅斯年派学人、胡适派学人成为学界关注的重点，然后又提出有思想的学术与有学术的思想，还遇到了令史学界阵痛的"史学危机"。这些作者，经历了现代学术发展或转型的重要节点和机遇，既是"科学的春天"到来的学术勃兴、发展、转型和困顿的亲历者、见证者，又是身处学术一线的创造者、建设者。可以说，他们既在经历历史，又在见证历史、创造历史，还在研究历史，将经历者、创造者和研究者集于一身。这种学术现象，本身就值得我们思考和探讨。

三

从"雅学堂丛书"第二辑的内容可知，20世纪80年代初，伴随着"科学的春天"和改革开放的到来，束缚人的一些制度、规章被打破，新的或更加规范的制度、规章还没有建立。尤其是国家将知识分子从"臭老九"中解放出来，成为工人阶级的一部分。要"向科学技术进军"，实现四个现代化，就要充分发挥知识分子的作用。虽然当时经济落后，生活待遇不好，但老教授的社会地位高，有精气神，当时行政的力量还不强化，甚至强调就是服务。在这种背景下，20世纪初出生的老教授，在高校有崇高的地位。如武汉大学1977级的陈锋，1981年初预选的本科论文是《三藩之乱与清初财政》。历史系清史方面最著名的老师是彭雨新教授，陈锋想让彭先生指导论文，"不巧的是，在我之前已有两位同学选定彭先生做指导老师，据说，限于名额，彭先生已不可能再指导他人"。

陈锋经过准备后，就直接到彭先生府上请教。此前他还没有见过彭先生，到了彭先生家，"彭先生虽然很和蔼地接待我，但并没有像后来那样让我进他的书房，而是直接在不大的客厅里落座。我没有说多余的其他话，直接从当时很流行的军用黄色挎包里掏出一摞卡片，说我想写《三藩之乱与清初财政》的毕业论文，这些卡片可以说明什么问题，那些卡片可以说明什么问题，我自己一直讲，彭先生并不插话。待我讲完后，彭先生问：'这个题目和这篇论文是谁指导的？'我说没有人指导，是自己摸索的。彭先生说：'没有人指导，那我来指导你的毕业论文怎么样？'我说：'就是想让先生指导，听说您已经指导了两位同学，不敢直接提出。'彭先生说：'没有关系，就由我来指导。'再没有其他的话"。

"拜访彭先生后的第三天，系里主管学生工作的刘秀庭副书记找我谈话，问我想不想留校，我说没有考虑过，想去北京的《光明日报》或其他报社。刘书记说：'彭先生提出让你留校当他的助手，你认真考虑一下。'经过两天的考虑以及家人的意见，觉得有这么好的老师指导，留校从事历史研究也是不错的选择，于是决定留校工作"。"老师与学生之间这种基于学术的关系，对学生向学的厚爱，让我铭感终身。那时人际关系的单纯，也至今让我感叹，现在说来，似乎有点天方夜谭"。

南京大学1979级的范金民，1983年毕业时报考了洪焕椿先生的研究生。由于此前范金民还没有见过洪先生，也与他无任何联系，所以5月3日下午，是"吕作燮老师带我到达先生家"面试的。洪焕椿先生既未上过一天大学，当时又已是胃癌晚期。"如果按现在只看文凭和出身的做法，是不可能指导研究生的，又重病在身，不可能按现在的要求，在固定的时间和固定的地点上固定的课程。但先生指导研究生，一板一眼，自有一套，考题自出，面试自问，课程亲自指导，决不委诸他人。一年一个研究生，每人一本笔记本，记录相关内容。先生虽不上课，但师生常常见面，虽未定规，但学生大体上两周一次到他家请益，先生释疑解惑，随时解决问题。需查检的内容，下次再去，先生已做好准备，答案在矣。"

　　笔者也是1979级的甘肃师范大学学生，1983年毕业前夕，敦煌学方兴未艾，西北师范学院（甘肃师范大学1981年恢复原校名西北师范学院）成立了敦煌学研究所，我非常幸运地被留在新成立的敦煌学研究所。1985年我报考了金宝祥先生的研究生，当初试成绩过线后，有一天历史系副主任许孝德老师通知，让我去金先生家面试。由于金先生给我们上过课，平时也曾到先生家问学，先生对我有一定的了解。当我到金先生家时，先生已在一张信纸上写了半页字的评语，让我看看是否可以。我说没有问题，先生就让我将半页纸的复试意见送到研究生科，我就这样被录取为硕士研究生了。这种情况正如陈锋老师所说，在今天根本是不可能的，简直就是天方夜谭。

"雅学堂丛书"的宗旨是学术性、知识性、可读性并具。要求提供可靠的知识，如我们读书时曾听到过学界的传言，即在"批林批孔"时，毛泽东主席说小冯（冯天瑜）总比大冯（冯友兰）强，但不知真伪，更不知道出处。陈锋的书中则有明确的记述："当时盛传毛泽东主席的指示'小冯比老冯写得好'。据后来出版的正式文献，当年毛泽东主席指示原文为：'要批孔。有些人不知孔的情况，可以读冯友兰的《论孔丘》，冯天瑜的《孔丘教育思想批判》，冯天瑜的比冯友兰的好。'""我对当时冯先生在而立之年就写出《孔丘教育思想批判》（人民出版社1975年出版），感到好奇；对毛主席很快看到此书，并作出指示，更感到好奇。"

　　范金民老师笔下的魏良弢先生，不仅对学术之事非常认真，还活灵活现地展现了20世纪90年代中期的学术生态。"20世纪90年代中期，我们明清史方向有位硕士生论文答辩，我请他主持。临答辩时，他突然把我叫到过道对门的元史研究室，手指论文，大发雷霆道：'你看看，你看看，什么东西，你们明清史是有点名气的，可照这样下去，是要完蛋的！'我一看，原来是硕士学位论文中有几处空缺。当时论文都是交外面的誊印社用老式中文打字机打印，有些冷僻字无法打印，只能手书填补。我曾审读过某名校的博士学位论文，主题词郑鄤之'鄤'，正文中几乎全是空缺，我好像还是给了'良'的等级。答辩时，我结合论文批评了那位学生做事不求尽善尽美而是草率粗放，而且论文新意殊少，价值不大，学生居然感觉委屈，矍在那里不愿出场回答问题。本科生、研究生批评不得，至迟从那个时候就开始了，世风日下，遑论现在！"

这样知识性、可读性兼具的文字在各位作者的论著中比比皆是，自然能得到大家的喜爱。

"雅学堂丛书"的作者都是一时之选，各书所收文章兼具学术性、知识性和可读性，可谓雅俗共赏。希望第二辑的出版不辜负读者的期待。这样的话，可能还有第三辑、第四辑，乃至更多辑。

最后，感谢各位作者的信任，将他们的大著纳入"雅学堂丛书"；感谢具有出版魄力、眼光的郎军涛社长的积极筹划，感谢周乾隆、鲁小娜率领的编辑团队敬业、认真而热情的负责精神，既改正了书中的失误，还以这样精美的版式呈现给读者。

刘进宝

2024 年 4 月 24 日初稿

2024 年 5 月 9 日修改

目　录

《诗》《书》《礼》《乐》是最早的教科书

六艺可以全提，可以合论，亦可分论。现在合论《诗》《书》《礼》《乐》。《诗》《书》《礼》《乐》为何可以并提合论？盖缘于此四"艺"实有其特殊性。这涉及最早的学校设置何种课程的问题。我国学校起源甚早，殷商不必说，前面的夏朝甚至五帝之时，已有学校存焉。当然形成健全完整的学校建制，是在周朝。《礼记·学记》写道："古之教者，家有塾，党有庠，术有序，国有学。"[1]意即古时的教育是分层级的，闾里的叫"塾"，略同于后来的私塾，由做过官的人，回归闾里后每天坐于门前，而家塾就在门侧的厅堂里，是为"家有学"。按周时制度，二十五家为闾，五百家为党，一万二千五百家为遂。郑玄注谓："术，当为遂，声之误也。"[2]"庠"指乡学。孔疏云："凡六乡之内，州学以下皆为庠。"[3]而"序"，则为县以下、不超过六遂的区域所设之学。"国有学"者，依孔氏颖达的疏证，国是指天子所在的都城，以及

---

① 《礼记正义》，十三经注疏本，北京大学出版社，1999年，第1052页。

② 《礼记正义》，十三经注疏本，北京大学出版社，1999年，第1052页。

③ 《礼记正义》，十三经注疏本，北京大学出版社，1999年，第1054页。

各诸侯国的中心区域。由此可见以周朝为代表的古代教育体制，有极为完善的学校建制系统。《周礼》贾公彦疏又云："周立太学王宫之东胶，胶之言纠也，所以纠察王事。周立小学于西郊，为有虞氏之庠制，故曰虞庠。"①《礼记·王制》亦曰："天子命之教，然后为学，小学在公宫南之左，大学在郊。"②郑注认为："此小学大学，殷之制。"③则周之设学又是直承殷制而来。若周制，孔疏认为应是："大学在国，小学在四郊。"④

　　古代学校的名称和设置又不止此。《周礼·春官宗伯·大司乐》云："大司乐掌成均之法，以治建国之学政，而合国之子弟焉。"⑤何谓"成均之法"？或者先问，何谓"成均"？郑玄引董仲舒的话为证，曰："成均，五帝之学。"⑥所以马一浮为浙江大学写的校歌，其第二段的起句为："国有成均，在浙之滨。"⑦这是以最古老的大学名谓喻示今日之大学，以明吾国重教之古老传统。至其"成均之法"，则如贾

　　①〔汉〕郑玄注，〔唐〕贾公彦疏，彭林整理：《周礼注疏》上册，上海古籍出版社，2010年，第131页。

　　②《礼记正义》，十三经注疏本，北京大学出版社，1999年，第370页。

　　③《礼记正义》，十三经注疏本，北京大学出版社，1999年，第370页。

　　④《礼记正义》，十三经注疏本，北京大学出版社，1999年，第371页。

　　⑤〔汉〕郑玄注，〔唐〕贾公彦疏，彭林整理：《周礼注疏》中册，上海古籍出版社，2010年，第831页。

　　⑥〔汉〕郑玄注，〔唐〕贾公彦疏，彭林整理：《周礼注疏》中册，上海古籍出版社，2010年，第831页。

　　⑦马一浮：《浙江大学校歌》，《马一浮集》第一册，浙江古籍出版社、浙江教育出版社，1996年，第98页。

氏公彦之疏云，"掌成均之法，以治建国之学政"者，是说"周人以成均学之旧法式，以立国之学内政教也"[1]，也是承继传统之意。马先生在所附说明中又说："国立大学比于古之辟雍，古者飨射之礼于辟雍行之，因有燕乐歌辞。"这也是引用《周礼》的典故。斯贾公彦疏又云："五帝总名成均，当代则各有别称，谓若三代天子学，总曰辟雍，当代各有异名也。"[2]这就是马先生又引"辟雍"的来历，则"辟雍"是为三代之学的总称。

然则古代的各级学校，都由什么人来教，又是哪些人来学呢？《白虎通》写道："古者教民者，里皆有师，里中之老有道德者，为里右师，其次为左师，教里中之子弟以道艺、孝悌、仁义。"[3]这是指级次比较靠下的庠序之学，师者须找那些老而有道德的人来承担。至于上层子弟，譬如公卿大夫的子弟，以及诸侯卿大夫的子弟，有个专用名称曰"国子"，就不是一般的有德行的老者能膺此任了。《周礼·春官宗伯下·大司乐》之郑司农注云："公卿大夫之子弟，当学者谓之国子。"[4]教"国子"者，是由不仅有道德，而且通道艺的"儒"来担任。所教的内容，据《周礼·地官司徒·师氏》

---

①〔汉〕郑玄注，〔唐〕贾公彦疏，彭林整理：《周礼注疏》中册，上海古籍出版社，2010年，第831页。

②〔汉〕郑玄注，〔唐〕贾公彦疏，彭林整理：《周礼注疏》中册，上海古籍出版社，2010年，第832页。

③陈立撰：《白虎通疏证》上册，中华书局，1994年，第262页。

④〔汉〕郑玄注，〔唐〕贾公彦疏，彭林整理：《周礼注疏》中册，上海古籍出版社，2010年，第831页。

记载，主要是"三德"和"三行"。"三德"者："一曰至德，以为道本；二曰敏德，以为行本；三曰孝德，以知逆恶。""三行"则为："一曰孝行，以亲父母；二曰友行，以尊贤良；三曰顺行，以事师长。"①虽主要是德教，这个要求可不低。国子之外的其他"民"之子弟，所学内容应大体与之相同，只是要求有高低之别。这里需要说明的是，所谓其他"民"的子弟，也不是社会的劳动阶层，而是"治人"者队伍中的比较低位的一些执事者。殷周时期的教育，都是官学，绝不是面对所有人的。"有教无类"是孔子的教育主张，历史上私人办学的先河由孔子所开创，孔子之前的学校，则为有地位有身份的阶层所开设。以此在探讨三代教育之时，切不可弄错了社会历史的阶段性。

　　管理学校教育的专门机构，名"师氏"。《周礼·地官司徒·叙官》载："师氏，中大夫一人，上士二人，府二人，史二人，胥十有二人，徒百有二十人。"依郑注，师就是"教人以道者"的称呼。②看来这个机构的编制还蛮大的。问题是，与"师氏"并行的还有一个机构曰"保氏"，职能是协助师氏以教国子。而师氏和保氏上面，还有总览教育全局的"地官司徒"，其任务是统帅所属部门，"掌邦教，以佐王安扰邦国"。地官司徒的编制也很可观，光是教官之属就有："大司徒，卿一人。小司徒，中大夫二人。乡师，下大夫四

①〔汉〕郑玄注，〔唐〕贾公彦疏，彭林整理：《周礼注疏》上册，上海古籍出版社，2010年，第493页。

②〔汉〕郑玄注，〔唐〕贾公彦疏，彭林整理：《周礼注疏》上册，上海古籍出版社，2010年，第313页。

人，上士八人，中士十有六人，旅下士三十有二人。府六人，史十有二人，胥十有二人，徒百有二十人。"①这也说明盛周时期是何等重视教育。

下面来看当时学校所学的是何种课程。《周礼·地官司徒·保氏》写道："养国子以道，乃教之六艺：一曰五礼，二曰六乐，三曰五射，四曰五驭，五曰六书，六曰九数。"②这是说，礼、乐、射、御、书、数是当时教授的主要课程。当然具体所包含的内容极多，譬如礼，包括祭祀的礼仪、宴宾客的礼仪、丧礼的仪容、军旅的礼仪、朝廷举事的礼仪等，郑注将其简化为"吉凶宾军嘉"③。"六艺"的"礼"非常繁杂，以致有"礼仪三百""威仪三千"的说法，"吉凶宾军嘉"五礼只是约举而已。"乐"同样繁复之甚。主管乐的机构叫大司乐，下面有执事人等。教授对象为"国子"，请有道有德者担任教习。乐不单是合于乐律的好听声音，而且有教化的内涵。就是说，其中有"乐德"存焉。"乐德"体现的是中、和、祗、庸、孝、友，所采用的音乐语言则包括兴、道、讽、诵、言、语等。④教的时候，乐和舞是结合的，教国子的舞有《云门》《大卷》《大咸》《大磬》《大夏》《大

①〔汉〕郑玄注，〔唐〕贾公彦疏，彭林整理：《周礼注疏》上册，上海古籍出版社，2010年，第306页。

②〔汉〕郑玄注，〔唐〕贾公彦疏，彭林整理：《周礼注疏》上册，上海古籍出版社，2010年，第499页。

③〔汉〕郑玄注，〔唐〕贾公彦疏，彭林整理：《周礼注疏》上册，上海古籍出版社，2010年，第499页。

④〔汉〕郑玄注，〔唐〕贾公彦疏，彭林整理：《周礼注疏》中册，上海古籍出版社，2010年，第831—833页。

濩》《大武》①等，都是虞夏殷周的古典音乐。这里我们还需知晓，不仅乐舞是结合的，乐和礼也是结合的，不同的礼仪场合须选择不同的音乐。比如"以六律、六同、五声、八音、六舞大合乐，以致鬼神示，以和邦国，以谐万民，以安宾客，以说远人，以作动物"②。据传，这种"大合乐"属于六代乐，为的是传承古乐经典。

礼和乐是"六艺"中的头两艺。后面依次为射、御、书、数。射是射箭。射箭是技能，也是武艺，也可以成为特定场合的表演项目。当王者有出入活动之时，会选拔出色的射手，在西郊虞庠学之中，举行大射之礼。配合大射，有特定的音乐，一般要演奏《王夏》和《驺虞》③。《驺虞》就是《诗经·召南》的最后一首："彼茁者葭，壹发五犯，于嗟乎驺虞。彼茁者蓬，壹发五豵，于嗟乎驺虞。"④这可以证明，礼乐是结合的，诗和乐也是结合的。除了大射之礼，还有著名的"乡射礼"，也是极为隆重而热闹的乡间礼仪活动，非常受民众的喜爱。《乡射礼》是"州长春秋以礼会民，而射于州序之礼"⑤。"州"是乡下面的设置，《周礼·地官司

①〔汉〕郑玄注，〔唐〕贾公彦疏，彭林整理：《周礼注疏》中册，上海古籍出版社，2010年，第834页。

②〔汉〕郑玄注，〔唐〕贾公彦疏，彭林整理：《周礼注疏》中册，上海古籍出版社，2010年，第836页。

③〔汉〕郑玄注，〔唐〕贾公彦疏，彭林整理：《周礼注疏》中册，上海古籍出版社，2010年，第851页。

④高亨：《诗经今注》上册，上海古籍出版社，2019年，第40页。

⑤〔汉〕郑玄注，〔唐〕贾公彦疏，王辉点校：《仪礼注疏》上册，上海古籍出版社，2008年，第265页。

徒·大司徒》云："五州为乡。"①则州属于乡没有问题。在乡射之前是"乡饮酒"，前后延续多日。对此，郑玄注、贾公彦疏的《仪礼注疏》，有专门的三章疏证此礼，读者可参看，笔者不拟多赘。但作为六艺之一的一门课程的"射"，主要是学习射箭的技能和射箭的礼仪。"御"，就是驾车，这门技能也不简单。驾车不仅需要技术，也要讲求礼仪，包括车马的仪容。"书"是识字课，因此须懂得六书，即汉字组成的规律，包括象形、指事、会意、形声、转注、假借，直到汉以后还是这样概括，甚至今天学习汉字，也绕不开这方面的知识。"数"则是计算课，此不多及。"六艺"的课，教"国子"如此，教"民"也是如此，这是当时共同的知识课。

孔子教弟子，也有这套作为知识课和实践课的"六艺"，但另外还有《礼》《乐》《诗》《书》《易》《春秋》的文本经典课程，也称为"六艺"。这第二套"六艺"，孔子之前就有了，当然之前不会有《春秋》，于是剩下《礼》《乐》《诗》《书》《易》"五艺"。不过《易》很特别，那是由专业人员来掌握和实施的。这就是《周礼·春官宗伯·大卜》所说的"大卜掌三兆之法"②。值得注意的是，《周礼》尽管对以《易》法为卜的事例也讲了不少，但绝口未及此种方法是否也用来教"国子"问题。实际上，包括"三易之法"在内的"三兆之法"，直接涉及的是鬼神、祭祀等神明之事，并不用

---

①〔汉〕郑玄注，〔唐〕贾公彦疏，彭林整理：《周礼注疏》上册，上海古籍出版社，2010年，第367页。

②〔汉〕郑玄注，〔唐〕贾公彦疏，彭林整理：《周礼注疏》中册，上海古籍出版社，2010年，第921页。

来教"国子"。所以《周礼》在胪列这一系统的各种执事编制之时，郑注或贾（公彦）疏不断注出："列职于此。"亦即只是列出职务，并不是以《易》法来教学生。由此可以认为，孔子之前用来教国子的经典文本的"六艺"，《易》和《春秋》都可以暂时在外了。所当用的教科书是《诗》《书》《礼》《乐》四门经典。

不妨多看一些史料证据。《周礼·春官宗伯·大司乐》："凡有道者有德者，使教焉，死则以为乐祖，祭于瞽宗。"①贾（公彦）疏写道："学《礼》《乐》在瞽宗，祭《礼》先师亦在瞽宗矣。若然，则《书》在上庠，《书》之先师亦祭于上庠。其《诗》则春诵夏弦在东序，则祭亦在东序也。"②贾君也是将《诗》《书》《礼》《乐》并提。郑康成注《礼记·文王世子》"凡学，春官释奠于其先师，秋冬亦如之"云："官谓《礼》《乐》《诗》《书》之官。《周礼》曰：'凡有道者有德者，使教焉。死则以为乐祖，祭于瞽宗。'此之谓先师之类也。若汉，《礼》有高堂生，《乐》有制氏，《诗》有毛公，《书》有伏生，億可以为之也。"③则郑康成也是《礼》《乐》《诗》《书》齐提并论，而且区分开"先师"与"汉"的关系。孔氏颖达的疏证更为详明，兹抄录如下：

①〔汉〕郑玄注，〔唐〕贾公彦疏，彭林整理：《周礼注疏》中册，上海古籍出版社，2010年，第832页。

②〔汉〕郑玄注，〔唐〕贾公彦疏，彭林整理：《周礼注疏》中册，上海古籍出版社，2010年，第832—833页。

③《礼记正义》，十三经注疏本，北京大学出版社，1999年，第630页。

"凡学"者，谓《礼》《乐》《诗》《书》之学，于春夏之时，所教之官各释奠于其先师。秋冬之时，所教之官亦各释奠于其先师，故云"秋冬亦如之"。犹若教《书》之官，春时于虞庠之中释奠于先代明《书》之师，四时皆然。教《礼》之官，秋时于瞽宗之中，释奠于其先代明《礼》之师，如此之类是也。

又云：

　　"官谓《礼》《乐》《诗》《书》之官"者，谓所教之官也。若春诵夏弦，则大师释奠也；教干戈，则小乐正、乐师等释奠也；教礼者，则执礼之官释奠也。皇氏云："其教虽各有时，其释奠则四时各有于其学，备而行之。"引"《周礼》曰'凡有道者有德者，使教焉；死则以为乐祖，祭于瞽宗'"者，此《周礼·大司乐》文。引之者，证乐之先师也，后世释奠祭之。然则《礼》及《诗》《书》之官，有道有德者亦使教焉。死则以为《书》《礼》之祖，后世则亦各祭于其学也，故云"此之谓先师之类也"。以大司乐掌乐，故特云"乐祖"，其余不见者，《周礼》文不具也。云"若汉，《礼》有高堂生，《乐》有制氏，《诗》有毛公，《书》有伏生"者，皆《汉书·儒林传》文。案《书传》，伏生济南人，故为秦时博士，孝文帝时以《书》教于齐、鲁之间。《诗》有毛公者，毛公，赵人，治《诗》，为河间献王博士。高堂生者，鲁人，汉兴为博士，传《礼》十七篇。《艺

文志》："汉兴，制氏以雅乐声律，世为乐官，颇能记其
铿锵鼓舞，不能言其义。"是其事也。

斯又云：

> 其儒林传《诗》《书》及《礼》多矣而不言者，以
> 其非俊异也。又有传《易》及《春秋》，不引者，以此
> 经唯有《诗》《书》《礼》《乐》，故不引《易》与《春
> 秋》。云"亿可以为之也"者，亿是发语之声。言此等
> 之人，后世亦可为先师也。疑而不定，故发声为亿。①

孔疏屡屡以《诗》《书》《礼》《乐》并称，而且溯源头，
连接后世。关于所引郑注说的《礼》《乐》《诗》《书》的传
承情况，下面再详之。兹就孔疏最后一段先来言说。孔疏居
然解释了并提《诗》《书》《礼》《乐》，而不及《易》与《春
秋》的理由。孔氏说，所以不引《易》和《春秋》，是因为
"此经唯有《诗》《书》《礼》《乐》，故不引《易》与《春
秋》"。他的意思是说，之所以不引，是因为《周礼·春官
宗伯》这一"经"没有提到《易》和《春秋》。是啊，本人
在前面论《易》时讲过了，孔子作《易传》之前的《易》，
主要是占卜之书，那是由专业人士掌握的"秘籍"，不可能
作为教学生的课本。至于《春秋》，孔子之前何来《春秋》？
这就是何以最早的教科书，唯有《诗》《书》《礼》《乐》的

---

①《礼记正义》，十三经注疏本，北京大学出版社，1999年，第630页。

缘故。

我们再看孔门之教。我多次说过，孔子教学生有两套"六艺"，一套是礼、乐、射、御、书、数，是为知识课和实践课。另一套"六艺"，是《诗》《书》《礼》《乐》《易》《春秋》，是为文本经典课。但我想问一句：孔子教学生的时候，可曾也教过《易》否？至少《论语》中从未提及此事。孔子是说他喜欢《易》，因读《易》，把穿《易》简的绳子都折断了好几次（"韦编三绝"），并说学《易》这件事，不能年轻时学，最好五十岁的时候开始学，就不致有大的过错了。他既有如此主张，当然不会轻易教学生了。孔子是把《易》回归为义理之学的第一人，算命打卦这些"装神弄鬼"的歪思邪行夫子最看不上眼。《论语·雍也》记载，弟子樊迟问什么是"知"？孔子说："务民之义，敬鬼神而远之，可谓知矣。"孔子的意思是说，如果从让老百姓晓得道义的角度着眼，只要不亵渎鬼神就算是聪明的表现，不必为此想得太多。《论语·先进》亦载，子路问事鬼神的方法，孔子说："未能事人，焉能事鬼？"似乎对提出这样的问题感到些不耐烦。《论语·述而》还记载："子不语怪、力、乱、神。"这些记载都说明孔子不想对鬼神问题作深入探究，宁可避开，也不愿给出自己进一步的看法。他不会向学生授《易》也明矣。至于《春秋》，《论语》中确不曾有所提及。而谈《礼》、说《乐》、引《诗》、论《书》的，在《论语》里常见，特别讲《诗》《礼》《乐》的多到不知凡几，论《书》的不太多。但《春秋》是孔子所作，孟子为此持论甚坚，此不多具。

要说孔子所治学，则《诗》《书》《礼》《乐》《易》《春秋》都包括在内，但作为教弟子的教科书，只有《诗》《书》《礼》《乐》，而不包括《易》和作为文本的《春秋》，应可以肯定。乐正崇四术以训士，则先王之《诗》《书》《礼》《乐》，其设教固已久。马端临《文献通考》引金华应氏之言曰："《易》虽用于卜筮，而精微之理非初学所可语。《春秋》虽公其记载，而策书亦非民庶所得尽窥。故《易象》《春秋》韩宣子适鲁始得见之，则诸国之教未必尽备六者。"①按，此说深获我心。晚清皮锡瑞《经学历史》第一章《经学开辟时代》也引金氏语，谓其说"近是而未尽"，乃有此申论："文王重六十四卦，见《史记·周本纪》，而不云作《卦辞》；《鲁周公世家》亦无作《爻辞》事。盖无文辞，故不可以教士。若当时已有《卦爻辞》，则如后世御纂、钦定之书，必颁学官以教士矣。观乐正之不以《易》教，知文王、周公无作《卦爻辞》之事。《春秋》，国史相传，据事直书，有文无义，故亦不可以教士。若当时已有褒贬笔削之例，如朱子《纲目》有《发明》《书法》，亦可以教士矣。"②又以此反证"六艺"之成典过程，但对周代学校以及孔门施教是以《诗》《书》《礼》《乐》教之说并未持反对意见。

再看战国时期诸子中的荀、墨两家持何种态度。《荀子·荣辱篇》写道："先王之道，仁义之统，《诗》《书》《礼》《乐》之分乎。"又说："短绠不可以汲深井之泉，知不

---

①《文献通考》卷一百七十四《经籍考一》，中华书局，1986年，第1502页上栏。

②皮锡瑞著，周予同注释：《经学历史》，中华书局，2008年，第36—37页。

几者不可与及圣人之言。夫《诗》《书》《礼》《乐》之分，固非庸人之所知也。"①《荀子·儒效篇》又云："圣人也者，道之管也。天下之道管是矣，百王之道一是矣。故《诗》《书》《礼》《乐》之归是矣。"②一则以"仁义之统"来概括《诗》《书》《礼》《乐》的地位，一则以为《诗》《书》《礼》《乐》是"天下之道管"，是"百王之道"的代表，其评价也至高矣。

《墨子·贵义篇》也有一段极有趣的对话："公孟子谓子墨子曰：'昔者圣王之列也，上圣立为天子，其次立为卿大夫。今孔子博于《诗》《书》，察于《礼》《乐》，详于万物，若使孔子当圣王，则岂不以孔子为天子哉？'子墨子曰：'夫知者，必尊天事鬼，爱人节用，合焉为知矣。今子曰'孔子博于《诗》《书》，察于《礼》《乐》，详于万物'，而曰可以为天子，是数人之齿而以为富。"这段对话，在于公孟提出：既然孔子"博于《诗》《书》，察于《礼》《乐》，详于万物"，那他就是圣王了。既然可以当圣王，岂不是也可以当天子吗？墨子认为公孟的逻辑非常混乱，讽刺说，如果这种说法可以成立，那就等于以年龄的大小来论富贵，似乎年龄越大就会越富有，因此这种说法是完全错误的。这里且不说他们讨论本身的是与非，至少公孟和墨子都承认，孔子因通晓《诗》《书》《礼》《乐》，并能"详于万物"，而成为至高的圣哲。可以说在荀、墨那里，也都是以《诗》《书》《礼》《乐》

---

①王先谦撰：《荀子集解》，中华书局，2002年，第68—69页。
②王先谦撰：《荀子集解》，中华书局，2002年，第133页。

四种文本经典，作为孔子所以为圣哲的标识。

太史公是在孔子之后，给予孔子最高评价的最早的历史家。《史记》给孔子以极尊崇的地位。单是列孔子于"世家"，就是破其史例之举。不仅有《孔子世家》，还有《仲尼弟子列传》，都是专门为孔子立传。《儒林传》也是以孔子为发端。而在《太史公自序》中，尤三致意焉，且高调而真切地写道："先人有言：'自周公卒五百岁而有孔子。孔子卒后至于今五百岁，有能绍明世，正《易传》，继《春秋》，本《诗》《书》《礼》《乐》之际？'意在斯乎！意在斯乎！小子何敢让焉。"①则史迁已经是以继先圣之诗书礼乐之统自居了。这有点像孟子的豪语："五百年必有王者兴，其间必有名世者。由周而来，七百有余岁矣。以其数，则过矣；以其时考之，则可矣。夫天未欲平治天下也，如欲平治天下，当今之世，舍我其谁也？吾何为不豫哉？"②孟子之后，只有司马迁敢如是宣称也。他说的不是空话，《太史公书》百三十篇足可为之证实。除了一《世家》、一《列传》专为孔子而设，百三十篇中，《五帝本纪》《夏本纪》《殷本纪》《周本纪》《秦本纪》《秦始皇本纪》《孝文本纪》《三代世表》《十二诸侯年表》《礼书》《乐书》《律书》《天官书》《封禅书》《吴太伯世家》《齐太公世家》《鲁周公世家》《燕召公世家》《管蔡世家》《陈杞世家》《卫康叔世家》《宋微子世家》《晋世家》《楚世家》《郑世家》《赵世家》《魏世家》《田敬仲完

①《史记·太史公自序》，中华书局，1959年，第3296页。
②《孟子·公孙丑下》。

世家》《外戚世家》《留侯世家》《伯夷列传》《留侯列传》《管晏列传》《老子韩非列传》《伍子胥列传》《樗里子甘茂列传》《孟子荀卿列传》《平原君虞卿列传》《范雎蔡泽列传》《鲁仲连邹阳列传》《吕不韦列传》《李斯列传》《田叔列传》《平津侯主父列传》《儒林列传》《酷吏列传》《滑稽列传》《龟策列传》《货殖列传》《太史公自序》计五十篇，都提到了孔子。或者引录孔子的话以为立义，或者以孔子的生平事迹记录其中，或者竟是在"太史公曰"的笔书中借孔子的言说发为感叹。孔子几乎成为史迁结构《史记》的一条引线，更不要说思想上"一以贯之"的依尊了。

关于孔子和"六艺"的关系，司马迁有多种笔法。最有名的是《孔子世家》中的一段话："孔子以《诗》《书》《礼》《乐》教，弟子盖三千焉，身通六艺者七十有二人。"[1]又说："中国言六艺者折中于夫子，可谓至圣矣。"[2]其在《滑稽列传》中亦记孔子之言曰："六艺于治一也。《礼》以节人，《乐》以发和，《书》以道事，《诗》以达意，《易》以神化，《春秋》以义。"[3]又《秦本纪》载："戎王使由余于秦。由余，其先晋人也，亡入戎，能晋言。闻缪公贤，故使由余观秦。秦缪公示以宫室、积聚。由余曰：'使鬼为之，则劳神矣。使人为之，亦苦民矣。'缪公怪之，问曰：'中国以《诗》《书》《礼》《乐》法度为政，然尚时乱，今戎夷无此，何以为治，不亦难乎？'由余笑曰：'此乃中国所以乱

①《史记·孔子世家》，中华书局，1959年，第1938页。
②《史记·孔子世家》，中华书局，1959年，第1947页。
③《史记·滑稽列传》，中华书局，1959年，第3197页。

也。'"①这是个有趣的故事，即属于诸夏的王国，是以《诗》《书》《礼》《乐》为政本，为何还时有乱政发生？由余认为，是因为诸夏的王国没有真正践履《诗》《书》《礼》《乐》，而是向《诗》《书》《礼》《乐》的反方向运行，岂有不乱之理？这且不管，从上述几段《史记》的引文中我们可以看出，司马迁作为当时最熟悉孔子的大史学家，作为孔子的推崇者和崇仰者，他当然深知孔子所治为"六艺"之学，但在书写时，也是常常以《诗》《书》《礼》《乐》来代表孔子的思想，而略去了《易》和《春秋》。

职是之故，我的结论是，当孔子在世时，作为教科书的"六艺"，只有《诗》《书》《礼》《乐》，而无《易》和《春秋》。

---

①《史记·秦本纪》，中华书局，1959年，第192页。

《诗经》是上古社会的壮丽史诗

  《诗经》是周代的一部诗歌总集，从周初到晚周（少数到战国），五百年社会生活的整体世界尽在其中。但就其内容涵盖的历史纵深而言，则远不止有周一代的生活史迹，包括夏商乃至"三皇五帝"传说时期的遗迹，也能够在颂诗中找到根苗。长期以来，认为中国没有史诗，成为占据思想文化研究的主流，真可谓"明足以察秋毫之末，而不见舆薪"者。经常摆在我们面前、从小曾作为日课、被孔子称为"一言以蔽之，思无邪"的《诗经》，实际上是当之无愧的我国上古社会的壮丽史诗。

  《诗经》最早有三千余篇，经过孔子删订，得三百零五篇，故约称为"诗三百"或"三百篇"。《史记·孔子世家》写道："古者诗三千余篇，及至孔子，去其重，取可施于礼义，上采契后稷，中述殷周之盛，至幽厉之缺，始于衽席，故曰'关雎之乱以为风始，鹿鸣为小雅始，文王为大雅始，清庙为颂始'。三百五篇孔子皆弦歌之，以求合韶武雅颂之音。"[1]史迁所记，应为实录。司马迁本来已明文标出，《诗

---

①《史记·孔子世家》，中华书局，国学文库本，2011年，第1733页。

经》所涵盖的历史时序，是"上采契后稷，中述殷周之盛"，我们却习惯性地视而不见了。

《诗经》分《风》《雅》《颂》三部分。《风》又称《十五国风》，包括《周南》十一篇、《召南》十四篇、《邶风》十九篇、《鄘风》十篇、《卫风》十篇、《王风》十篇、《郑风》二十一篇、《齐风》十一篇、《魏风》七篇、《唐风》十二篇、《秦风》十篇、《陈风》十篇、《桧风》四篇、《曹风》四篇、《豳风》七篇。《雅》分《大雅》《小雅》，《小雅》七十四篇、《大雅》三十一篇。《颂》有《周颂》《鲁颂》《商颂》，共四十篇。《风》《雅》《颂》合计，是为三百零五篇。《十五国风》以民间歌谣为主，地域分布在长江以北、黄河流域受周天子统摄的各诸侯国的广阔地区，因此各地的诗风亦因礼俗殊致而有所不同。传统诗注家认为《周南》《召南》能得其正，纵写男女，亦谨饬而不失其轨辙，所谓"发乎情，止乎礼义"者。故《毛诗正义·诗谱序》将《周南》《召南》，和小雅《鹿鸣》、大雅《文王》之属，视作"《诗》之正经"①。孔颖达疏亦云："《周》《召》，风之正经，固当为首。②《郑风》和《卫风》不然，所写大都是男女情事，而且毫不避讳地抒写情爱的欢愉与快乐。孔子以此有"放郑声"之说。《论语·卫灵公》记载，颜渊问怎样做才能治理好一个邦国，孔子回答说：'行夏之时，乘殷之辂，服周之冕，乐则《韶》《舞》。放郑声，远佞人，郑声淫，佞人

<hr />

① 《诗谱序》，《毛诗注疏》上册，上海古籍出版社，2013年，第5页。

② 《周南关雎诂训传》，《毛诗注疏》上册，上海古籍出版社，2013年，第3页。

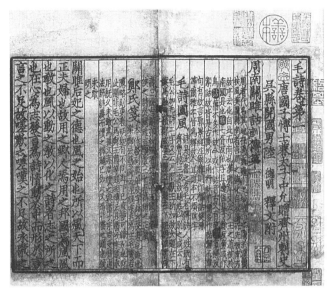

宋刻本《诗经》页影

殆。'""放郑声"的理由是"郑声淫"。此处需要避免一个误会，即以为孔子是个不通人情的老古板。要知道，他谈的是如何治国，并不仅仅是私下里有何种爱好的问题。而音乐又是与管理国家的政事相通的，故《礼记·乐记》写道："声音之道，与政通矣。宫为君，商为臣，角为民，徵为事，羽为物。五者不乱，则无怗懘之音矣。宫乱则荒，其君骄；商乱则陂，其官坏；角乱则忧，其民怨；徵乱则哀，其事勤；羽乱则危，其财匮。五者皆乱，迭相陵，谓之慢。如此，则国之灭亡无日矣。"[1]《乐记》还直接对郑风和卫风发

---

[1]《礼记正义·乐记》，上海古籍出版社，2008年，第1457页。

声，曰："郑卫之音，乱世之音也，比于慢矣。桑间濮上之音，亡国之音也。其政散，其民流，诬上行私而不可止也。"①这比孔子看得更严重了，不仅认为"郑卫之音"为"淫声"，而且直指其为"乱世之音"和"亡国之音"。当然这又未免对音乐的社会作用估计得过高。孔子喜欢的是古典音乐，所以他说"乐则《韶》《舞》"。《韶》是舜时的音乐，《舞》同"武"，是周武王时期的音乐。故孔子以之为正宗古典也。但他最喜欢的还是《韶》乐，称之为："尽美矣，又尽善也。"（《论语·八佾》）而有一次在齐闻《韶》，竟至于"三月不知肉味"，感叹而赞美地说："不图为乐之至于斯也。"（《论语·述而》）则孔子对音乐的态度既有为政的考虑，又有他个人的审美兴趣在焉。须知，"三百篇"系夫子所删订，如果他完全排斥"郑卫之音"，何如从严而少取。事实恰好不如是，《卫风》选录十篇不说，《郑风》居然入选二十一篇，为《十五国风》之最多者。然则孔子于《诗经》亦有尊重历史原存、兼收并蓄之微意，可以明矣。

《十五国风》涉及男女情事的诗篇占极大比重，即"二南"本身特别是《召南》，有的爱情描写也颇大胆。如《野有死麕》，首章有句："有女怀春，吉士诱之。"次章又云："白茅纯束，有女如玉。"而第三章："舒而脱脱兮，无感我帨兮，无使尨也吠。"读者不免会问，这些诗句写的是何种事体？依《毛诗》郑笺和孔疏的解释，则先假设此"怀春"之女是一个"贞女"，为了和"吉士"相会，不想等到秋天

①《礼记正义·乐记》，上海古籍出版社，2008年，第1457页。

了，但希望彼"吉士"拿着礼物正正经经地来，而且需要有媒人先来接洽，而不可以"无媒妁而自行"①。可惜这些假设是没有根据的，言"怀春"就是不想等到秋天，也是无证自撰之言。其实诗中的本义至为明确，既写了"有女怀春"，又写了"吉士诱之"，显然双方都有悄悄相会的意愿，但女方希望"吉士"不要太急切，须慢慢地舒缓而为，尤其不要因动手动脚惊动得狗也叫起来。郑注释"无感我帨兮"亦云："感，动也。帨，佩巾也。"又说："奔走失节，动其佩饰。"②既如此，我们也就无需细释了。

当然，《诗三百》的《十五国风》咏而不离男女情事自是事实，但如果以为止于爱情，就大错而特错了。《风》诗所展开的是有周一代极为广阔的生活画面，包括岁序流转、农桑劳作、社会地位的悬隔所造成的不平之鸣、因生育过多对母亲形成的痛苦负担、权力中枢的荒诞不伦、沦落的贵族阶层的困扰、小官吏的无所适从，以及普遍的道义失信，等等。今日的读者重读《十五国风》，会感到仿佛写的是我们身边的人生与故事，款款而述说，时时动我心。是我们并不熟悉的上古往昔之事，亦可以参之以我们所熟悉的今日之事。如《鄘风·墙有茨》写权势者道德沦丧，连赋三章：

> 墙有茨，不可扫也。中冓之言，不可道也。所可道也，言之丑也。

①《毛诗注疏》上册，上海古籍出版社，2013年，第233页。
②《毛诗注疏》上册，上海古籍出版社，2013年，第233页。

墙有茨，不可襄也。中冓之言，不可详也。所可详也，言之长也。

墙有茨，不可束也。中冓之言，不可读也。所可读也，言之辱也。①

意谓墙是为防备不测而设，即使墙上长了蒺藜杂草，也不要除掉，免得伤了墙体。此为该诗的起兴之句。因为他们里面的那些不经之事，实在多到不知凡几，说也说不完，张扬出去对谁都不好，实在太丑，对写诗者也是一种玷污。呵呵，诗人不想说，笔者也不必多说了。

相比之下，《雅》和《颂》的情况与《风》诗有很大不同。《小雅》是周天子治下的近畿一带中下层官吏和大夫的作品，写他们的辛劳和遭遇的困扰，当然有时也有自豪和欢愉。如《鹿鸣》呈现的是国君和群臣宴饮集会的场面，《六月》《采芑》都是写征伐过程中的威武克敌，《南有嘉鱼》《南山有台》则是王事获得成功的胜利之歌，《车攻》写周王率众打猎的场面，诗的作者有时不免也心生喜气吧。《节南山》嘲讽西周灭亡后新执政者的政事紊乱和军事失利，还直接点了伊尹的大名。此诗的最后一章还自报家门："家父作诵，以究王讻，式讹尔心，以畜万邦。"②看来他不担心打击报复之类，直言诗是本人所作，但为的是国家好。这让我们知道，此诗的作者是一位名叫"家父"者。《正月》写统治

_____

①《毛诗注疏》上册，上海古籍出版社，2013年，第250—252页。

②《毛诗注疏》中册，上海古籍出版社，2013年，第1013—1014页。

阶层的昏庸腐败，《巧言》写最高统治者听信谗言，致使治理混乱。《雨无证》写天灾人祸同时降临。《巧言》尖锐、大胆地指斥统治者听信谗言，误国害民。此诗对巧舌如簧的小人揭露得至为深刻，称其表现是："蛇蛇硕言，出自口矣，巧言如簧，颜之厚矣。"[1]犹言以大话欺人，空口说白话，又说得仿佛很好听，真是脸皮已经厚到无以复加的地步。郑笺云："硕，大也。大言者，言不顾其行，徒从口出，非由心也。"郑笺又云："颜之厚者，出言虚伪而不知惭于人。"也就是通常所说的大言不惭。《大东》《四月》写繁政所引起的下层官吏的诉苦和抱怨。《蓼莪》写不忍心让父母如此辛苦劬劳。《伐木》写对朋友的呼唤。《常棣》写对兄弟关系的期待，名句"兄弟阋于墙，外御其侮"，就出自此诗。

如果说《诗三百》的一个重要功能是"美刺"，那么《小雅》固然不无"美"的诗篇，但"刺"的成分远远超过《十五国风》。"美"即称美赞颂，"刺"即批评讽刺。《十五国风》也有此功能，但态度更温和委婉，故称作"风"，在这个意义上的"风"，是讽喻的意思。所谓"国风好色而不淫，小雅怨诽而不乱"，以此也。《毛诗·周南召南谱》写道："上以风化下，下以风刺上，主文而谲谏，言之者无罪，闻之者足以戒，故曰风。"[2]《诗三百》作为中国文学的最高范典，"美刺"本来是其原创的题中应有之义，也就是《毛诗·小大雅谱》的孔（颖达）疏所说："诗兼有美刺，皆当

---

①《毛诗注疏》中册，上海古籍出版社，2013年，第1083页。

②《毛诗注疏》上册，上海古籍出版社，2013年，第16页。

其时，善者美之，恶者刺之"①。后世诗风如果泯灭了这个功能，无异于数典忘祖，叛离了优良传统。《大雅》的美刺作用略同于小雅，只是美刺对象的层级更高，往往是直接对最高统治者说话，即使"刺"而无效，也要一吐为快。而诗的作者大都是卿士大夫，洞悉殷周史事，熟谙周室隐情。《大雅·文王之什》，要在回溯周朝的创业历史和颂赞文王的功德，由后稷而公刘而文王而武王而成王，由农业立国而文治武功，威武雄霸，礼乐粲然，其史诗的性质得以充分彰显。其美刺倾向，自然多称美赞颂之歌。这就如同世界上的那些史诗一样，英雄主义往往是史诗的灵魂。但三十一篇《大雅》，除了十篇《文王之什》，其余二十一篇，基本上都是讽谏和批评之作。此种情况实与王朝的兴衰有关。当周朝

处于发遑时期和全盛时期，美政骄人，民德归厚，诗人岂有不称美之理。"文王在上，于昭于天。周虽旧邦，其命维新。"（《大雅·文王》）此言文王是受天之命而作周也。郑笺云："文王初为西伯，有功于民，其德著见于天，故天命之以为王，使君天下也。"②又云："言新者，美之也。"③诵念此诗，壮美之感不禁油然而生。《大雅·文王之什》的最后一首："文王有声，遹骏有声。遹求厥宁，遹观厥成。文王烝哉！"④斯为颂赞从文王到武王的周德之盛，意谓善乎美哉，如此深得人君之道的王者，宜乎令德与令闻同此辉光。

①《毛诗注疏》中册，上海古籍出版社，2013年，第781页。
②《毛诗注疏》中册，上海古籍出版社，2013年，第1370页。
③《毛诗注疏》中册，上海古籍出版社，2013年，第1370页。
④《毛诗注疏》下册，上海古籍出版社，2013年，第1510页。

然而一旦周德始衰，大雅的作者们便唱起讽谏劝诫之歌。《大雅·民劳》：

> 民亦劳止，汔可小康。惠此中国，以绥四方。
> 民亦劳止，汔可小休。惠此中国，以为民逑。
> 民亦劳止，汔可小息。惠此京师，以绥四国。
> 民亦劳止，汔可小愒。惠此中国，俾民忧泄。
> 民亦劳止，汔可小安。惠此中国，国无有残。①

此诗是召穆公所作，呼吁当政者不要太折腾，因为民众已经疲劳不堪，应该爱惜国中之民，减轻负担，让老百姓满肚子的忧愤情绪有所释放，否则将危及社会乃至王政安全。而当周室大坏、道衰礼废，社会紊乱，民不聊生，诗人只有和民众站在一起，发出抗议之声。《诗经·大雅》的《荡之什》，基本上都是此类诗篇。斯正如孔颖达氏正义所说："《荡》诗者，召穆公所作，以伤周室之大坏也。以厉王无人君之道，行其恶政，反乱先王之政，致使天下荡荡然，法度废灭，无复有纲纪文章，是周之王室大坏败也，故穆公作是《荡》诗以伤之。"②特别值得一提的是，《诗经·大雅》的刺世之作，大都出自公卿之手，所刺之层级固高，诗作者的层级也高于《小雅》，遑论《风》诗乎。《大雅》的这部分诗篇，已经不是"正大雅"，而是"变大雅"也。此正如

025

---

① 《毛诗注疏》下册，上海古籍出版社，2013年，第1651—1657页。
② 《毛诗注疏》下册，上海古籍出版社，2013年，第1684页。

《毛诗·周南召南谱》所说:"王道衰,礼义废,政教失,国异政,家殊俗,而变风、变雅作矣。"①

这里需要诠释两个诗学概念,即变风和变雅。如果一个时期的诗风变成以讽刺和批评为主,倘若是《十五国风》,就是"变风",如果是大小雅,就是"变雅"。孔疏对此解释道:

变风、变雅,必王道衰乃作者。夫天下有道,则庶人不议;治平累世,则美刺不兴。何则?未识不善则不知善为善,未见不恶则不知恶为恶。太平则无所更美,道绝则无所复讥,人情之常理也,故初变恶俗则民歌之,风、雅正经是也。始得太平则民颂之,《周颂》诸篇是也。若其王纲绝纽,礼义消亡,民皆逃死,政尽纷乱,《易》称"天地闭,贤人隐",于此时也,虽有智者,无复讥刺。成王太平之后,其美不异于前,故颂声止也。陈灵公淫乱之后,其恶不复可言,故变风息也。班固云:"成、康没而颂声寝,王泽竭而《诗》不作。"此之谓也。然则变风、变雅之作,皆王道始衰,政教初失,尚可匡而革之,追而复之,故执彼旧章,绳此新失,觊望自悔其心,更遵正道,所以变诗作也。以其变改正,法故谓之变焉。季札见歌《小雅》,曰:"美哉!思而不贰,怨而不言,其周德之衰乎!犹有先王之遗民。"是由王泽未竭,民尚知礼,以礼救世,作此变诗,

①《毛诗注疏》上册,上海古籍出版社,2013年,第17页。

故变诗，王道衰乃作也。[1]

　　孔疏对美刺和变风、变雅作了三种区分：一是天下有道，承平之世，用不着"美"，也无须去"刺"，或者说美刺都在正常范围，故风雅势必归于"正经"；二是王道开始衰微，失政初现，尚有革新与匡正的余地，此正是变风、变雅兴起之时；三是如果到了"王纲绝纽，礼义消亡，民皆逃死，政尽纷乱"的地步，那就"美"固然不德，"刺"也没有意义了。依《易》道，那是"天地闭，贤人隐"的历史时刻，"虽有智者，无复讥刺"，不如坐待其亡可也。

　　《颂》的情形与《风》《雅》宜有不同。《三百篇》的颂诗，包括《周颂》三十一篇、《鲁颂》四篇和《商颂》五篇，大都是祭祀和大型典礼的颂赞之歌，也被称作庙堂之歌。"三百篇"的史诗性质，在周、鲁、商"三颂"部分表现得最具典范性。《周颂》的含藏最富，涉及从周公摄政到成王即位的整个历史时间段，内容则是对盛周时期功勋德业的歌颂。《毛诗正义·周颂谱》写道："《周颂》者，周室成功致太平德洽之诗。其作在周公摄政、成王即位之初。"[2]孔疏解释说："据天下言之为太平德洽，据王室言之为功成治定。王功既成，德流兆庶，下民歌其德泽，即是颂声作矣。然周自文王受命，武王伐纣，虽屡有丰年，未为德洽。及成王嗣位，周公摄政，修文王之德，定武王之烈，干戈既息，嘉瑞

①《毛诗注疏》上册，上海古籍出版社，2013年，第17—18页。
②《毛诗注疏》下册，上海古籍出版社，2013年，第1870页。

毕臻,然后为太平德洽也。"①这个解释很有意思,意谓周文王和周武王时期,虽有盛业丰年,但由于征伐没有停止,所带来的生灵涂炭是难以想象的。《周书·武成》记载:"甲子昧爽,受率其旅若林,会于牧野。罔有敌于我师,前途倒戈,攻于后以北,血流漂杵。一戎衣,天下大定。"②其杀戮之惨状,由"血流漂杵"一语可见一斑。此刻,显然不应是颂声大作的时候。只有到了"干戈既息"的"太平德洽"之时,颂诗产生的时代环境方呈现出来。

《周颂》三十一篇,依次为《清庙》《维天之命》《维清》《烈文》《天作》《昊天有成命》《我将》《时迈》《执竞》《思文》《臣工》《噫嘻》《振鹭》《丰年》《有瞽》《潜》《雍》《载见》《有客》《武》《闵予小子》《访落》《敬之》《小毖》《载芟》《良耜》《丝衣》《酌》《桓》《赍》《般》。首篇《清庙》为周公祭祀文王的颂歌,郑笺禁不住咏叹:"于乎美哉,周公之祭清庙也。其礼仪敬且和,又诸侯有光明著见之德者来助祭。"③《昊天有成命》,是为郊祀天地之大礼。郑笺云:"有成命者,言周自后稷之生而已有王命也。文王、武王受其业,施行道德,成此王功,不敢自安逸,早夜始信顺天命,不敢解倦,行宽仁安静之政以定天下。宽仁所以止苛刻也,安静所以息暴乱也。"④郑康成以"宽仁安静"四字,为

①《毛诗注疏》下册,上海古籍出版社,2013年,第1870页。
②《尚书正义》,十三经注疏标点本,北京大学出版社,1999年,第293页。
③《毛诗注疏》下册,上海古籍出版社,2013年,第1883—1884页。
④《毛诗注疏》下册,上海古籍出版社,2013年,第1911页。

施政良方，盖宽仁可以防止苛政，安静可以避免自我酿乱。以今语解之，也就是不折腾也。

《噫嘻》颂赞成王重视农耕、督促农夫及时播种百谷的功德。郑笺不禁又发出赞叹："噫嘻乎能成周王之功，其德已著至矣。谓光被四表，格于上下也。又能率是主田之吏农夫，使民耕田而种百穀也。"[1]周的始祖为后稷，是中国农业立国的鼻祖。后稷名弃，从小就喜欢农业，史迁《周本纪》记载："弃为儿时，屹如巨人之志。其游戏，好种树麻、菽，麻、菽美。及为成人，遂好耕农，相地之宜，宜穀者稼穑焉，民皆法则之。帝尧闻之，举弃为农师，天下得其利，有功。"笔者每读《史记》此"纪"，不禁莞尔。难怪四五千年之后的当代，每年的第一号文件都关乎农业。不必惊讶，谁让我们是农业专家后稷的子孙呢！别忘了，他还是帝尧颁赐的"农师"呢。《周颂》的《载芟》《良耜》，跟《噫嘻》相呼应，也都是关于成王德洽上下、光被四表之时，田地经营者乐农力耕播种百谷的热烈场面。《载芟》三十一句，不妨一看全诗：

> 载芟载柞，其耕泽泽。千耦其耘，徂隰徂畛。侯主侯伯，侯亚侯旅，侯彊侯以。有嗿其馌，思媚其妇，有依其士。有略其耜，俶载南亩，播厥百谷。实函斯活，驿驿其达。有厌其杰，厌厌其苗，绵绵其麃。载获济济，有实其积，万亿及秭。为酒为醴，烝畀祖妣，以洽

---

① 《毛诗注疏》下册，上海古籍出版社，2013年，第1936—1937页。

百礼。有飶其香。邦家之光。有椒其馨，胡考之宁。匪
且有且，匪今斯今，振古如兹。

　　这首颂诗写出了三千五百年前的农夫们在田地里乐农力
耕的欢快景象。西周的土地制度，凡所治下的地域都归周天
子所有，所谓"普天之下，莫非王土；率土之滨，莫非王
臣"是也。成周时期受封的诸侯，级次地位的大小取决于封
地的多寡。公卿也占有大量土地，并可以赏田给臣下。一家
一户的农夫，则拥有可供经营的私田。大的农户不仅有土
地，还有佣赁的闲散人等。《载芟》所写的力耕画面，看来
是大的农户男女老少佣工齐上阵的态势。侯主是家长，侯伯
是长子，侯亚是伯父、叔父，侯旅是家中的子弟们，侯彊是
家中雇佣的有力气的佣赁者。田地有已经耕耘过的，有新开
垦的，无论哪种，都须先除草砍树，松动土壤。松土是个力
气活，光有挖土松土的专用工具良耜还不够，还需要两个人
或两个人以上一起来挖掘，亦即耦耕。当此尽家之众辛苦劳
作之际，飘散着香气的饭食送来了，这是女士们的饷馈，劳
作者们立刻忘却疲劳，滋生出无限爱意，禁不住"思媚其
妇，有依其士"。而当一年下来，在"载获济济，有实其积"
的庆丰收时刻，需要制作美酒，敬祖先，祭神明，谢百众，
是为酒醴。孔疏说："此所为之酒醴，有如椒之馨香，用之
以祭祀，为鬼神降福，则得年寿与成德之安宁也。"《周颂》
的《载芟》《良耜》诸篇，经常作为实证为治西周史的学者
所援引。
　　《鲁颂》十篇，一为《駉》，二为《有駜》，三为《泮水》，

四为《阅宫》。《毛诗正义·鲁颂谱》写道："鲁者，少昊挚之墟也。"又说："在周公归政成王，封其元子伯禽于鲁。"[1]这个故事有点曲折。先看"少皞挚之墟"是何义。少皞姬姓，是传说中的黄帝的长子，名字叫己挚，当时是东夷部落的首领。所在都城开始在山东莒县，后迁至今天的曲阜。少昊挚之墟，就是少昊的故址。再看《史记·鲁周公世家》的记载：当武王伐纣告成，"封周公旦于少皞之墟曲阜，是为鲁公。周公不就封，留佐武王。"[2]两年后武王崩逝，成王即位，周公摄政。于是"使其子伯禽代就封于鲁"，并告诫伯禽说："我文王之子，武王之弟，成王之叔父，我于天下亦不贱矣。然我一沐三捉发，一饭三吐哺，起以待士，犹恐失天下之贤人。子之鲁，慎无以国骄人。"[3]这样我们就知道曲阜这个地方，可是有来历、有渊源的极不同寻常的地方。然则周公之后五百年，而有孔子诞生于鲁国的曲阜，也许早在五百年前就已经埋下伏脉了。以此周公成为孔子最崇仰的古代圣人的典范，就是很自然的事情了。其他暂且不论，就周公对代己就封于鲁国的伯禽所说的那一番话，就足可成为万世金铭。

《论语·述而》记载，孔子一次慨叹："甚矣吾衰也！久矣吾不复梦见周公。"这说明孔子是经常梦见周公的。在春秋时期，鲁国是一个比较弱的小国，但周朝的礼器和礼仪传

---

[1]《毛诗注疏》下册，上海古籍出版社，2013年，第2040—2041页。

[2]《史记·鲁周公世家》，中华书局，国学文库本，2011年，第1389页。

[3]《史记·鲁周公世家》，中华书局，国学文库本，2011年，第1391—1392页。

统在鲁国保存得最多。据《左传》定公四年记载，伯禽代周公封于鲁的时候，为昭周公之德，带去大批祝、宗、卜、史（包括大祝、宗人、大卜、大史等）方面的专业官员，和相关的备物、典策、官司、彝器①，可以为证。亦因此，才有晋侯派使者到鲁国观礼的事。《左传》昭公二年记载："春，晋侯使韩宣子来聘，且告为政而来见礼也。观书于大史氏，见《易象》与《鲁春秋》，曰：'周礼尽在鲁矣。吾乃今知周公之德，与周之所以王也。'"②现在看来，晋侯使韩宣子来鲁国观礼这件事，可说得上是春秋时期的"一大事因缘"。此段记载特别提到，韩宣子在鲁国大史氏那里，看到了《易象》和《鲁春秋》这两件稀世国宝，他不禁感叹："周礼尽在鲁矣。"而且由此联想到周公的美德和周所以王天下的深层原因。孔颖达认为，《易象》应该各国都有，但鲁国保存的《易象》没有增改③，更具有原真性。更重要的是《鲁春秋》，这是鲁国所独有的宝贝。

　　明了上述这些历史和文化渊源，《鲁颂》所颂者何，就不必多所解读了。《駉》，颂赞鲁僖公治国有方，成就粲然。《鲁颂谱》写道："僖公能遵伯禽之法，俭以足用，宽以爱民，务农重谷，牧于坰野，鲁人尊之，于是季孙行父请命于

　　①《春秋左传正义》，十三经注疏标点本，北京大学出版社，1999年，第1546页。

　　②《春秋左传正义》，十三经注疏标点本，北京大学出版社，1999年，第1172—1173页。

　　③《春秋左传正义》，十三经注疏标点本，北京大学出版社，1999年，第1173页。

周，而史克作是颂。"①此颂诗的作者是鲁国的史官名史克者。然何以又要向周室请命呢？孔疏认为是由于鲁国的地位特殊，请命而后作颂，表示格外隆重的意思。故孔疏云："言鲁为天子所优，不陈其诗，不得作风，今僖公身有盛德，请为作颂。"②《有駜》是颂僖公能遵守君臣之礼和君臣之道。《泮水》是颂扬僖公为兴学、倡明礼教而重建泮宫的功德。《閟宫》则颂赞僖公能够恢复当年周公获封时的七百里地域，不辱祖德。故此颂之所颂，不止僖公，并上溯到周的祖考。一如孔疏所说："作者将美僖公，追述远祖，上陈姜嫄、后稷，至于文、武、大王，爰及成王封建之辞，鲁公受赐之命，言其所以有鲁之由，与僖公之事为首引耳。"③

《商颂》原有十二篇，保留下来的为《那》《烈祖》《玄鸟》《长发》《殷武》五篇。《那》是为祭祀成汤而作，《烈祖》是祭祀汤的玄孙中宗，《玄鸟》为祭祀中宗玄孙之孙高宗。成汤、中宗、高宗，是殷商从受命到中兴的德洽"三王"。成汤是受命之王，中宗、高宗是中兴之主。殷商的始祖为契，契的母亲简狄是帝喾次妃，因吞鸟卵而生契。契成年后助禹治水有功，帝舜乃封弃于商。故《商颂谱》说："商之有契，犹周之有稷。"④《商颂》的《长发》《殷武》都是对远祖的大祭，所谓禘和祫是也。禘是对祖宗的单祭，祫是合祭。则五篇《商颂》，应该都是殷商的慎终追远的祭祀

①《毛诗注疏》下册，上海古籍出版社，2013年，第2046页。
②《毛诗注疏》下册，上海古籍出版社，2013年，第2047页。
③《毛诗注疏》下册，上海古籍出版社，2013年，第2078页。
④《毛诗注疏》下册，上海古籍出版社，2013年，第2106页。

之歌。

　　问题是这五篇《商颂》是从何处得来的？如果说《周颂》是当成康太平德洽之世，对其父祖功业勋炳的歌赞，其"颂声系于所兴之君，不系于所歌之主"[1]，那么《商颂》则是因成汤、中宗、高宗的治世之功，亦即"由此三王皆有功德，时人有作诗颂之者"[2]。此处的"时人"，显指殷商时之人，而不是周时之人。至于作颂的时间，应该是在"三王"崩逝之后，但不会晚于"商德之坏"的帝纣时期。换言之，五篇《商颂》，都是商之人"颂"三王所代表的"商德"，而不是当成周之时，《周颂》问世的同时也有人作了五篇《商颂》。但《商颂》得以保存则是商的后裔暨贤大夫之功。武王克纣后，尝封纣王之子武庚以"奉其先祀"，周公摄政而武庚叛反，周公平而诛之。嗣后成王复又封纣的庶兄微子于宋，是为宋国的第一代国君。周宣王时期，有大夫名正考父者，以十二篇《商颂》请益"校商"于周的太师，我们今天看到的《商颂》五篇，应为此次"校商"后的定稿。《周礼·地官司徒》："以立太师、太傅、太保，兹惟三公，论道经邦，燮理阴阳。"太师的职司主要是"坐而论道"，当为一国的最饱学之士。而正考父，则是宋戴公时期的治国能臣和保存殷商文化的功臣，由他与周的太师"校商"《商颂》，自是顺理成章之事。《史记·宋微子世家》以为《商颂》是正考父所作，应是太史公的误记。对此，《国语·鲁语》、司马

　　①《毛诗注疏》下册，上海古籍出版社，2013年，第1872页。
　　②《毛诗注疏》下册，上海古籍出版社，2013年，第2108页。

贞《史记·宋微子世家》索隐等典籍均有所是正，兹不赘。《商颂谱》孔疏也说："微子为商之后，得行殷之礼乐，明时《商颂》皆在宋矣。"[1]又说："然则言校者，宋之礼乐虽则亡散，犹有此诗之本，考父恐其舛谬，故就太师校之也。"[2]如是，则有关《商颂》的保存和"校商"之纷纭多歧的历史故实似亦得到厘清矣。

---

①《毛诗注疏》下册，上海古籍出版社，2013年，第2109页。

②《毛诗注疏》下册，上海古籍出版社，2013年，第2109页。

《毛诗正义》"诗谱序"作者小考

　　《毛诗正义》的"诗谱序"究系何人所撰？笔者可以肯定地说：是郑玄郑康成所撰也。

　　内证是"诗谱序"的孔疏。"诗谱序"写道："诗之兴也，谅不于上皇之世。"孔疏云："上皇谓伏牺，三皇之最先者，故谓之上皇。郑知于时信无诗者，上皇之时，举代淳朴，田渔而食，与物未殊。居上者设言而莫违，在下者群居而不乱，未有礼义之教，刑罚之威，为善则莫知其善，为恶则莫知其恶，其心既无所感，其志有何可言，故知尔时未有诗咏。"[1]孔疏云"郑知于时"，是说郑玄知道上皇之世尚未有诗也。不是明言《诗谱》是康成所作么？孔疏于"诗谱序"的笔法亦多有揭橥，并随时说明郑玄何以如此著笔。特别是结尾一段，"诗谱序"写道："夷、厉已上，岁数不明。太史《年表》自共和始，历宣、幽、平王而得春秋次第，以立斯《谱》。"[2]孔疏说，这是"论作《谱》之意"。然则为何以《谱》称之呢？孔疏说：

----

①《毛诗注疏》上册，上海古籍出版社，2013年，第1页。
②《毛诗注疏》上册，上海古籍出版社，2013年，第9—10页。

> 郑于三《礼》《论语》为之作序，此《谱》亦是序类，避子夏序名，以其列诸侯世及《诗》之次，故名"谱"也。①

这里讲得再明白不过。三《礼》《论语》康成都曾为之作序，此处之《谱》其实与序为同一义，本来也可以叫序，但为与子夏之序区隔开来，故称之为《谱》。

外证是《后汉书》郑玄本传的记载：

> 门人相与撰玄答诸弟子问《五经》，依《论语》作《郑志》八篇。凡玄所注《周易》《尚书》《毛诗》《仪礼》《礼记》《论语》《孝经》《尚书大传》《中候》《乾象历》，又著《天文七政论》《鲁礼禘祫义》《六艺论》《毛诗谱》《驳许慎五经异义》《答临孝存周礼难》，凡百余万言。②

明言《毛诗谱》是郑玄所著。请注意：《周易》《尚书》《毛诗》《仪礼》《礼记》《论语》《孝经》《尚书大传》《中候》《乾象历》，都称为"玄所注"，《毛诗谱》和《六艺论》等，则以"著"标之。斯又证明，不独"诗谱序"，连同《毛诗谱》一并都出自郑康成之手。

---

① 《毛诗注疏》上册，上海古籍出版社，2013年，第10页。
② 《后汉书》，中华书局，国学文库本，第二册，2012年，第958页。

《毛诗注疏》之《国风》

《毛诗正义》的"诗谱序",也称"诗大序",附在风、雅、颂各类诗题前面之解题,为"诗小序"。"诗大序"的作者既明,"诗小序"的作者也由孔疏揭破了。是的,"诗小序"的作者是子夏。所谓子夏传诗,就包括他为风、雅、颂各诗所作的题解,即"诗小序"。刘歆《六艺略》说:"汉兴,鲁申公为《诗》训故,而齐辕固、燕韩生皆为之传。或取《春秋》,采杂说,咸非其本义。与不得已,鲁最为近之。三家皆列于学官。又有毛公之学,自谓子夏所传,而河间献王好之,未得立。"①由此可知,汉代的传《诗》者,主要有鲁、齐、韩三家,即鲁人申公、齐人辕固生、燕人韩婴。所

---

①《汉书》,中华书局,国学文库本,第二册,2012年,第1520—1521页。

传为《鲁诗》《齐诗》《韩诗》，三家都立于学官，而以鲁申公所传《诗》最受推重。《毛诗》则不为所重，也没有立于学官。

《毛诗》受到推重是在东汉，特别是在大通家郑康成为之作"谱"作"序"并为之笺注之后，《毛诗》的地位日显。郑玄是大儒马融的弟子，与郑玄俱事于马融的通儒涿郡人卢植，于汉灵帝即位之时，上书给扶持灵帝的大将军窦武，提出宜将《毛诗》等立于学官。其上书论之曰：

> 臣少从通儒故南郡太守马融受古学，颇知今之《礼记》特多回冗。臣前以《周礼》诸经，发起秕谬，敢率愚浅，为之解诂，而家乏，无力供缮写上。愿得将能书生二人，共诣东观，就官财粮，专心研精，合《尚书》章句，考《礼记》失得，庶裁定圣典，刊正碑文。古文科斗，近于为实，而厌抑流俗，降在小学，中兴以来，通儒达士班固、贾逵、郑兴父子，并敦悦之。今《毛诗》《左氏》《周礼》各有传记，其与《春秋》共相表里，宜置博士，为立学官，以助后来，以广圣意。[1]

则《毛诗》在东汉，始立于学官，自此而后，《诗》的天下就成为《毛诗》的天下了。殆至魏晋，《齐诗》《鲁诗》相继而亡佚，《韩诗》虽然存在，已无人传授。只有《毛诗

①《后汉书·吴延史卢赵列传》，中华书局，国学文库本，2012年，第1698页。

郑笺》，赫然独立于学官士林。《随书·经籍志》记录《诗》三十九部、四百四十二卷，其中只有三部为《韩诗》，其余三十六部都是关于《毛诗》的传注义疏。至唐而有孔颖达《毛诗正义》问世，毛传、郑笺、孔疏的《毛诗》，于是成为《三百篇》传世的稳定版本。宋元以后，朱熹《诗集传》对《毛诗》的郑笺孔疏不无是正，但对《诗》的解读，亦未尝全然抛开郑笺孔疏。而到清中叶，朴学大师们重订六经，也以毛传、郑笺、孔疏的《毛诗》作为依凭，《毛诗》的地位更加不可撼动。

"诗谱序"提出："故诗有六义焉：一曰风，二曰赋，三曰比，四曰兴，五曰雅，六曰颂。"①这是对《三百篇》的重大论述。风、雅、颂之义涵及类分前面已作详论，现在来谈赋、比、兴是为何义的问题。郑康成笺云："以赋之言铺也，铺陈善恶，则诗文直陈其事，不譬喻者，皆赋辞也。"先郑司农解比、兴则曰："比者，比方于物。诸言如者，皆比辞也""兴者，讬事于物则兴者起也。取譬引类，起发已心，诗文诸举草木鸟兽以见意者，皆兴辞也。"②换言之，所谓赋者，就是直接陈述事体的由来经过；所谓比者，就是以一物来比喻他物；所谓兴者，则是托事于山川风物、鸟兽虫鱼，来引起诗事的讲述。风、雅、颂是《诗》的分类，赋、比、兴是《诗》的表现手法。风诗"氓之蚩蚩，抱布贸丝，匪来贸丝，来即我谋"，是为赋。《邶风·柏舟》"我心匪石，不

---

①《毛诗注疏》上册，上海古籍出版社，2013年，第13页。
②《毛诗注疏》上册，上海古籍出版社，2013年，第14页。

可转也。我心匪席，不可卷也"，是为比。《诗》的卷首《关雎》："关关雎鸠，在河之洲，窈窕淑女，君子好逑。"此诗的头二句即兴也。从诗学的角度着眼，如果说风、雅、颂是《诗》的分类，赋、比、兴则是《诗》的书法。

大哉，《三百篇》之"六义"之学也！

《易经》的和同论

本文通过对《易经·同人》卦的解析，探讨如何追寻人类的共同价值。

1

"和""同"两个字，是中国文化的关键词，也可以说是中国文化的最基本的价值理念。

古代思想家有很多关于和、同的阐释。

和、同可以分阐，也可以合释。

和、同、和同，是三组概念，三重含义。

"和"由不同构成。不同而能共生，是为和。

人性的弱点，喜同而不喜异。权力者的弱点，不喜欢听不同声音。

但世界如果没有不同，这个世界就窒息了。

古代智者汤伯认为，周朝衰败的原因，是由于"去和而取同"（《国语·郑语》）。

他的哲学依据是："和实生物，同则不继。"（同上）

汤伯说："以他平他谓之和，故能丰长而物归之；若以同裨同，尽乃弃矣。"

"以他平他"，指两个不同物的和平相处，就是和。"和"则能长治久安，众望所归。

如果"以同裨同"，即狭小卑微和狭小卑微抱团在一起，结果将一无所有（"尽弃"）。

汤伯说，经验告诉我们："五味以调口，四支以卫体，六律以聪耳。"好吃的食物，美丽的音乐，强健的身体，都是不同物的"合体"。

所以"声一无听，物一无文，味一无果，物一不讲"。

汤伯在阐述这一义理的时候，用了一个特殊的语词，曰"剸同"。

"剸"字的读音为"tuán"，是割而断之的意思。"剸同"即专擅，强制为同。其结果便走向了"和同"义理的反面。

人类应追寻和同，反对"剸同"，记取古代衰周的教训。

2

现在回到《易经》的《同人》卦。

《同人》是《周易》"上经"的第十三卦。（易学家的习惯，把《易经》的前三十卦，称为上经，后三十四卦称为下经。）

《同人》卦所演绎的核心题旨，正是"与人和同"的精神义理。

此卦的卦辞是："同人于野，亨。利涉大川。利君子贞。"

当同人们以扩大的胸怀在一起的时候，有利于克服艰难险阻。

此卦给出了种种复杂情况，包括：第一，《同人》之始，是不是心地单纯而无狭窄鄙吝。大而言之，行为是否符合正义，而不是谋一己之私。第二，有没有"同宗之吝"，即是不是拉帮结伙搞宗派。第三，遇到强敌，需要不需要按兵不动（"伏戎"）。第四，面对的险阻是不是无法克服（"不克之困"）。第五，如果遇到难以战胜的强大敌体（"大师"之患）怎么办。

孔颖达《五经正义》解释此卦，结论是："同人，谓和同于人。"即认为这是追求与人和同之卦。

该卦的《彖辞》云："文明以健，中正而应，君子正也。"

王弼注写道："行健不以武，而以文明用之，相应不以邪，而以中正应之，君子正也，故曰'利君子贞'。"

王辅嗣（弼字辅嗣）的意思，要尽量不用武。

虽然自身刚健，也应该用文明的手段（"文明用之"）；即使对方不正，也应以中正来回应（"以中正应之"）

为什么要采取此种态度呢？王弼引用了楚昭王丢失弓的典故。

故事来源于《孔子家语》一书。其中记载，一次楚昭王出游，把他最心爱的弓（乌号弓）丢失了，左右的人要立刻寻找。楚昭王说："不必找了，反正丢失弓的是楚国人，拾到弓的也是楚国人，何必费力去寻找。"这说明楚王的宽怀大度。有此大度的心态，任何疑难都容易解决。

问题是孔子听说此事之后，表示颇不以为然。

孔子说："太可惜了，原来楚王的志量如此之小。为什么不说：是人丢失了弓，人拾到了弓。何必仅仅局限于楚国呢？"

孔子把故事彰显的价值伦理，推至整个人类。

王弼对此有引申一步的论述。他说：如果心胸过于狭隘，爱自己的国家爱得神魂颠倒，不讲分寸，失去理性，也会导致对自己国家不利。

他的原话是："楚人亡弓，不能亡楚。爱国愈甚，益为它灾。"

史载，果然在楚哀王六年，吴国攻打陈国，楚国轻举妄动去援救，结果楚哀王死在了陈国。这个故事证实，"爱国愈甚"也可以导致其他的灾祸。

孔颖达的义疏说，王弼引用这个典故，是想证明，"同人不弘皆至用师"。

人类如何对待面临的问题、危机、困境？《同人》卦告诉我们：最主要的是要有"大通之志"。

"大通"的概念是王弼提出来的。他说："不能大通，则各私其党而求利焉。"

大通，即大同。兵戎，乃万不得已的手段，需要慎之又慎。争战、杀戮归根结底是反文明的野蛮行为。因此养成"大通之志"，具备"和同于人"的智慧，应该是第一位的。

是不是也有完全无法实现和同的情况？有。此种情况，《同人》卦也有回答。

就是《象辞》讲的："大师相遇，言相克也。"

遇到大师（重兵），又无法和同，则需要用压倒对方的"大师"（重兵）克之。但这是万不得已之事，是没有其他选择的选择。而且必须占有有利条件，怀有正义，实力超过对手。

王弼注："居中处尊，战必克胜。"

结果是："先号咷而后笑。"

3

《同人》卦所演，就是《易·系辞》说的："天下何思何虑？天下同归而殊途，一致而百虑。"人类的不同，主要是思考方式和所选择的途径不同，人们终归要走到一起。

如何认识、理解、把握"同""和""和同"这三组价值义理，对人类未来的命运至关重要。

"和"是人人都乐于接受而向往的境界。但不要忘记，"不同"是"和"的条件。承认不同，容许不同，欣赏不同，才能走向和同。

如果一切都相同，声音相同，味道相同，穿衣相同，走路相同，思维相同，说话相同，这个世界就令人窒息了。孟子说："充实之谓美，充实而有光辉之谓大。"（《孟子·尽心下》）试想，能够使之充实起来的东西，能够都是完全相同的东西吗？不同物的组合，才能称之为"充实"。不同物的合乎审美规则的组合，才能创造美。

孔子的两句话：一句是"和而不同"，一句是"己所不欲勿施于人"。

这是中国文化给出的人类麻烦解决之道。

（此文为 2016 年 10 月 24 日作者在文化部与社科院联合召开的"汉学与当代中国"学术座谈会上的演讲稿）

六经的价值伦理

——中国文化贡献给人类的共同价值

一

二十年前，我在《中国现代学术要略》中曾经提出："学术思想是人类理性认知的系统化，是民族精神的理性之光。"以我多年研习中国文化的心得，于今思之，中华文化能够贡献给人类的，我认为是人之为人的、群之为群的、家之为家的、国之为国的一整套精神价值伦理。

这些价值理念的精神旨归，是使人成为健全的人，使群体成为和谐的群体，使家成为有亲有爱有敬的和睦的家，使国家成为讲信修睦、怀柔远人的文明礼仪之邦。

中国文化的最主要的价值理念都在"六经"。"六经"指《易》《诗》《书》《礼》《乐》《春秋》六种文本经典。《乐》这一经没有文本传下来，是为"五经"。但也有一种说法，认为《乐》本来就没有文本，它是跟《礼》结合在一起的，所以"礼乐"并称。尽管后来看到的是"五经"，可是学者们习惯上仍然称为"六经"，直到清代还是如此。"经"是晚些时候的说法，开始的名称叫"六艺"。

孔子教学生，就是以"六艺"作为教材。但当时有两种"六艺"，《易》《诗》《书》《礼》《乐》《春秋》是文本经典的"六艺"，另一种是"礼、乐、射、御、书、数"，我称之为实践课。这里的"书"，指汉字构成的方式，包括象形、指事、会意、形声、转注、假借，后称为"六书"，是为识字课。"数"是计算，射是射箭，"御"是驾车。

文本经典的"六艺"又称"六经"，孔子之前就有了。《周易》，相传是伏羲画卦，文王演易，孔子作传。所以《论语》里记载孔子的话，说"五十以学《易》，可以无大过矣"。《诗经》是周代的诗歌，最早有3000多篇，经过孔子的删订，存留305篇，所以《诗经》也称"诗三百"。《书》是《尚书》，是虞、夏、商、周在上古文告、文献汇编。《礼》有三礼，包括《周礼》《仪礼》和《礼记》。《春秋》是鲁国的一个大事记，应该是孔子所作。如果不是孔子的原创，也是孔子在原有的一个大事记基础上加工润色而成。因为记事简，措辞晦，寓意深，由此形成史家称道的所谓"春秋笔法"。

"六经"都经过孔子删订，是中国现存的最原初的文本经典，是古人智慧的结晶。20世纪的大儒马一浮，称"六经"为中国文化的最高的特殊的形态。大哲学家熊十力则说，"六经"是现代人做人和立国的基本精神依据。这些大判断，时至今日也没有过时，反而愈见其见解独到。

二

我近年从"六经"里面，也包括后来成为"十三经"的《论语》《孟子》《孝经》里面，抽绎出几组价值理念，包括诚信、爱敬、忠恕、知耻、和同（"和而不同"）五组概念。我觉得这些概念范畴，是中国文化中的具有永恒性、普世性的价值理念，既适用于古代，也适用于今天，不仅适用于中国人，也适用于全世界所有的人，是中国文化贡献给人类的价值论理。

1. 诚信

诚信是中国文化里面非常重要的价值理念。孔子讲，"民无信不立""人而无信，不知其可也"。孟子说，"朋友有信"。老子也讲，"信言不美，美言不信"。中华文化的原初经典把"信"放在非常高的位置。

信和诚是连载一起的，里面有诚，外面才有信。无诚，便不可能有信。讲"诚"讲得最多的是《中庸》，其中说，"诚"是"天之道"，是"物之终始，不诚无物"。而想要"立诚"，是"人之道"。《中庸》把"诚"视作"天道"和"人道"的核心问题。

明代思想家王阳明的一个学生，他跟王阳明向学的时间很长了，最后需要离开老师，回到自己的家乡去。辞行的时候他对王阳明说："下次见面不知何时，老师可有什么嘱托，让我一生受用。"王阳明说："立诚。"这是个年龄比较大的弟子，他说天下的万事万物太多了，需要解决的问题无穷无尽，难道光一个"诚"字就可以应对一切？还有没有其他的东西？王阳明回答说："立诚。"后来这个弟子终于体验到了"立诚"的确是应该终生以之的立德之本。

"立诚"的理念，早在《易经》里就提出来了。《易经》乾卦的文言引孔子的话写道："忠信，所以进德也；修辞立其诚，所以居业也。"这里的"修辞立其诚"，就是明确提出的"立诚"。试想，人活在世界上，究竟何欲何求？仔细想来，《易经》乾卦这两句话全包括了。人生在世，一个无非是想把自己变得更好一些，使自己成为一个有修养的人，成为受人尊敬的人。而要做到这一点，首要的是要讲诚信，这就是乾卦文言说的"忠信所以进德也"。"进德"的核心价值理念是"忠信"。"忠"字的直接涵义是把自己的心放正，成为一个诚实的人，讲信义的人。这是人生的第一层要义。人生的第二层要义，就是事业有成，在哪一方面的专业上有自己的建树，能够安居乐业。而"居业"的前提是"立诚"，所以是"修辞立其诚，所以居业也"。

"立诚"是"居业"的前提。"忠信"是"进德"的前提，兹可见诚信这个价值理念的重要。"诚信"二字，是人的一生成败得失的关键，可以视为中国文化的核心价值理念，也是人类应该共守的公德。

2.爱敬

中国文化的另一个核心价值理念是"爱敬"。"爱敬"是《孝经》里面的话，其中引用孔子的话说："爱亲者，不敢恶于人；敬亲者，不敢慢于人。爱敬尽于事亲，而德教加于百姓。"（《孝经·天子章》）

"爱敬"是从家庭秩序中衍生出来的。父子、夫妇、弟兄之间的关系，都有爱和敬存在。如果一个人对自己的尊长亲人能做到有爱有敬，对家庭以外的其他人便不至于太不好，至少不会轻慢别人。因此《孝经》还说，"生事爱敬，死事哀戚，生民之本尽矣，死生之义备矣。"（《孝经·丧亲章》）

　　把"爱敬"看作人生之本和生死的大义。人的哀愁和悲痛的情感，最初也是从家庭亲人的困厄、不幸中因感同身受而产生的。夫妇之间，一般以为有爱就行了，其实光有爱是不能持久的，还须有敬，既亲密无间，又相敬如宾，才是典范的夫妇关系。

　　对"爱敬"这个价值理念，魏晋时期刘劭的《人物志》解释得最为恰切。《人物志》是一部很特别的书，既是相人之书，又是论理之书，又是哲学之书，或者说是一部特殊的"人论"。只有魏晋时期的人，能写出如此奇书。刘劭在《人物志》里写道：

　　　　盖人道之极，莫过爱敬。是故《孝经》以爱为至德，以敬为要道。（刘劭《人物志·八观》）

　　把"爱敬"看成是人道之极，可见"爱敬"这个价值理念在中华文化中的位置。

　　"敬"当然可以包括尊敬师长、尊敬前贤、尊敬长辈，但"敬"的价值论理的哲学义涵，是指人作为生命个体的"自性的庄严"。"敬"是人的性体、本性的精神安顿之所，传统文化中很多道德规范都跟"敬"有关系。

譬如"孝",《论语》的一个例子说,一次子游问老师,到底什么是"孝"。孔子回答说,现在的人们以为"能养"就是孝,如果"能养"就是"孝",那么犬马也"能养",没有"敬",何以别乎？所以人跟犬马的一个区别在于,在"孝"这个问题上,人有"敬",犬马不会有敬。由此可以看出,"孝"的精神内核是"敬"。所以人们通常把对老人的"孝",称作"孝敬",甚至泛称为"敬老"。中国传统社会对官员的察选,如果不孝敬父母,就没有做官的资格。忠敬、诚信的人,一定孝敬父母；能孝敬父母,才能成为忠于职守、仁爱天下的贤者。

举凡一切礼仪,都必须有"敬"的精神。所以《孝经》里面说："礼者,敬而已矣。"孔子一段有名的话是："为礼不敬,临丧不哀,吾何以观之哉？"礼是需要有人看的,因此有"观礼"之说。但礼仪如果没有"敬",就不值得看了。孔子还有一句话,认为"祭神如神在"。他的意思是说,在祭祀的时候,要相信神是在场的,只有这样,才能使祭祀者保持诚敬之心。

祭祀在古代是头等重要的事情。《左传》里的一句话说："国之大事,在祀与戎。"祀就是祭祀,戎则是军事行动。但无论祭祀还是军事行动,都不能没有"敬"。军事行动也要懂礼仪。《左传》《国语》有很多记载,很多战事的发生,都是由于"不敬"或"大不敬",引起强者一方的军事行动。现代社会,处理国家与国家的关系,涉及外交事务,讲礼仪、懂敬,同样重要。

礼仪、敬，是文明的指标。文明与不文明的重要分野，在于文明讲礼仪，有敬。

3.忠恕——"己所不欲，勿施于人"

"忠恕"是孔子的重要思想。一次孔子说："吾道一以贯之。"曾子（曾参）说，是的。后来孔子离开了，其他弟子问曾参："此话怎讲？"曾子说："夫子之道，忠恕而已矣！"这说明，"忠恕"在孔子那里是通贯全体、贯彻始终的思想。忠和诚可以互训，诚者必忠，"主忠信"是孔子的至高的道德律令。弟子樊迟问什么是"仁"，孔子回答说："居处恭，执事敬，与人忠。"可知"敬"和"忠"也是仁的构件。

"忠"和"信"更为密切。取信的要道是"忠"。曾子"吾日三省吾身"的一、二两项内容，第一是"为人谋而不忠乎"，第二是"与朋友交而不信乎"。忠和信是与人交往的随时需要反省的问题。

孔子还说："言忠信，行笃敬，虽蛮貊之邦行矣。言不忠信，行不笃敬，虽州里行乎哉？"如果做到了"忠信"，而在行为上又能体现出庄重和礼敬，即使走到不那么文明的异邦，也能立得住脚跟。反之，如果言不由衷，对人不能以诚相待，得不到交往对象的信任，行为上又轻慢无礼，即使处身自己的家乡，也照样吃不开。

至于忠恕的"恕"，其重要性更显而易见。按孔子的解释，恕就是"己所不欲，勿施于人"。"恕"这一价值理念所蕴含和所要求的涵义，通俗地说，就是设身处地，将心比心，换位思考，自己不喜欢的东西不要强加于人。我认为"恕"这个价值理念，彰显了中华文化的异量之美。这是中国文化贡献给人类的一个伟大的思想。世界人文学界非常重视孔子的这一思想，把它奉为人类共同遵行的道德金律。

4.知耻——行己有耻

《礼记·中庸》有一段讲修身，引用孔子的话写道："好学近乎知，力行近乎仁，知耻近乎勇。知斯三者，则知所以修身。"这等于把好学、力行、知耻当作了修身的三要素。一个人的修为，自然离不开吸取知识，这也就是《礼记·大学》所说的"格物致知"。因此"学"是修身的第一要素。

学了以后何为？如果成为装知识的器皿，或者从知识到知识，那是学了等于不学。学的要义，在于用，在于践行。此即古人常讲的"知行合一"。所以修身的第二要素是"力行"。学习了，也践行了，离"仁"就不远了，至少是走向通往"仁"的道路上。

但无法保证所做的每一件事都正确无误，难免会出现失误，发生错误。出了错误怎么办？要能够反省，善于反思，找出原因，知错改错，力戒重犯错误。当认识到错误的时候，人的良知会让自己感到羞愧，感到后悔，感到不好意思。能做到这一层，就是"知耻"的表现。"知耻"是改过的前提。所以修身的第三要素是"知耻"。

智、仁、勇在古代被称作"达德"。具有了智、仁、勇的德品，就可以做到大的判断不致发生错误，遇到困难不会感到忧虑，面对威胁也无所畏惧。这就是孔子所说的："知者不惑，仁者不忧，勇者不惧。"（《论语·子罕》）子贡认为，他的老师孔子就是兼有不忧、不惑、不惧特点的人。

修身的三要素中，第三要素是"知耻"，尤不可轻视。

我给学生讲课，多次讲：修身应该从知耻开始。耻感是人成为人的一个文明指标，人的文明的表现之一是有羞耻心，孟子称之为"羞恶之心"。孟子说，恻隐之心、羞恶之心、辞让之心、是非之心，是人的"四端"。"端"是开始的意思，意即"四端"是做人的开始，或者说是起码的人之为人的标志。若果没有羞恶之心，孟子说就不是人了。同样，没有恻隐之心、没有辞让之心、没有是非之心，也不是人。恻隐之心是不忍，也就是同情心，也就是"恕"，也就是己所不欲，勿施于人。辞让之心指文明礼貌，是非之心指社会的公平正义，而羞恶之心则是"知耻"。修身的第三要素"知耻"，在《论语》中称作"行己有耻"，是有知识有修为的人即士君子，必须具有的德品。

"耻"跟"廉"构成一个组合概念，曰"廉耻"。这是管子的一个著名论述，提出："礼义廉耻，国之四维。"管子认为，礼义廉耻没有了，国家的处境就危险了。欧阳修在《新五代史》冯道传的叙论中写道："礼义，治人之大法；廉耻，立人之大节。盖不廉，则无所不取；不耻，则无所不为。"明清之际的大学者顾炎武还说过："士大夫之无耻，是为国耻。"这些都是深切著明的至理名言。

5.和同（"和而不同"）

跟诚信、爱敬、忠恕、廉耻一样，"和同"也是中华文化最基本也是最重要的价值理念。中国文化倾向于不把人与人之间的关系搞得那么不可调和，"和而不同"是中国人面对这个世界的总原则。

"和同"的思想来源于《易经》。《易经》的"同人"一卦，所演绎的就是关于"与人和同"的理念。《易经》的系辞概括为："天下同归而殊途，一致而百虑。"这是说，人们的不同，常常表现为途径和方法的不同，终极目标往往是相同的，所以最终会走到一起。人类社会的存在形态，人们的生活方式和风俗习惯，彼此之间是不同的，但生活的价值追求，人的心理结构和心理指向，往往有相同的一面。孟子对此说得很明白：

> 口之于味也，有同耆焉；耳之于声也，有同听焉；目之于色也，有同美焉。至于心，独无所同然乎？心之所同然者何也？谓理也，义也。（《孟子·告子上》）

孟子这段话是说，好吃的食物、好听的音乐、多彩的颜色，人们都会喜欢，在这点上人和人是相同的。既然在这方面有同样的感受，那么人的"心"是不是也有相同的东西呢？回答是肯定的。人心所相同者，是"理"和"义"，所谓人的理之所同然者。

孟子讲的"心"，也可以作"心理"解。恰好大学者钱锺书先生说过："东海西海，心理攸同；南学北学，道术未裂。"以此，人与人之间的不同，远没有想象的那么多，夸大人类的不同，是文化的陷阱。而且在人类的不同之中，也有"同"的一面。正因为如此，人和人之间、族群和族群之间、文化和文化之间，才可以沟通，不同也能够共存于一个统一体中。

不同文化之间可以共存、沟通、融合，是中国文化的一个固有的理念。这个理念基于中国文化的"和"的观念。"和"是由诸多的"不同"构成的，没有不同，便无所谓和。所以孔子的著名论断是："君子和而不同。"宋代的思想家张载，他的有名的四句教是："为天地立心，为生民立命，为往圣继绝学，为万世开太平。"张载字横渠，所以这四句话又称"横渠四句教"。但他还有另外的"四句教"，是这样的四句话——

有象斯有对，

对必反其为。

有反斯有仇，

仇必和而解。

我把张载的这四句话称之为"哲学四句教"。因为他是对整个宇宙世界发言的。大意是说，这个世界是由一个一个的生命个体组成，有人类的、动物的、植物的，这些生命个体都是不同的。古人有一句话，叫"佳人不同体，美人不同面。"西方也有一个说法："世界上没有完全相同的两个个体。"这些不同的个体都是一个个的"象"。这些"象"是流动的，不是静止的。但"象"的流动方向是不同的，有的甚至相反。这就是张载哲学四句教第一、第二两句讲的"有象斯有对，对必反其为"。由于"有对"，甚至"反其为"，就会发生彼此之间的纠结，从而形成"有反斯有仇"的局面。

这个"仇"字，古写作"雠"，左边一个隹，右边一个隹，中间是言论的言字。"隹"是一种尾巴很短的鸟。试想，这个"雠"字，其象征意义，不就是两只短尾巴鸟在那里叽叽喳喳地说话吗？我们还可以推测，尾巴短的鸟叫的声音往往很高，那么它们就不是一般的说话，而是在讨论、争论、辩论，甚至是在斗嘴、吵架。讨论的问题我们无法得知，但结果，他们经过计较、辩驳、讨论、争论的结果，并不是这个鸟把那个鸟吃掉，而是达成共识，或求同存异，彼此妥协，总之是互相和解了，也就是"仇必和而解"。

张载"哲学四句教"给我们的启示是深远的。反观现实，我们可以得出一个总括性的看法，就是：这个世界有差异，但差异不必然发展为冲突，冲突不必然变成你死我活，而是可以"和而解"的。有了这个观念，很多事情都会得到更为恰当的处理。

大文豪鲁迅有一首诗，这首诗是关于中国和日本的关系的，其中有两句："度尽劫波兄弟在，相逢一笑泯恩仇。"人与人之间、群体与群体之间、族群与族群之间、国与国之间，都不应该培养仇很。"仇"是可以化解的，应该走向"和而解"。

上述价值伦理，我分别写有专论。

2017年7月9日定稿

孔子为何寄望"狂狷"

——《中国文化的狂者精神》韩文版序

　　本书作为中心题旨展开的对"狂者精神"的书写，是我研究中国思想文化史精神轨迹的一部分。中国自纪元前的汉代中期开始，直到清朝末年，前后两千年的时间，儒家思想始终占据社会的主流位置。儒家学说的创始人孔子，在人的性情品格的取向方面，主张以中道为期许、以中庸为常行、以中立为强矫、以中行为至道。但他的这一思想在他所生活的春秋时期并不行于时。即如中庸之说，孔子在力倡此说的同时，已经感到了施行的困难。相传为孔子的孙子子思所作的《中庸》一书，是专门阐述中庸义理的典要之作，宋代思想家朱熹将其与《论语》《孟子》《大学》合编为《四书》，成为和《诗》《书》《礼》《易》《春秋》"五经"并列的儒家经典。

　　《中庸》频引孔子原话，一则曰："中庸其至矣乎！民鲜能久矣。"意即中庸是很高的思想境界，一般的人很难做到，即使做到，也难以持久。二则曰："人皆曰'予知'，择乎中庸，而不能期月守也。"此论似更为悲观，翻译成现代语言无疑是说，很多人都认为自己聪明，可是如果选择中庸作为自己的人生信条，大约连一个月也坚持不了。所以孔子非常失望地承认："道之不行也，我知之矣。"至于此道何以行不通？孔子想到的理由是："知者过之，愚者不及也"；"贤者过之，不肖者不及也。"聪明的人、智慧高的人，往往超过中道而走在前面；不够聪明的人、智慧不那样高的人，则落在了中道的后面。同样，品格优秀的人也会超过中道，而操行不端的人则达不到中道的要求。可惜很多人不懂得这其中所包含的奥妙，孔子不免为之惋叹，他称此种情况就如同"人莫不饮食"，却"鲜能知味"一样。看来真的是"道其不行矣夫"了。可是孔子仍然不愿放弃中庸理念所包含的人生理想，认为"依乎中庸"是君子必须具备的品格，即使"遁世不见知"，也不应该后悔。

然则什么样的人有可能达至中庸的品格呢？孔子说："唯圣者能之。"这样一来，无形中提高了能够躬行中庸之道的人群的层级，不仅社会的普通人，甚至道德修为可圈可点的"君子"，也难于达到此种境界。孔子失望之余的一线期许是，看来只有圣人才能真正做到"依乎中庸"。问题是，揆诸春秋时期各国的实况和"士"阶层的状况，能看到几个可以称得上"圣人"的人呢！连孔子自己不是也不敢以"圣"自居吗？他说："若圣与仁，则吾岂敢。"（《论语·述而》）而且有一次他感慨至深地说："圣人吾不得而见之矣！得见君子者，斯可矣。"（同前）这等于说，在孔子的眼里，现实中其实并没有"圣人"，能够见到"君子"已经很不错了。结果如此美妙的中庸之道，在人世间竟是没有人能够践履的品格。我们的孔子终于明白了这个矛盾重重的问题，为何不能最终显现出解套的光亮。他不得已只好愤愤地说："天下国家，可均也；爵禄，可辞也；白刃，可蹈也；中庸不可能也。"（《中庸》）孔子的意思，是说治理国家是非常困难的事情，但实现"治平"并非没有可能；高官厚禄的诱惑很大，但也可以做到坚辞不就；刀刃虽然锋利，必要时还有人敢于在上面踏行；守持中庸，却无论如何没有做到的可能。

　　正是在此种情况下，孔子提出了打破原来宗旨的新的人格性向建构方案："不得中行而与之，必也狂狷乎。狂者进取，狷者有所不为也。"（《论语·子路》）中庸不能实现，中行不得而遇，只好寄望于"狂狷"了。"狂者"的特点是敢想、敢说、敢做，行为比一般人超前；"狷者"的特点是不赶热闹、不随大流，踽踽独行，自有主张。"狂者"和"狷者"的共同特征，是特立独行，富于创造精神。如果对"狂者"和"狷者"试作现代的分梳，则"狂者"体现的更多的是意志的自由，"狷者"代表的更多的是意志的独立。尽管求之学理，独立是自由的根基，自由是独立的延伸，两者无法截然分开。

　　置于诸位面前的这本规模不大的书，就是从疏解孔子的狂狷思想开始的。我在本书中提出，孔子的狂狷思想在中国思想文化史上具有革新的甚至革命的意义。特别是"士"阶层以及秦汉以后社会的知识人和文化人的"狂者精神"，事实上已经成为艺术与人文学术创造力自我发抒的源泉。我通过对"狂者精神"的历史考察发现，凡是"狂者精神"得以张扬发抒的历史时刻，大都是中国历史上创造力喷涌、人才辈出、艺术与人文的精神成果集中结晶的时代。而一旦"狂者"敛声，"狷者"避席，社会将陷于沉闷，士失其精彩，知识人和文化人的创造力因受到束缚而不得发挥。这也许就是西方思想家何以要把疯癫和天才联系在一起的缘故。希腊的圣哲柏拉图说过："没有某种一定的疯癫，就成不了诗人。"亚里士多德也说过："没有一个伟大的天才不是带有几分疯癫的。"德国哲学家叔本华更是对这种现象作了专门研究，详析古往今来各种天才与疯癫的案例，最后得出的结论是："天才"无一例外都具有某种精神上的优越性，"而这种优越性同时就带有些轻微的疯狂性"。他援引薄朴的话："大智与疯癫，诚如亲与邻，隔墙如纸薄，莫将畛域分。"并且补充说："这样看起来，好像是人的智力每一超出通常的限度，作为一种反常现象就已有疯癫的倾向了。"[1]是的，天才的思维特点恰恰在于与众不同，在于"反常"。"反常"和反"中庸"可以作语义互释，因为复按各家义疏，大都认同"庸者，常也"的诠解。

063

不过孔子的寄望"狂狷"，实带有不得已的性质。孟子对此看得最清楚，一次面对弟子万章的提问："孔子在陈，何思鲁之狂士？"他回答说："孔子岂不欲中道哉？不可必得，故思其次也。"（《孟子·尽心下》）可见"狂狷"在孔子心目中是退而求其次的选项，也可以说是被困境"逼"出

①〔德〕叔本华著，石冲白译：《作为意志和表象的世界》，商务印书馆，1982年，第266页。

来的思想。然而人类在学理上的发明，大多数情况下都是因"逼"而获得突破。孔子思想的核心价值是忠恕仁爱，即仁者爱人，泛爱众而亲仁，己所不欲，勿施于人。教育思想则为"有教无类"，也是要赋予每一个人以受教育的权利。孔子学说的伟大之处，是当"礼崩乐坏"的由周而秦的社会转型期，重新发现了"人"和人的价值。作为自然本体的"人"的特性，孔子固然没有忽视，所以提出"饮食男女，人之大欲存焉"（《礼记·礼运》）的绝大命题。但孔子最为关注的，还是"人"的性体如何在社会关系中得以展现。"仁者，人也"（《中庸》引孔子语）的全称归结，即为孔子"人"学思想的全提。因为它的反命题"人者，仁也"，同样成立。在孔子看来，人只有在"二人"以上的和他人的关系中，才能彰显出"人"的本质特征。所以人需要知"礼"，需要明了处身文明秩序中的自我身份，必不可少的途径是诉诸教育。通过教育的手段，使每个"人"都成为有教养的文明人。孔子设定的具体目标，是使人成为文质彬彬、坦荡无欺的"君子"。他给出了"君子"应具有的种种品格特征，诸如严谨好学、不忧不惧、不拉帮结派、不以人废言，即使发达富贵也不骄矜，而是以义为旨归、行不违仁，以及能够知命、成人之美等等。跟"君子"相对应的是"小人"。小人的特点是不知命、不知义、斤斤计较、唯利是从，整个身心言动都是反忠恕仁爱之道而行之。归根结底，小人无非私也，君子无非公也。

孔子把人的性体品相分为中行、狂、狷、乡愿四个级次。他最不能容忍的是"乡愿"，称之为"德之贼"，即正义与德行的败坏者和虐害者。孟子解释为："贼仁者谓之贼，贼义者谓之残。"（《孟子·梁惠王下》）可谓得义。"乡愿"的特征，是"同乎流俗，合乎污世，居之似忠信，行之似廉洁"，总之是"阉然媚于世也者"（《孟子·尽心下》）。揆之世相，"乡愿"是小人的性体属性，君子则反"乡愿"。孔子所以深恶乡愿，在于乡愿具有"似而非者"的诡貌。正如孟子引孔子的话所说："恶似而非者。恶莠，恐其乱苗也；恶佞，恐其乱义也；恶利口，恐其乱信也；恶郑声，恐其乱乐也；恶紫，恐其乱朱也；恶乡愿，恐其乱德也。"（《孟子·尽心下》）可知"乡愿"之立义，其乔装伪似、阉然"乱德"之罪也大矣。难怪孔子不仅蔑称乡愿为"德之贼"，而且取譬为说云："譬诸小人，其犹穿窬之盗也与。"（《论语·阳货》）将乡愿与偷偷摸摸穿墙越货的盗贼为比，可见圣人之恶乡愿已经到了何等无以复加的地步。

　　然则"乡愿"所"似"者为何耶？没想到竟是孔子最为期许却又无法做到的"中行"。本书之写作，在我个人可为一大收获者，是发现"乡愿"和"中行"极有可能发生"不正常"的关系。此无他，盖由于乡愿的品相性体"貌似中行"。而"乡愿"和"中行"在对待"狂""狷"的态度上，不可避免地会结成联盟。此正如《文史通义》的作者章学诚所说："乡愿者流，貌似中行而讥狂狷。"（《文史通义·质性》）于是人的性体的"四品取向"，如果以价值理念的进（狂）、立（狷）、守（中）、反（乡愿）为宗趣，则排序应变为："狂、狷、中行、乡愿"，而不是原来理解的"中行、

《论语注疏》之
"不得中行"章

狂、狷、乡愿"。"狂者"和"狷者"对思想革新和社会进步所起的作用，犹如大地之于翱翔天空的雄鹰，大海之于涛头的弄潮儿，绝非其他选项所能比拟。人类文化人格的精彩，其要义亦在于不"媚于世"。中国现代史学大师陈寅恪所说的："士之读书治学，盖将以脱心志于俗谛之桎梏，真理因得以发扬。"亦即斯义。所谓"媚于世"，就是通常所说的"曲学阿世"，乃是学问人生之大桎梏也。

历史的哲学命题原来是这样：一个社会如果无狂了，也就是人的主体意志的自由失去了，那么这个社会也就停滞了。但狂有正、邪：狂之正者，有益于世道人心；狂之邪者，亦可为妖。所以需要"裁之"。正是在此一意义层面，中庸、中道、中行可以成为节制狂狷的垂范圣道。它可以发出天籁之音，警示在陷阱边冥行的人们，左右都有悬崖，前行莫陷渠沟。太史公岂不云乎："虽不能至，然心向往之。"其实宇宙人生的至道，都是可参可悟而不可行的绝对。本书对此一意义层面亦不无辨正。孔子"狂狷"思想的提出，使中国的圣人和古希腊的圣者站在了同一个水平线上。东西方共生的所谓思想文化的"轴心时代"，也许本书叙论的案例可以为之提供一个具体而微的证据，说明虽然文化背景悬隔，思维的心理是相通的，正所谓东圣西圣，"其揆一也"。

我不了解韩国的情况，不敢期待贵国的文化人士会对本书产生共鸣。但有机会得到不同文化背景的读者的阅读和指正，是令人向往的。这要感谢本书的韩文译者韩惠京教授和李国熙教授，通过他们既忠实于原著又能化入化出的译笔，使我的这本小书得以"投胎转世"（the transmigration of souls），并有机会与读此书的陌生朋友一结"文字因缘"，自是乐莫大焉。

2014 年 5 月 23 日于北京之东塾

中国文化观念的条理脉络和精神结构
——《中国文化观念通诠》叙论

　　"中国文化观念通诠"这个课题的提出，在我个人是非常被动的，就我们中国文化研究所而言，也相当偶然，我们很少由全所人员共同参与一个课题。所内不同领域的学术带头人主持过集体课题，但我支持却不曾实际参与。此项课题的缘起，是2010年10月的一次聚会，当时院里有课题招标之议，于是大家觉得我们做一个关于中国文化的课题，不仅有可能而且有必要。首倡者为刘军宁，他是政治学学者，居然首倡此议，我感到意外的同时，也深为之感动。课题的旨趣，则想围绕中国文化的核心价值观念展开。所聚结束时，我说那就请军宁先拟一个框架，看看可行性如何。没过几天，军宁就发来了他草拟的框架，共有六个部分，结构题列相当新颖。现在成书的《中国文化观念通诠》，就是在当初军宁那个框架的基础上，经过反复研议修改而成的。

　　有了框架，就往里面装东西。我和周瑾分别拟目，军宁也有一些例目，然后我来汇拢，作最后的调适增删。同年12月10日，全所对拟定的条目作了一次公议。翌年1月分工认

目，开始写作前的准备。我在 2011 年 1 月 10 日的"学术记事"中写道："本所例会，主持专题讨论《中国文化核心观念通诠》分工认题，共七章四十二题，经两个小时的讨论，一一定谳。治平得五题，军宁三题，两人当仁不让，最感欣悦。其余范公五题、周瑾五题，本人七题等等，各得其所也。"这里需要说明的是，此项课题原拟名称叫《中国文化核心观念通诠》，后来范曾先生建议，还是省略"核心"二字为上，大家一致附议，以此便改作了《中国文化观念通诠》。当时定下来的观念拟目，共七章、四十二题，大家戏称为"四十二章经"。而究其实，则完全是巧合。

课题运行起来之后，鉴于各人的学术准备和学术兴趣，观念条目和个人分担情况又有所调整。最终是范曾七题、本人六题、梁治平五题、刘军宁三题、周瑾三题，其余二题、一题不等。所内研究人员不敷其数，我的几名笔力较强的研究生充任替补。范先生独多者，盖因其家学渊源和国学根底确有时贤所不及者。他是南通范氏的当代传人，诗学造诣固是老杜所谓"诗是吾家事"，由其撰写《诗教篇》，可谓不二之选。《丹青篇》和《干支篇》是他的所长和所爱，文心理则不乏独得之秘。法学家梁治平的五题，均在他的研究范围之内，自是非其莫属。刘军宁三题完成得最早，尝作为文例发请大家参考。所内科研骨干，研究佛学的喻静写《慈悲篇》，长于医理和近代人物的秦燕春写《阴阳篇》和《情性篇》，研究女性学的张红萍写《男女篇》等，亦是题旨和兴趣两相宜。课题立项时，我和梁治平共同牵头，周瑾担任学术助理。不设主编，只标署刘梦溪、范曾、梁治平为主撰，是我的力主。

　　此项课题的困难之处，在于釐清边界，确立不与相类的他者相重叠的学术定位。换言之，我们不是写有关中国文化的辞书条目，也不是写中国哲学的范畴史，更不是通常的文化概念的解词析义。我们从浩瀚博大的中国文化中抽绎出一些最主要的观念——这些观念是中国文化这座古老大厦的精神构件，是大厦里面永久住民的生活准则和宇宙观、人生观，以及和栖息方式相连接的伦理的、礼法的乃至审美的理则。如果对这座大厦主要构件的观念理则，包括名称、角色、功能、作用、渊源、流变，逐一释证清楚，就可以大体认识中国文化的特性，明了我们中华子孙文化性格之所从出，以及现在与将来所担负的应然使命。"礼义廉耻，国之四维。"（此处用的是欧阳修的概括语）"维"者，即绳也，纲也。今天的研究者之所能事，在于如何搭建起一个由这些"绳""纲"织成的符合中国文化特性的认知结构。孟子说：

"始条理者，智之事也；终条理者，圣之事也。"不妨将"智""圣"二字置于一旁，只取其中的"条理"义。按朱熹的解释："条理，众理之脉络也。"[1]如此我们就可以轻松征引了。"智"同"知"，故朱子又言："智者，知之所及。"我们想做的，就是就"知之所及"，理出一个中国文化观念的条理、脉络和结构来。

《中国文化观念通诠》的条理结构，由七个分部组成。

第一分部，天道：本与易。

第二分部，天人：使命与信仰。

第三分部，人伦：纲常伦理。

第四分部，为政：致太平。

第五分部，修身：人格养成。

第六分部，问学：通经致用。

第七分部，人物：生息与风采。

第一分部"天道：本与易"，是对中国文化观念的推本溯源。《礼记·大学》："物有本末，事有终始，知所先后，则近道矣。"庶几近之。故此处之"本"，不是本体的本，而是原出之本，天地之本，是为大本。"易"即大《易》，即对待与流行也。《易·系辞上》："天地设位，而《易》行乎其中矣。"即为斯义。《易·系辞上》又云："一阴一阳之谓道，

---

①〔宋〕朱熹：《答张敬夫集大成说》，《朱熹集》第三册，四川教育出版社，1996年，第1331页。

继之者善也，成之者性也。"又说："是以明于天之道，而察于民之故，是兴神物以前民用。圣人以此斋戒，以神明其德夫。是故阖户谓之坤，辟户谓之乾，一阖一辟谓之变，往来不穷谓之通。见乃谓之象，形乃谓之器，制而用之谓之法，利用出入，民咸用之谓之神。"《说卦》亦云："昔者圣人之作《易》也，将以顺性命之理。是以立天之道曰阴与阳，立地之道曰柔与刚，立人之道曰仁与义。"又老氏曰："人法地，地法天，天法道，道法自然。"其又曰："天道无亲，常与善人。"又曰："功成、名遂、身退，天之道。"又曰："不出户，知天下；不窥牖，见天道。"盖第一分部之设，本诸《易》，取乎《老》，岂有他哉。而观念之立目，则以"天道""大易""有无""阴阳""道器""干支"诸篇以充之。其中

"天道""大易""有无""阴阳""道器"，都直接取《易》理《易》道之原称立名，"干支"则是天地交会的纪历符号。

第二分部"天人：使命与信仰"。如果说"天道"是中国文化观念的推本溯源，则"天人"应该是中国文化观念最核心的命题。也可以说，整个中国文化都是环绕"天人之道"来旋转。其经典依据，还是在大《易》，而以《春秋》为显性化迹。故太史公作"八书"，以"礼乐损益，律历改易，兵权山川鬼神，天人之际，承敝通变"（《史记·太史公自序》）为缘起。《汉书·五行志》写道："昔殷道弛，文王演《周易》；周道敝，孔子述《春秋》。则《乾》《坤》之阴阳，效《洪范》之咎征，天人之道粲然著矣。"《汉书·律历志》也说："《易》与《春秋》，天人之道也。"《汉书·眭两夏侯京翼李传》赞曰："幽赞神明，通合天人之道者，莫

著乎《易》《春秋》。"《易·序卦》韩康伯注则云："凡《序卦》所明，非《易》之缊也，盖因卦之次，讬以明义。《咸》柔上而刚下，感应以相与。夫妇之象，莫美乎斯。人伦之道，莫大乎夫妇。故夫子殷勤深述其义，以崇人伦之始，而不系之于离也。先儒以《乾》至《离》为上《经》，天道也。《咸》至《未济》为下《经》，人事也。夫《易》六画成卦，三材必备，错综天人以效变化，岂有天道人事偏于上下哉？斯盖守文而不求义，失之远矣。"①韩康伯不以上、下经之分为然，而提出《易》之"成卦"，乃是"错综天人以效变化"的结果。大哉，韩氏之微言也！

《尚书》之史迹，莫过于周代商而兴之为大也。而周所以兴，商所以灭，全在于文、武、周公之所施，能够人与天

地合其德，亦即《易》革卦之"象辞"所言："汤武革命，顺乎天而应乎人。革之时大矣哉！"而"顺天应人"，也即天人之道，此正是大《易》之道的全提。所以阎若璩《尚书古文疏证》引王祎《洛书辨》曰："《洪范》所陈者，理也，在天惟五行，在人惟五事。以五事参五行，天人之合也。"盖《尚书》与《周易》，都是道究天人之最高范本。《荀子·天论》又言："故明于天人之分，则可谓至人矣。不为而成，不求而得，夫是之谓天职。如是者，虽深，其人不加虑焉；虽大，不加能焉；虽精，不加察焉：夫是之谓不与天争职。"荀子讲的是天人之间的关系及天与人的分际。此处的"天人

---

①〔魏〕王弼撰，楼宇烈校释：《周易注校释》，中华书局，2012年，第263—264页。

之分"，是分际的意思，即人在天面前需要明了自己的身份和地位，不可以不知轻重地出位横行。如是，也可以说人的活动及其成败得失，无不是秉承天命而有为或无为也。汉代大儒董仲舒在阐述天人之旨时，引《春秋》为事例，说："视前世已行之事，以观天人相与之际，甚可畏也。国家将有失道之败，而天乃先出灾害以谴告之，不知自省，又出怪异以警惧之，尚不知变，而伤败乃至。以此见天心之仁爱人君而欲止其乱也。"①这就是有名的天人感应之说。其中"甚可畏也"一语，犹今俗言所谓"细思极恐"，闻者能不戒惧哉。

此第二分部之观念立目，曰《天人篇》，曰《敬义篇》，曰《和同篇》，曰《慈悲篇》，曰《侠义篇》，曰《慎战篇》。首篇为天人总论，其余为天人关系笼罩下人之所自重、所承当、所恒念、所能为、所慎行也。"敬"的要义，是志不可夺，是护持自性的庄严，系人之为人的性体所固有。故《易》坤卦的《文言》云："敬义立而德不孤。"而要"立敬"，必先"立诚"。斯《易》乾卦之《文言》又云："君子进德修业。忠信所以进德也；修辞立其诚，所以居业也。"此又牵及忠信和"立敬""立诚"的关系。诚和敬可以互训，敬者必诚，诚者必敬。然《礼记·中庸》云："诚者，天之道也；诚之者，人之道也。"看来天道与人道终不免随时凑泊在一起。作为天、地、人"三才"的人，是最不稳定的生灵，若非"至人"，个体生命的意志往往与天地之大美不能

①《汉书·董仲舒传》，中华书局，2012年，第2174页。

"合其德"。不合，则吉凶悔吝生焉。故《易》特设"同人"一卦，专门演绎"与人和同"的《易》理。本分部之《敬义篇》与《和同篇》之设，即本乎此也。《慈悲篇》的本义则为佛理，但与《敬义篇》阐述的"爱敬"观念可以作比较释证。"慈"是慈爱，"悲"是悲悯，"爱敬"之意寓于其中。慈、悲、爱、敬皆本于善，人有了慈悲之心，既能庄严于事，又能善待同侪，则与天道、人道无不合矣。"侠"是人之所能为者，初怀为求得正义，但其行必本乎天道，才有"义"存焉，而成为"侠义"。常言所谓"替天行道"，良有以也。人间之惑乱之动，以争战为最，既有汤武顺天在前，则兵戎之事绝不可逆天以行。孙子论兵家"五事"，头三项"一曰道，二曰天，三曰地"（《孙子·计篇》），如置天地之大道而不察，曷可语胜券哉？故此分部又有《慎战篇》之设。

第三分部"人伦：纲常伦理"，主要围绕"三纲五伦"和"三纲六纪"的次第展开。孟子说："圣人有忧之，使契为司徒，教以人伦：父子有亲，君臣有义，夫妇有别，长幼有叙，朋友有信。"（《孟子·滕文公上》）此即"五伦"也。"三纲六纪"之说，其全称见于《白虎通》，其言曰："三纲者何谓也？谓君臣、父子、夫妇也。六纪者，谓诸父、兄弟、族人、诸舅、师长、朋友也。故君为臣纲，夫为妻纲。"又曰："敬诸父兄，六纪道行，诸舅有义，族人有序，昆弟有亲，师长有尊，朋友有旧。"故此分部由《纲纪篇》《男女篇》《孝慈篇》《长幼篇》《师道篇》《信义篇》组成。《易·序卦》写道：

有天地然后有万物，有万物然后有男女，有男女然
后有夫妇，有夫妇然后有父子，有父子然后有君臣，有
君臣然后有上下，有上下然后礼义有所错。夫妇之道不
可以不久也。①

　　可知三纲五伦观念之初义，亦源之于《易》。故《易》
之"家人"卦的《象辞》云："家人，女正位乎内，男正位
乎外。男女正，天地之大义也。家人有严君焉，父母之谓
也。父父，子子，兄兄，弟弟，夫夫，妇妇，而家道正。正
家而天下定矣。"纲纪之说，在于使人明了如何处理君与臣
的关系，父与子的关系，夫与妇的关系，兄与弟的关系，以
及"家人"之中的受业者与师长的关系，"家人"与友朋的
关系。这一整套纲常伦理，大体上将传统社会人与人之间的
关系都涵盖了，其对正家风和安天下所起的作用，可谓大矣
哉。

　　人伦观念的经典依据，主要本乎儒家思想，这与"天
道"和"天人"两分部的观念不尽相同。陈寅恪说，"二千年
来中华民族所受儒家学说之影响，最深最巨者，实在制度法
律公私生活之方面"②，指的就是此一方面之事实。"纲常伦
理"是观念也是制度。如果说儒释道三家思想是中国传统文
化的主干，那么家庭和社会的网络主要由儒家观念编制而成。

----

　　①〔魏〕王弼撰，楼宇烈校释：《周易注校释》，中华书局，2012年，第263
页。

　　②陈寅恪：《冯友兰中国哲学史下册审查报告》，《金明馆丛稿二编》，生
活·读书·新知三联书店，2001年，第283页。

第四分部"为政：致太平"，主要涉及国家治理和国家政治生活诸层面。我们拣择出的"家国""天下""民本""为公""礼法""无为"六组观念，可以说都是中国文化的关键词。前五组均属于儒家的治国理念，思想资源主要见诸《论语》《孟子》《中庸》《大学》"四子书"等儒家典籍。"为政"一词，就直接取自《论语》第二篇。而此篇的首句"为政以德，譬如北辰，居其所而众星共之"，即相当于孔子的治国大纲。围绕"为政以德"四个字，孔子不知说了多少话，整本《论语》到处可见对此一观念的讨论，以致宋人赵普有"半部论语治天下"之说辞。但治国光是"为政以德"还不够，还须有刑罚、礼法为之辅。所以孔子说："道之以政，齐之以刑，民免而无耻；道之以德，齐之以礼，有耻且格。"（《论语·为政》）孔子为政思想的重心是强调德治，虽没有决然否定刑罚，但认为动用刑法施行处罚，巧诈之民仍然有侥幸苟免的余地，唯有"道之以德"，才能使无礼违安之人心生愧耻，不再冀图苟免而归之于正。

　　"为政以德"是儒家的基本治国理念，而"三代之治"则是这一理念的古老范本。然"三代之治"王的决策过程是配套的，包括询诸卜、询诸筮、询诸卿、询诸士、询诸民（庶民），最后还要询诸王心。如果卜、筮两项出现歧异，卿、士、民三者中，有两项否定，王的决定就应该寝罢。票数相当，还要看高智之人站在那一边。最后的询诸"王心"，亦非易事。王须扪心自问：自己的想法完全是为了国家的利益吗？有没有想超迈前代、出风头或者赌一把再说的潜意识？这些环环相扣的征询环节，一项也不能断裂。就是说，王的决策过程必须通过这一环环相扣的程序"正义"，否则便无法采取行动。至少在周初，理想中的"三代之治"确有迷人之处，不过很难寄望于后来的帝制时期。战国已经难于为言，所以孟子愤愤然与那些不听劝告的国君争吵，提出民和君到底孰轻孰重的问题。孟子的名言是："民为贵，社稷次之，君为轻。"（《孟子·尽心下》）试想这是何等大胆的言论！能够认识到"民"的重要，并公开宣称"民贵君轻"，古代思想家中唯孟子为第一。孟子还说："君之视臣如手足，则臣视君如腹心；君之视臣如犬马，则臣视君如国人；君之视臣如土芥，则臣视君如寇雠。"（《孟子·离娄下》）斯又将君与臣的关系置于道义上的平等地位，这与后来的"君要臣死臣不敢不死"的教条，不能同年而语矣。

有意思的是，齐宣王听孟子如此说，不禁反问道：照你的说法，那么礼制规定的即使去国之臣，当君丧期间也要为旧君服丧服，就没有必要了，难道礼的规定错了吗？孟子对宣王的回应更加出人意表。他说，按礼制是有此一说，但那要看是什么样的"君"。值得旧臣服丧之君，往往能做到"三有礼"：一是，君有谬误，有过错，臣进谏，君就能听，听而能行，给民众带来实实在在的好处，使臣感到其道可行；二是，如果遭遇不幸事故，臣不得已离君去国，国君会派人送到疆界，并先去所往之邦对该臣的学品给以百般称誉；三是，如果臣去国三年还没有返归，国君才决定收其田业里居。这种情况下，去国之旧臣当然应该为旧君服丧了。可现在有的国君，进谏他不听，分明可行的对民众有好处的事情他也不做，如臣遭遇事故不得不去国，不仅不送行，反而将去国之臣的亲族抓起来进行杀戮，而且生怨恶于所往之邦，更不消说田业里居，早在启程的当天就没收了。孟子说，这种情况就是君视臣为寇雠，那么去国之臣还有什么必要为如此的旧君服丧呢？

齐宣王对孟子的激言辩语有何反应，《孟子·离娄下》这一章没有写。接下去全部是"孟子曰"。请看紧接着的三个排句：

> 孟子曰："无罪而杀士，则大夫可以去；无罪而戮民，则士可以徙。"
> 孟子曰："君仁，莫不仁；君义，莫不义。"
> 孟子曰："非礼之礼，非义之义，大人弗为。"

还有句：

> 孟子曰："养生者不足以当大事，惟送死可以当大事。"

这后面一句表明，孟子似乎还有烈士情结。所以明朝的开国之君朱元璋非常厌恶他，乃至下令删改《孟子》。如是，孟子的思想就不单是"民本"一语所能括尽的了。好在"为政：致太平"这一分部，《家国篇》《天下篇》《民本篇》《为公篇》《礼法篇》五篇都由法学家梁治平撰写，殿后的《无为篇》由政治学者刘军宁撰写，与他们平日的研治范围悉数相合，会心独得之处应不在少许。

第五分部"修身：人格养成"，这是中国文化切切关注的问题。修身的直接目的是养成人的健全人格，具体可分为三个境界：第一境界，是"成人"。何谓"成人"？孔子认为，按照古义，应该做到有知、能廉、有勇、擅才艺、懂礼乐，是为"成人"。按后来的情况，不必要求那么多，只要能够"见利思义，见危授命，久要不忘平生之言"，就可以视为"成人"（《论语·宪问》）。最后一句"久要不忘平生之言"，须稍作分解。此句的意思是说，即使未成年时期的约定，无论过去多久，也不会忘记。这讲的其实是一个"信"字。《礼记·中庸》讲的"三达德"——"好学近乎知，力行近乎仁，知耻近乎勇"，略同于"成人"所要求的条件。不过，《中庸》的判断颇有分寸，连用了三个"近乎"，而没有说已经达到了智、仁、勇。修身的第二境界，是成为君子。君子的涵义，早期以位称，后来德、位兼之，再后来单以德称。本分部讲的修身，主要是修身以德、修以成德。成德就是成为君子，故马一浮说："君子是成德之名。"（《泰和会语》）

君子人格是含藏极为丰富的美称，并非要求每个被称为君子的人都能得其全体，但有一些关键选项不可或缺。有一次，司马牛问如何才是君子，孔子说："君子不忧不惧。"（《论语·颜渊》）随后又说："君子之道者三……仁者不忧，知者不惑，勇者不惧。"（《论语·宪问》）讲的又是智、仁、勇。但与前引不同的是，不再用"近乎知""近乎仁""近乎勇"了，而是直接以"仁者""知者""勇者"标称。就是说，达到具备智、仁、勇的品德，是成君子之德的重要标志。还有一次孔子对子产说："有君子之道四焉：其行己也恭，其事上也敬，其养民也惠，其使民也义。"（《论语·公冶长》）"恭"，就是敬，亦即孔子回答"子路问君子"时讲的"修己以敬"（《论语·宪问》）。对待民众，君子应该抱持的态度，一是要给民众带来实实在在的利益，二是不要以力和势对待民众，而是要讲道义。这些，都是君子必须具备的品格。《论语》末章最后一句话："不知命，无以为君子也。"（《论语·尧曰》）此句尤为紧要，君子各种品格的归因即在于此，说来话长，此义不能在此多具。

修身的第三境界，是能够成为圣人，这是历来儒者的最高理想。孟子称圣人为"人伦之至"（《孟子·离娄上》），如果以是为标准，孔子自然当得圣人称号。但孔子本人雅不情愿，他说："圣人吾不得而见之矣，得见君子者，斯可矣。"又说："若圣与仁，则吾岂敢。"（《论语·述而》）孟子还说周公是"古圣人也"（《孟子·公孙丑下》），此说孔子自必认可。除此之外，孟子还说伯夷、伊尹、柳下惠也都是圣者。至于他自己，这位以好辩自居，"欲正人心，息邪说，距诐行，放淫辞"的孟夫子不无谦逊地说，他属于"圣人之徒"（《孟子·滕文公下》），即与圣人是一党。后世称孟子为"亚圣"，看来不是没有缘由。汉以后，从《史记》《汉书》两书的叙事看，圣人的称呼似乎有所放宽，而且有从"人伦之至"的德称向"德位兼之"的方向转变的趋向，很多三代以来的创制者、成大业者或成一德而利天下者，都不不免以圣人、圣王称之了。

古之圣者远矣，后来者不管达到达不到，几千年来儒者的圣人理想和圣人情结，一直高悬在那里。当然，无论修以成人、修以成德，还是修以成圣，最终还须担负起治国平天下的大任。"成人""成德""成圣"，都不是成一己之私，而是成天下之大公。《礼记·大学》阐释"大学之道"，以"明明德""新民"（"亲民"应为"新民"之误）、"止于至善"为"三纲领"，实即是对修身所要达致的目标的一种规约。格物、致知、正心、诚意、修身、齐家、治国、平天下，是"大学之道"的"八条目"，不妨看作是修身的行进次第。"八条目"可以正推，也可以反推。我们先看反推：

> 古之欲明明德于天下者，先治其国；欲治其国者，先齐其家；欲齐其家者，先修其身；欲修其身者，先正其心；欲正其心者，先诚其意；欲诚其意者，先致其知，致知在格物。

正推是：

> 物格而后知致，知致而后意诚，意诚而后心正，心正而后身修，身修而后家齐，家齐而后国治，国治而后天下平。

正推的"八条目"可以简称为格、致、正、诚、修、齐、治、平。反推可以简称为平、治、齐、修、诚、正、致、格。正推也好，反推也好，连同"三纲领""八条目"本身，都是研究者为了方便的一种简括约称。无论正推还是反推，"修身"都处于"八条目"的中间转捩点。所以《大学》还提出："自天子以至于庶人，壹是皆以修身为本。"兹可知"修身"在中国文化观念中的地位。此分部的首篇为"君子篇"，其余顺序为《忠恕篇》《仁爱篇》《知耻篇》《义利篇》《知行篇》，内在组合逻辑相当紧密。

第六分部"问学：通经致用"，是对中国文化观念中的"道问学"部分予以分梳。《礼记·中庸》有言："故君子尊德性而道问学。致广大而尽精微。极高明而道中庸。温故而知新，敦厚以崇礼。是故居上不骄，为下不倍，国有道，其言足以兴，国无道，其默足以容。"则德性之修与学问之知从来是"成人"的两个支点，不可有一无二。《中庸》又云："博学之，审问之，慎思之，明辨之，笃行之。"以此，学、问、思、辨、行，是为学的五个环节。学问一词，有学也有问，学而有疑，不能不问，而问必资于学。孔子说："学而不思则罔，思而不学则殆。"（《论语·为政》）则学与思不能分离。但思须学而后思，不学而废寝忘食终日思之，亦无益也（《论语·卫灵公》）。《周易》乾卦之《文言》又云："君子学以聚之，问以辩之，宽以居之，仁以行之。""辩"义自是切磋讨论，也可以理解为问义的延伸，即问之又问。"宽"者，指学者心胸和为学之路。鄙吝、局促与学无关；私智、小巧也不能成其大。学的终归是"归仁"。而仁的关键，在于"力行"，亦即"仁以行之"。故夫子高弟子夏说："博学而笃志，切问而近思，仁在其中矣。"（《论语·子张》）儒之圣者马一浮总括得更为完备，他写道：

从来说性德者，举一全该则曰仁，开而为二则为仁知、为仁义，开而为三则为知、仁、勇，开而为四则为仁、义、礼、知，开而为五则加信而为五常，开而为六则并知、仁、圣、义、中、和而为六德。就其真实无妄言之，则曰"至诚"。就其理之至极言之，则曰"至善"。（《泰和会语》）

　　马先生标举的"性德"，也可以理解为"成德"之性，其全体大用则为仁。所谓"六德"者，系《周礼·地官·司徒》规制的"以乡三物教万民"之一种，包括"知、仁、圣、义、忠、和"，是为"六德"①。《中庸》论修身提出的"达德"，与性德具有同等涵义，因此"开而为三"即智、仁、勇也。随后，马先生又引《中庸》"至诚"之说暨《大学》"止于至善"之道，与"全体大用"之"仁"联系起来。盖"至诚"与"至善"可视为性德之别称，诚者必善，善者能仁。就学问而言，"至诚"是学者必须有的精神维度，学而不诚会导致虚妄。而"至善"则是学问的终了的结果。

　　学问学问，问学问学，其真谛原本在此。

　　本分部由《经学篇》《小学篇》《义理篇》《辞章篇》《诗教篇》《英才篇》组成。中国传统学问以经、史、子、集四部分类，而以经学居其首。《易》《诗》《书》《礼》《乐》《春秋》就是通常所说的"六经"，但开始并不以"经"称，而是称为"六艺"。故太史公说："孔子以诗书礼乐教，弟子盖

①《周礼注疏》，北京大学出版社，1999年，第266页。

三千焉，身通六艺者七十有二人。"又说："自天子王侯，中国言六艺者折中于夫子，可谓至圣矣。"（《史记·孔子世家》）汉以后称六艺为六经的情况多有，但还不及单提《易》《诗》《书》《礼》《乐》者多。

研究经学，本经最重要。《易》《诗》《书》《礼》《乐》《春秋》是经学的本经或曰祖经，是中国文化原初的文本经典，是中国学术最早的思想源头。马一浮说："学者当知六艺之教，固是中国至高特殊之文化：唯其可以推行于全人类，放之四海而皆准，所以至高；唯其为现在人类中尚有多数未能了解，百姓日用而不知，所以特殊。故今日欲弘六艺之道，并不是狭义的保存国粹，单独的发挥自己民族精神而止，是要使此种文化普遍的及于全人类，革新全人类习气上之流失，而复其本然之善，全其性德之真，方是成己成物，尽己之性，尽人之性，方是圣人之盛德大业。"（《泰和会语》）以此本分部之《经学篇》，主要以六经为主，且以《易》《诗》《书》作为研究取样，而不旁涉经学史等其他问题。小学是经学的入阶，由小学进入经学，能得经学之正。本分部的《小学篇》主要以《尔雅》为案例，期有举一而三反之效云尔。

清代学者戴东原说："古今学问之途，其大致有三：或事于理义，或事于制数，或事于文章。"[1]戴氏是三者都能得其源者。但就大多数学者而言，义理、考核、辞章，或长于

085

---

①戴震：《与方希原书》，《戴震集》上编，上海古籍出版社，2009年，第189页。

此而短于彼，或长于彼而短于此，三者能得其全者少之又少。此即刘知几所说："史有三长：才、学、识。世罕兼之。"才即辞章之源，学为考核之源，识为义理之源。理想的学问境界是三者合一，故《文史通义》作者章学诚写道："理不可空言也，博学以实之，文章以达之，三者合于一，庶几载周、孔之道虽远，不啻累译而通矣。"（《文史通义·原道下》）此一题义关乎学问的成全方式和行进途径，故本分部有《义理篇》和《辞章篇》之设。

本分部的《诗教篇》和《英才篇》，意在明问学与造士的关系。《礼记·王制》云："司徒论选士之秀者而升之学，曰俊士。升于司徒者，不征于乡，升于学者，不征于司徒，曰造士。"又说："乐正崇四术，立四教，顺先王《诗》《书》《礼》《乐》以造士。春秋教以《礼》《乐》，冬夏教以《诗》《书》。王大子、王子、群后之大子、卿大夫元士之适子、国之俊选，皆造焉。"此可见三代之教是何等重视人才的选拔与培养。"造士"一词，尤堪玩味。而《诗》《书》《礼》《乐》等六艺经典，恰好是造士的教科书。又孟子有言曰："君子有三乐，而王天下不与存焉。父母俱存，兄弟无故，一乐也；仰不愧于天，俯不怍于人，二乐也；得天下英才而教育之，三乐也。君子有三乐，而王天下不与存焉。"（《孟子·尽心上》）孟子崇豪杰，宜乎提倡精英教育。则此《诗教篇》《英才篇》之设，亦不无原典之凭矣。

第七分部"人物：生息与风采"，是中国文化观念系列的一组特殊景致。此盖由于中国文化历来有赏鉴人物、品评人物、月旦人物的传统，此风以三国魏晋为最盛。据《后汉书》本传记载，汝南人许劭、李靖"共有高名"，喜欢"核论乡党人物，每月辄更其品题"，致汝南有"月旦评"的品人风俗。又范阳人张华字茂先，性好人物，哪怕是贫贱的看门人，只要有一介之善，"便咨嗟称咏，为之延誉"（《晋书》卷三十六）。三国时吴国的易学家虞翻，有"美宝"之称，孔融读其《易注》，叹为"东南之美者"。孔融引荐祢衡，荐词写得尤令人绝倒，试看其精言美句：

> 窃见处士平原祢衡，年二十四，字正平，淑质贞亮，英才卓砾。初涉艺文，升堂睹奥。目所一见，辄诵于口；耳所瞥闻，不忘于心。性与道合，思若有神。弘羊潜计，安世默识，以衡准之，诚不足怪。忠果正直，志怀霜雪。见善若惊，疾恶若仇。任座抗行，史鱼厉节，殆无以过也。鸷鸟累伯，不如一鹗。使衡立朝，必有可观。飞辩骋辞，溢气坌涌，解疑释结，临敌有余。昔贾谊求试属国，诡系单于；终军欲以长缨，牵致劲越。弱冠慷慨，前世美之。近日路粹、严象，亦用异才，擢拜台郎，衡宜与为比。如得龙跃天衢，振翼云汉，扬声紫微，垂光虹蜺，足以昭近署之多士，增四门之穆穆。钧天广乐，必有奇丽之观；帝室皇居，必蓄非常之宝。若衡等辈，不可多得。（《后汉书·祢衡传》）

盖只有魏晋人如此宝爱人物，力荐不遗余力，揄扬不惜其美辞妙语，至其荐举结果如何，并不汲汲于心。山涛担任选职十有余年，每一官缺，都拟出备选名录，并对"甄拔人物，各为题目，时称'山公启事'"。时代风气使然，故有奇书《人物志》的出现。作者刘劭原为一计吏，后来做考课官，竟撰写了"都官考课七十二条"，为史上所仅见。《人物志》则是一部专门研究人物品鉴的大著述，被人视为经典。《世说新语》更是众所周知的魏晋人物风采大全。此第七分部以"人物：生息与风采"为题，良有以也。

人物的资质本乎性情，故本分部在《人物篇》之后，接以《情性篇》。历史上凡与艺文相关的人物，大都是性情中人。此即《红楼梦》所说的"间气所钟"之人。本分部的《童心篇》主要状写明末的奇人李卓吾，他的"童心说"的提出为明清思想转型开出一新生面。童心是人性的回归，是中国文化创造力的精神源泉。《狂狷篇》亦复如是，此不多赘。《丹青篇》是画家掘发画理，旨在研究中国诗、书、画的艺术美学构成。最后的《田园篇》，不是要进入陶渊明的思想艺术世界，而是把"田园"看作中国文化的一个符号，探讨历来的中国艺文精英，亦即《红楼梦》所谓"间气所钟"的一流人物，何以有时会将田园作为自己的生命归宿。

现在，《中国文化观念通诠》即将付梓。此项研究的著述体例，不无开辟创制之功，迄今为止尚未见前修时彦有同类著作出版。唯其如此，其不成熟之处自必多有。况各撰稿人之才性学养难齐，行文风格亦未能完全统一。虽历经年所，修改至再，仍不敢断言没有舛误留存。谨敬请明学知类之君子不吝赐正。感谢中国文化研究所众学士的参与，感谢中国艺术研究院对此项课题的支持，感谢安徽文艺出版社为此书之出版付出的辛劳。论曰：

大哉中国，人文化成，往圣昔贤，玉振金声。
威威昊天，唯道是从，本末终始，大易流行。
天何言哉，万物资生，人心天心，感而遂通。
至哉人伦，有纲有绳，四维不坠，家国何倾。
譬如北辰，为政为公，治而无为，天下太平。
修身以德，成人成圣，好学近知，知耻近勇。
仁者不忧，恕以为庭，怀德君子，立身知命。
六艺典藏，学者所宗，雅语微言，圣人之情。
观念洞府，文化祖经，奥辞妙喻，幽赞神明。
华夏人物，显乎情性，狂者进取，狷者独行。
田园归乎，童心若婴，惊才绝艺，间气所钟。
统分七部，知类能明，章有卅二，撮要撷英。
斯也通诠，诠而难通，敬请师友，不吝赐正。

2021年7月18日刘梦溪写讫于京城之东塾

唐朝的气象

政治开明：唐太宗奖励不同意见

我给研究生讲中国文化史导论课，唐朝这一讲，以《唐朝的气象》为题。讲着讲着，自己也禁不住欣赏起这个青史无二的朝代来了。

唐太宗李世民，真可以说是千古一帝，也可以说是空前绝后的开明君主，空前没有问题，绝后其实也没有问题。他的明智之处，是贞观帝号一开始，刚登上龙座，就不断跟大臣们探讨，前一代的隋朝为什么灭亡得那样快？原因何在？反复讨论这个问题。譬如贞观二年（628），唐太宗问宰相魏徵：什么样的君主算作明君，什么样的君主算作暗君？魏徵的回答很有意思，说君主所以明，是由于能够兼听，君主所以暗，是由于偏信。当着皇帝的面，直截了当，可不是容易的事情。

贞观十年，唐太宗对大臣们说，帝王之业，草创和守成到底哪个难？已经是贞观十年（636）了，在位已经十年，还在探讨创业和守成的问题。房玄龄也是宰相，房玄龄讲，创业是非常难的。魏徵则说守成更难。唐太宗觉得两者说得都对。他说，房玄龄跟他一起定天下，知道创业九死一生，是很难的，而魏徵从治国的角度看，觉得守成更难，他也很佩服。这样的君主，何其明白事理呵！

贞观十五年（641）的时候，他又跟大臣们讲起打天下和守天下的难易问题。魏徵回答说，创业和守成都难。唐太宗说，一定会那么难吗？如果能够任贤能，听别人的意见，这又有什么难的呢？魏徵说，自古的帝王，在忧危的时候，困难的时候，容易听别人的意见，而一旦安乐，心怀比较宽怠的时候，就不容易听别人的意见，以至于后来走向灭亡。你注意，已经是唐太宗在位十五年了。魏徵当面就讲，一旦天下太平，比较安乐的时候，皇帝不容易听意见，不听意见最后就可能灭亡。这个话，讲出来难，听也不容易。

唐太宗有时提出各种各样的问题，跟宰相们讨论，他对这些宰相也称赞备至。他说哪些人常常提出一些意见，令他觉得非常可信，而且这些意见都非常稳妥，如果说治国有什么成就的话，这不是他一个人的成功，是大家跟我一起的成功。当时以魏徵为代表的这些宰相，真是不客气，都直截了当地讲话。在这些直谏当中，魏徵是第一位的。有一次唐太宗跟魏徵说，你前后向我谏了二百多件事情，如果不是挚诚，怎么能够做到这样？他夸赞魏徵为人挚诚。他又跟别人讲，说有人认为魏徵举止疏慢，礼貌不够。他说你们觉得他是疏慢了，可是我觉得他非常妩媚，觉得他非常可爱。

历史上，像唐太宗跟魏徵这样的君臣关系是很少见的，但是在唐太宗在位期间，贞观时期，敢于提意见，讲真心话的，能够直谏的，不止魏徵一个人，当时有一批人。比如说薛收也是宰相，唐太宗本人武功很好，也喜欢征战，但是薛收跟他讲，这个事情不要做得太多，太多了，以皇帝之身，以为你是一种游乐，虽然你是爱好，但应该不那么多地做。薛收提了这个意见以后，唐太宗奖给他四十锭金。

还有一位叫孙伏伽的，提出法律方面的意见，唐太宗赐给他一个公主园，这个园值百万。有人说给得太多了，他提意见你不杀他就不错了，你还给他报答。唐太宗讲，我继位之初，一开始没有那么多人敢谏，除了魏徵之外，其他人不敢谏，我奖励是为了大家多给我提出意见。温彦博，很有名的宰相。长安的守令姓杨，工作上有很大的失误，开始唐太宗想给他死罪，但是温彦博提出，此人不应该是死罪，唐太宗于是赦他不死。还有其他很多大臣、宰辅的进谏，一般唐太宗都能听得进去。你要知道唐太宗不是一般的人，他英武、聪明、智慧、有韬略，各方面都是一等的人。其实越是一等的人，越能够听意见，越是肚子里的东西少的人，越不容易听意见，容易固执。

如果看《贞观政要》，里面大量记载唐太宗如何纳谏，宰辅大臣如何直谏的故事。有一次很有趣，褚遂良是书法家，也是宰辅，他提意见，这个意见一般人不会接受的。有一位官员叫张玄素，令史出身，令史的地位比较低，唐太宗当面问他，说你是做什么的？张玄素觉得出身低微，感到羞愧，没有立刻答出来。这个时候褚遂良跟唐太宗讲，张玄素现在已经升到三品了，陛下不应该再穷其门户，还那么细查人家的履历，这涉及个人的尊严问题。唐太宗马上听了褚遂良的意见，感到很后悔，意识到对大臣个人的私事和来历，不应该问得那么细。唐太宗一次议论山东人如何如何，有一位辅臣叫张行成，他说皇帝应该四海为家，不要集中议论一个地方的人物。唐太宗觉得这个话说得对，给他一匹马，十万钱，还给他一套衣服。

唐太宗有时候感叹，设宴招待韦挺、虞世南、姚思廉等辅臣，跟他们说，龙有逆鳞，皇帝不能例外。可是你们这些人常常来触犯我，我也没有责怪，什么原因？我是在考虑江山的危亡问题。大臣能够直谏、敢谏，原因在于唐太宗能够接受这些直谏，你讲几次不接受了，就没人敢讲话了。只要讲了他觉得对，立刻接受，立刻自悔，立刻自责，这样的皇帝，这样的人，可不多呀。

唐太宗之所以接受群臣的意见，接受宰辅的意见，他是鉴于隋朝的教训。隋炀帝的特点是刚愎猜忌，史书上讲"予智自雄"，自以为聪明，结果人情瓦解，全国的盗贼蜂起他都不知道，最后亡国。这个教训唐太宗深深地记在心里。所以他经常讲，一个人的耳目有限，思想不一定周到，思虑难周，非得集思广益才能达到智。不听大家的意见，拒谏，自身会招祸。这都是贞观多少年之后，还反复讲这个问题。

因为历史上记载着，隋炀帝拒绝别人的意见，他自己讲，有谏者我当时不杀，但是到最后绝对不让他在地上，他只好到地下去。当时很有名的故事就是萧瑀对伐辽问题提出意见，立刻把他赶出朝廷，到地方上做一个小官。还有一位董纯建议隋炀帝能到江都去看看，因为他去扬州，董纯建议他是不是也能到江都，结果立刻把提出意见的人杀了。结果导致隋朝没有哪个人敢讲意见。史书上记载，直到丧国亡身而不顾。隋朝的败亡，隋炀帝的倒行逆施，给李世民深刻的教训。他说这是我所亲见，所以我恐惧审慎，一旦生活条件改变了，地位稳固了，就忘了过去的苦难了，但是唐太宗不忘。

贞观时期：宰辅制度的典范

当时能够进谏的大臣，除了魏徵之外，还有一批贤明的宰辅，像房玄龄，唐太宗跟他一见，好像是旧相识一样。还有杜如晦，这个人也是了不起的人，也是宰辅，唐太宗非常爱听他的意见。魏徵是河北巨鹿人，太宗发现他的才能，放在重要的位置。在李世民尚未杀他的两兄弟的时候，魏徵就向李建成建议说，你应该早想办法，免得自己亡身。魏徵这个话，李世民后来知道了，在杀了李建成和李元吉以后，唐太宗跟魏徵讲，说你这个话不是离间我们兄弟吗？魏徵坦诚地说，当时他听我的话，他就不会有今天的祸。他既维护唐太宗，又为当时另外一个人着想，这是伟大的胸怀。这个话一出，唐太宗的不愉快就没有了，而且送以厚礼。那时魏徵还没有当宰相，拜谏议大夫。唐太宗常常说，魏徵敢于直谏，敢于"犯颜切谏"，不许我为非，我所以重之。

还有王珪，也是当时的宰辅，也敢于直言。唐太宗跟王珪讲，如果我有过失的话，你能够直言，我才能改呀，我们一起这样做，国家的安全和安定有何忧虑呢？当时房玄龄、魏徵、李靖、温彦博、戴胄和王珪同知国政。有一次他们在宴会上一起吃饭，唐太宗跟王珪说，你问题看得深刻，看得又准，识鉴精通，而且善谈论。我请问你，你和大家相比，谁更优秀呢？谁更贤呢？王珪讲，说孜孜奉国，知无不为，臣不如玄龄；每以谏诤之心，耻君不及尧舜，臣不如魏徵；才兼文武，出将入相，臣不如李靖；敷奏写得详明，出纳惟允，臣不如温彦博；处理繁杂的事情，条条有理，我不如戴胄。他能讲出他的同僚的各自的所长，这是王珪。我们很容易记住魏徵，跟魏徵同时的这些宰辅，一个个胸怀如此，难怪唐太宗喜欢。

还有虞世南，大家了解他的书法，他的长相，其貌不扬，很瘦，衣服宽大不修边幅，个性强，"志性抗烈"，所以一旦论到古代帝王的得失，他一定讲出很多激烈的意见。但是唐太宗能够接纳。唐太宗讲，我跟虞世南商榷古今，我哪怕有一句说对了，虞世南都会感到高兴，但是我只要一句话说不对了，虞世南立刻不高兴，"未尝不怅恨"。这样的君臣关系，好像大臣处在审视的地位，皇帝讲了一句正确的话，他内心非常高兴，一句话讲错了，立刻显得不高兴。唐太宗说，他诚恳如此，"朕用嘉焉"。如果大家都像虞世南这样，天下何忧不治？唐太宗夸赞虞世南的特点，说他有五绝，第一是德行，第二是忠直，第三是博学，第四是辞藻，第五是书翰。虞世南死的时候，唐太宗大哭，说虞世南和自己就像一个人一样，是一体，这是何等样的皇帝呀？他说虞世南"拾遗补阙，无日暂忘，实当代名臣，人伦准的"。"吾有小善，必将顺而成之；吾有小失，必犯颜而谏"。他说今天他去世了，朝廷当中再也找不到这样的人了，真可惜呀，原文是"痛惜岂可言邪"。

还有一个例证，贞观二年（628）的时候，隋朝的通事舍人郑仁基，他的女儿长到十六七岁了，绝顶美丽，当时无人能比。"容色绝殊，当时莫及"。唐太宗的文德皇后发现此人出众，就想把她选到宫里做嫔御，伺候唐太宗。唐太宗当然也同意，事情已办得差不多了，诏书都发出了。可是这个时候魏徵提了意见，他说听说这个女孩子已经有主了，听说已经许配给陆家，如果叫她到朝廷来，有损圣德。唐太宗听后大惊，立刻说，如果人家已经有主的话，断不可以。这个时候其他几个宰相，房玄龄、王珪等都讲，说有主这件事还不够明确，还没有定下来，现在诏书已发，就不要终止了。这样一讲，唐太宗有一点迟疑。但是魏徵这个时候讲，以臣度之，如果你这样做了，等于把陛下跟太上皇等同了。因为李渊曾有过这样的经历。这个意见太厉害了。唐太宗于是另发一个手诏，说郑氏之女已受人礼聘，前日出的文书"事不详审，此乃朕之不是，亦为有司之过"，这是我的不对，相关的方面，管这件事情的，也有过错，要求立刻停止这件事。

要知道魏徵这是什么样的意见呵！那么漂亮的女孩子，十六七岁的女孩子，漂亮绝伦，已经下诏书了，决定了，还要"朝令夕改"，何等了不起！但如果不发第二个诏书，第一个诏书就没有失效，置那女子家庭于何地？问题是还认错，说是自己的不对，有关的机构不对，这太了不起了。

再讲一个例子。贞观六年（632）的时候，魏徵的地位相当之高了，但是也有人妒忌他，说魏徵对他的亲戚过分照顾，等于提出魏徵的一个问题来。唐太宗就让御史大夫温彦博查查有没有其事。并叫温彦博跟魏徵讲，代表唐太宗讲，你提了我数百条意见了，我都接受了，现在人家说你有这么一件事，你应该注意一点，这是小事，但是不要因为这种小事有损你的公共形象（有损"众美"）。因此你应该考虑一下，注意这个问题。但是过了好几天，唐太宗见到魏徵，问到底有没有不对的地方？怎么不存形迹？魏徵说，前天温彦博给他讲了这个意思，但"君臣同气，义均一体"，没有弄清是非，就存形迹，这样君臣关系不会好的，最后对国家不利。皇帝提的意见，魏徵理都不理，当作没有这回事，不存形迹。结果不是魏徵做了自我批评，而是批评魏徵的唐太宗，当今皇帝做了自我批评。他说以前说的那个话现在越想越后悔，真是不对，你不要在乎我这个错。魏徵这个时候给唐太宗下拜，说"臣以身许国，直道而行，必不敢有所欺负。但愿陛下使臣为良臣，勿使臣为忠臣"。

唐太宗问忠臣跟良臣有什么区别？魏徵说，"良臣使身获美名，君受显号，子孙传世，福禄无疆"。而忠臣就是"身受诛夷，君陷大恶，家国并丧，徒有其名"。忠臣就是拼一死，你杀了我也不怕，这叫忠臣。其实杀了一个了不起的人，皇帝也有过失，所以宁做良臣，不要做忠臣。唐太宗说，你讲出这个话，我永远不敢忘国家利益了，不敢忘社稷，赐给你二百匹上好的绢。

唐太宗有一个规矩——中国历代都有皇帝的《起居注》，由专门的大臣、史臣把皇帝的言论、行动都记下来，一直有这个传统。但是唐朝有一个规定，皇帝不准看《起居注》。怎么写的你不能看，这个规矩太厉害了。虽然像唐太宗这样的英主，有时未免也想看看人家怎么写他。他跟姓朱的史官说，我还是想看看。这个史官叫朱子奢，说你要看，后来的史官就容易招祸了。史官全身畏死，悠悠千载，以后还能做吗？后来唐太宗还是未能看到《起居注》。后来的皇帝，也有想看的。这些史官都很讲原则，有一位史官讲，说我让你看了我就失职了，你如果看的话，我以后写就会回避，不敢把真相写出来。

所以我有一个结论性的意见。唐朝的贞观时期，是宰辅制度的典范。你要知道，历史上的中国是一个帝制社会，皇权天下独尊，有一无二，所以长期的中国帝制社会都是皇权过重。但是这个社会居然有一个机制，这个机制是从唐朝开始的，皇帝有话跟宰相商量，宰相可以直接讲自己的意见，皇帝不直接对外单独讲宰相不知道的意见，他对外发布的法令都是经过宰相斟酌过的。这样一种制度，是相权对皇权的一种分解，对皇权的一种再平衡，使得唐朝这个社会是一个良性的社会，这跟宰辅制度有很大的关系。因为皇权是绝对的，如果皇权没有制衡，皇帝就要犯错误。贞观时期唐太宗所以不犯错误，少犯错误，就是由于宰相制度起了作用。宰相制度是帝制制度改良的一个成功的尝试，唐朝创立了典范。但是宰相制度，除了需要有贤臣，也需要有英主。唐太宗之后，越到后来这种宰辅制度虽然存在，但是皇帝如果不是英主，问题照样多得不可收拾。

对外开放：远人都有如归乐

要说开放，历史上的中国，还是唐朝最开放。唐朝的首都长安，是当时最繁荣开放的一个都城。纵向看历史，前后都不大容易与之为比，横向看世界，长安当时已成为全世界各国文化的交流中心。一个时代如果国内混乱，统治秩序动摇，对内怕得不得了，这个时候对外来文化，一定会排斥拒绝。唐朝在强盛的时候，政治上有健全的宰相制度，敢于听取尖锐的"异见"；文化上张开双臂，接纳东西南北的各方文化使者和经济客商。王国维的《读史》诗——"南海商船来大食，西京祆寺建波斯，远人都有如归乐，此是唐家全盛时"，可为写照。

当时各国人士，都争相来长安观光、旅游、瞻仰。中亚的许多国家，初唐到开元年间，都有使者到长安。唐太宗时，有康国的人，献金银桃，种在皇家花园里面。开元时，又送来胡旋舞，连跳胡旋舞的舞女，一起送给唐朝。而中亚以及西域的大食国，也送来马匹等礼物。这些使者按照他们的风俗，不拜也不跪，唐太宗照样很高兴。不像清朝，1793年英使马嘎尔尼来中国，为了跪拜不跪拜，争论一个月。

开元天宝年间，各方来使更多了，东罗马、拜占庭前后五次派遣唐使来长安。南亚的天竺，就是印度，跟中国建立了友好关系，南天竺、北天竺、中天竺都有遣唐使到长安。日本的遣唐使更有名，前后19次之多。他们有意识地观摩、汲取唐朝的文化，挑选的遣唐使都是懂文学、绘画以及经学和史学的文臣，还包括学问僧。队伍浩浩荡荡，有时几百人，最多的一次达五百人。回国以后，这些遣唐使像镀了金一样，在日本国内享有诸多荣誉。

当时长安还有很多外国贵族，各种原因前来，都受到唐朝政府的礼遇。他们在长安照样做官。契丹、回鹘、吐蕃，都有人供职唐朝。亚洲许多国家，像大食、波斯、安国、康国、天竺、高丽、新罗、百济、日本，不少人久居长安，并接受官职。当时迁入长安居住的外国人史载有近万家。不少都融入中华文化之中，能诗善赋，与唐朝的著名诗人，往来相送，成为好友。有的外国贵族，在长安住久了，就娶中国的女性为妻，落地生根，以中国为故土。西域的安国人，有李抱玉、李抱真两兄弟，是唐朝有名的良将。还有的在中国参加科举考试，这个有姓名录的详细记载。新罗人有一个叫朴球，是唐朝的棋待诏，回去的时候，中国方面的负责人写诗给他，说："海东谁敌手，归去道应孤。阙下传新势，船中复旧图。"说在你们那边，应该没有敌手了。

日本一个汉名叫晁衡的人，随日本遣唐使来留学，学成后留在长安做官，当左补阙，前后在长安住了50年，与很多中国上层人士关系密切。天宝年间他归国，王维写诗送他："乡树扶桑外，主人孤岛中。别离方异域，音信若为通。"晁衡的船遇到风险，传说晁衡可能死了，李白写诗哭悼："日本晁卿辞帝都，征帆一片绕蓬壶。明月不归沉碧海，白云愁色满苍梧。"其实是误传，后来得知晁衡并没有死。可见双方友谊之深。长安的外国留学生之多，居住时间之长，有的住到20年、30年，他们的生活方式，深受唐朝文化的影响。

中日关系在唐朝是双方友好交流的关系，是异域朋友间的关系。中国的建筑风格，对日本有明显影响。中间一个有名的故事，是鉴真东渡。中国的大和尚鉴真，几次破除万险到日本，成为历史上了不起的文化大事件。日本现在还有大招提寺，完全是唐风影响的结果。中日两国历史上也有过非常美好的时期，双方有理由不忘记并记住这段历史。

　　文化间相互影响，唐朝文化远播外域，同时也受外域文化的影响。其中西域文化影响于中原者，可以说非常之大。直到后来我们使用的很多乐器、舞蹈、食物、生活用具等，很多都带一"胡"字，就是证明。按陈寅恪先生的考证，"狐臭"也称"胡臭"，可见西域文化之影响何等深细。野史笔记中有一种叫《东城老父传》，就是说当时的长安，与胡人杂处，娶妻生子，致使"长安中少年，有胡心矣"。而人们佩戴的首饰靴服之制，也不同往昔，至有"妖物"之称。

　　唐朝贞元、元和间，长安流行胡服，所以白居易的《时世妆》诗说当时女性是"斜红不晕赭面装"，把面孔涂成红褐色，像歌舞伎一样。白诗又说："元和装束君记取，髻堆面赭非华风。"不仅面孔变了颜色，发式也奇形怪状，堆得高崇入云，摇摇欲坠，眉毛则画作低八字形。当时的长安大街上，女性服饰之华丽，装束之妖艳怪异，可谓大唐的一大奇特景观。

　　唐朝的开放是全面的开放，是全体的繁荣，是人心的充实，是社会的喜悦。但任何社会都有盛衰的更替，天下没有不散的筵席。当后来牛李党争加剧，宫廷内斗到火并的地步，唐朝的气象就黯淡下去，以致终于走到历史的尽头。不过，即使是衰败的晚唐，文化照样发出微芒，大诗人李商隐恰逢其时地出现了，杜牧出现了，轻柔细腻娇花好女般的温庭筠也出现了。只不知诗仙李白和诗圣杜甫，该如何看这些后来者的文学挣扎。

（原载2013年10月14日《人民政协报》）

为生民立命

—— "横渠四句教" 的文化理想

我们中国文化研究所学术厅，一面墙壁上镶嵌着大幅的"横渠四句教"："为天地立心，为生民立命，为往圣继绝学，为万世开太平。"已故大书家顾廷龙先生的篆体书法，高古苍劲，不可一世。凡莅临本所的承学之士，无不抬头默念此教。平时当所内学人例聚之时，也每以此教相勖勉。

张载和《西铭》

张载字子厚，号横渠，就是宋儒濂、洛、关、闽四大家的"关"，因生于陕西而以地望名。另外三家，周敦颐是湖南道州濂溪人，以地望称濂溪。程颢、程颐为河南洛阳人，故称"洛学"。朱熹原籍徽州婺源，他本人生于福建龙溪县，学者因此以"闽学"概括。年辈周敦颐最长，张载次之，周比张大三岁。张比二程的明道大十二岁，比伊川大十三岁，张是二程子父尊程珦的表弟，两家有亲缘关系。但张载对二程子的学问非常钦服，嘉祐初年他在京师讲《易经》，以虎皮为坐垫，可是听了明道和伊川的见解之后，他撤掉虎皮，停止讲论，对听讲的人说："比见二程深明易道，吾所弗及，汝辈可师之。"①二程子对张载的学问也深具了解之同情。明道说："只是须得佗子厚有如此笔力，佗人无缘做得。孟子以后，未有人及此。"②伊川说："横渠道尽高，言尽醇，自孟子后，儒者都无他见识。"③

张载最被二程子等同时诸大儒称许的是他的《西铭》。其实是他的著作《正蒙》最后第十七篇"乾称"中的一段文字，他自己视为可以张之墙牖的座右铭，曾以《订顽》为题录之于书室，程颐改称《西铭》，学者悉宗之。《正蒙》中的另一段文字，张载以《砭愚》为题也曾书于墙牖，伊川改为《东铭》。但《西铭》影响最著，全文只有二百五十二个字，兹全录以共飨。

乾称父，坤称母。予兹藐焉，乃混然中处。故天地之塞，吾其体；天地之帅，吾其性。民吾同胞，物吾与也。大君者，吾父母宗子也；其大臣，宗子之家相也。尊高年，所以长其长。慈孤弱，所以幼吾幼。圣其合

①《宋史》本传有载，参见《张载集》，中华书局，1978年，第386页。又《河南程氏外书》卷第十二"传闻杂记"亦载："横渠昔在京师，坐虎皮，说《周易》，听从甚众。一夕，二程先生至，论《易》。次日，横渠撤去虎皮，曰：'吾平日为诸公说者，皆乱道。有二程近到，深明《易》道，吾所弗及，汝辈可师之。'横渠乃归陕西。"《二程集》上册，中华书局，1981年，第436—437页。

②《二程集》上册，中华书局，1981年，第39页。

③《二程集》上册，中华书局，1981年，第196页。

德，贤其秀也。凡天下疲癃残疾、茕独鳏寡，皆吾兄弟之颠连而无告者也。于时保之，子之翼之。乐且不忧，纯乎孝者也。违曰悖德，害仁曰贼，济恶者不才，其践形唯肖者也。知化则善述其事，穷神则善继其志。不愧屋漏为无忝，存心养性为匪懈。恶旨酒，崇伯子之顾养；育英才，颖封人之锡类。不弛劳而底豫，舜其功也；无所逃而待烹，申生其恭也。体其受而归全者，参乎？勇于从而顺令者，伯奇也。富贵福泽，将厚吾之生也；贫贱忧戚，庸玉女于成也。存，吾顺事；殁，吾宁也。[1]

　　《西铭》为人类描画出一幅仁慈博爱的世界图景，其基本假设是天地、家国、圣贤、老幼、病残、孤寡共为一家，仁孝为准绳，彼此相友爱，交信和睦，体用不二。而且推而广之，由人及物，"民吾同胞，物吾与也"。民胞物与，这一放着光辉的哲学思想由此诞生。其实就是赋予生之为人以义理良知，合异返同，仁民爱物，归原大公。不止二程，朱熹以及后来的王夫之，都极看重张载的这一思想。朱熹说："盖以乾为父，以坤为母，有生之类，无物不然。所谓理一也。而人物之生，血脉之属，各亲其亲，各子其子，则其分亦安得而不殊哉。"[2]因此他赞同二程子，认为《西铭》是明

　　①〔宋〕张载：《正蒙·乾称篇第十七》，《张载集》，中华书局，1978年，第62—63页。
　　②〔宋〕朱熹：《西铭论》，《朱熹集》第九册，四川教育出版社，1996年，第5667页。

"理一分殊"之理的看法。因有学者名杨时者尝致函伊川，认为《西铭》所论仅存"理一"，而无分殊，与墨子兼爱之义无别。伊川答函纠正了杨氏的看法①，朱子亦为《西铭》一辩。

王夫之论《西铭》，亦直中肯綮："张子此篇，补天人相继之理，以孝道尽穷神智化之致，使学者不舍闺庭之爱敬，而尽致中和以位天地、育万物之大用，诚本理之至一者以立言，而辟佛老之邪迷，挽人心之横流，真孟子以后所未有也。"②可谓与程、朱诸子的看法如出一辙。宋儒的充满豪气的使命，就是承接孔孟开启的道统，为儒家打开一片新天地。朱熹于此点讲得最为明白，只不过他总是把周、张、二程放在前面，而谦表自己的私淑之怀。不过宋代新儒学的集大成者，还是非朱元晦莫属。

至于《西铭》是否也辟了佛老，王夫之未免因循宋儒的惯常之见。濂、洛、关、闽诸大儒，无一不曾吸收佛道二氏的思想，但同时他们也不约而同地辟佛。张载《西铭》与释氏有无关系，近人张君劢氏的诠解甚具理趣。张氏援引佛典维摩诘问疾品为说，其中维摩诘答何以生病一段为："从痴有爱，则我病生。以一切众生病，是故我病。若一切众生得不病，则我病灭。所以者何？菩萨为众生故，入生死。有生死，则有病。若众生得离病者，则菩萨无复病。比如长者，唯有一子，其子得病，父母亦病，若子病愈，父母亦愈，菩

---

①〔宋〕程颐：《答杨时论西铭书》，《二程集》上册，中华书局，1981年，第609页。

②〔宋〕王夫之：《张子正蒙注》，中华书局，1975年，第314—315页。

萨如是。于诸众生，爱之若子，众生病，则菩萨病，众生愈，菩萨亦愈。是疾何所因起？菩萨病者以大慈悲。"张氏认为此一佛家义理和《西铭》之义理，有缘生缘起的若合符契之处。他在《新儒家思想史》一书里写道：

> 儒家的目的并不是宣扬爱以摆脱生死轮回，然而，儒者对整个人类则是充满着仁爱之心的，因为众生之病者甚多，不得不需要仁爱以减少众生之病痛。因此，如果不重视对人类之爱，儒家的复兴就是不可能的。这就是张载写作《西铭》的动机。①

我们自然无法重新进入张载写作的历史现场，他是否在看了维摩诘问疾品的佛典之后才开始写作《西铭》，已全然不可知，因此写作动机究竟怎样，只能是一种推测。但其所表达的民胞物与、仁民爱物的博爱思想，应该是儒佛合一的普世价值，当无可疑。二程子每以"不杂"方张载之学，理据之重心乃在张子的博爱思想至为单纯，所谓"极醇无杂"和"意极完备"的"仁之体也"②。

《西铭》的语言词气别具文简、意永、气醇的特色。所用都是成典，从《周易》《诗经》《左传》《礼记》，到《论语》《孟子》《中庸》和《颜氏家训》，均有所取义，的确如

---

①张君劢：《新儒家思想史》，台北弘文馆出版社，1986年，第150—151页。

②《元丰己未吕与叔东见二先生语》，《二程集》，中华书局，1981年，第15、22页。

朱熹所言，"大抵皆古人说话集来"①。但往圣昔贤之故实，已化作新思巧构之美文，似述犹创，虽旧弥新。《孟子》里多处记载关于舜的发迹和他的一家的传奇故事，包括弟弟象试图加害于他，他仍然善待其弟，以及设想他的父亲瞽瞍如果杀了人，他应该如何处置等有关社会政治伦理和家庭伦理的讨论。然而舜又是以至孝著称的。孟子以此发为议论说："舜尽事亲之道而瞽瞍底豫，瞽瞍底豫而天下化，瞽瞍底豫而天下之为父子者定，此之谓大孝。"②所谓"底豫"，就是使之高兴欢愉。舜尽心竭力孝敬父母，使得父亲瞽瞍很开心。而能够让老父亲开心，舜便为天下人立下一个典范，使规范父子关系的伦理规则有所遵循。《西铭》对此典只用"不弛劳而底豫，舜其功也"一句概括之。"恶旨酒，崇伯子之顾养；育英才，颍封人之锡类"两句，尤清通隽永。崇伯子是夏禹，禹的父亲鲧因封于崇而称崇伯。《孟子·离娄下》对禹有"恶旨酒而好善言"的称誉。③"育英才"来自《孟子》的君子有"三乐"，一是父母俱存，兄弟无故，二是仰不愧与天，俯不怍于人，三是"得天下英才而教育之"④。"育英才"至今还是一个活着的充满生命力的词汇。颍封人

108

①〔宋〕黎靖德编：《朱子语类》卷九十八，中华书局，1986年，第2520页。

②《孟子·离娄章句上》，〔宋〕朱熹《四书章句集注》，中华书局，1983年，第287页。

③《孟子·离娄章句下》，〔宋〕朱熹《四书章句集注》，中华书局，1983年，第294页。

④《孟子·尽心章句上》，〔宋〕朱熹《四书章句集注》，中华书局，1983年，第354页。

则指《左传》隐公元年记载的颍考叔的故事，所谓"颍考叔，纯孝也，爱其母，施及庄公"，并引《诗》赞其"孝子不匮，永锡尔类"[1]。故《西铭》的引成典，述旧句，并不是述而不作，而是以古为新，增加义理的原典力量。而结尾"存，吾顺事；没，吾宁也"，更堪称文简意永的修辞范例。

宋儒的集体文化纲领

现在我们回到"横渠四句教"。须是了解了《西铭》，方能理解"四句教"。此"四句教"一般依据的是黄宗羲、黄百家父子编纂的《宋元学案》，百家在卷十七"横渠学案"所加的按语中写道："先生少喜谈兵，本跅驰豪纵士也。初受裁于范文正，遂翻然知性命之求，又出入于佛老者累年。继切磋于二程子，得归吾道之正。其精思力践，毅然以圣人之诣为必可至，三代之治为必可复。尝语云：'为天地立心，为生民立命，为往圣继绝学，为万世开太平。'自任自重如此。"[2]这四句话既是张载一生为学的归宿，也可以看作是宋儒的集体文化纲领。

何谓为天地立心？天地岂有心乎？《周易》"复"卦的

---

①《春秋左传正义》，《十三经注疏》标点本，第七种上册，北京大学出版社，1999年，第56页。

②《宋元学案》第一册（卷十七"横渠学案上"），中华书局，1986年，第664页。又《张子语录》和《近思录拾遗》的文字稍有出入，《张子语录》中作"为天地立志，为生民立道，为去圣继绝学，为万世开太平"，《近思录拾遗》中作"为天地立心，为生民立道，为去圣继绝学，为万世开太平"，分别见《张载集》，中华书局，1978年，第320、376页。

"象传"曰:"复,其见天地之心乎?"这应该是"天地之心"一语的最早出处。盖天地本无心,有心在人耳。张载在《诗书》一篇里就是这样写的:"天无心,心都在人之心。"[①]他还说:"大抵言天地之心者,天地之大德曰生,则以生物为本者,乃天地之心也。"[②]程颢、程颐二先生也说:"一人之心即天地之心。"[③]明道则说:"夫天地之常,以其心普万物而无心;圣人之常,以其情顺万事而无情。"[④]伊川解《易》时写道:"天地无心而成化,圣人有心而无为。"[⑤]伊川还曾说过:"合而听之则圣,公则自同。若有私心便不同,同既是天心。"[⑥]伊川又说:"天心所以至仁者,惟公尔。人能至公,便是仁。"[⑦]陆九渊也说:"在天者为性,在人者为心。"[⑧]这也即是张载《西铭》里说的"乾称天,坤称母",亦即天地乃万事万物的父母,而天地之心,就是"民吾同胞,物吾与也"的仁民爱物之心。换言之,为天地所立之心,就是使生之为人能够秉具博爱济众的仁者之心和廓然大公的圣人之心。

110

---

①〔宋〕张载:《经学理窟》,《张载集》,中华书局,1978年,第256页。

②〔宋〕张载:《横渠易说》,《张载集》,中华书局,1978年,第113页。

③《二程集》上册,中华书局,1981年,第13页。

④《二程集》上册,中华书局,1981年,第460页。

⑤《二程集》下册,中华书局,1981年,第1029页。

⑥《二程集》上册,中华书局,1981年,第145页。

⑦《二程集》上册,中华书局,1981年,第439页。

⑧《象山语录》下,《象山语录、阳明传习录》,上海古籍出版社,2000年,第72页。

所以孟子说："仁，人心也。"①所以，马一浮解释"为天地立心"的涵义，特别标举孟子的"四端"说，即"恻隐之心，仁之端也；羞恶之心，义之端也；辞让之心，礼之端也；是非之心，智之端也。人之有是四端也，犹其有四体也。"②他提出："天地以生物为心，人心以恻隐为本。孟子言四端，首举恻隐，若无恻隐，便是麻木不仁，漫无感觉，以下羞恶、辞让、是非，俱无从发出来。"③实则，恻隐之心，就是不忍之心，也就是孔子的"己所不欲，勿施于人"，也就是仁所由出的起点。以此马一浮先生总结道："学者之事，莫要于识仁求仁，好仁恶不仁，能如此，乃是为天地立心。"④

"为生民立命"句，直接来源于孟子的"立命"的思想。《孟子·尽心上》有云："尽其心者，知其性也。知其性，则知天矣。存其心，养其性，所以事天也。夭寿不二，修身以俟之，所以立命也。"⑤这段话中所涉及的心、性、天、命，在孟子的思想中居于核心位置。中国哲学的"心性论"思

---

①《孟子·告子章句上》，〔宋〕朱熹《四书章句集注》，中华书局，1983年，第333页。

②《孟子·公孙丑章句上》，〔宋〕朱熹《四书章句集注》，中华书局，1983年，第238页。

③马一浮：《泰和会语》，《马一浮集》第一册，浙江古籍出版社、浙江教育出版社，1996年，第5页。

④马一浮：《泰和会语》，《马一浮集》第一册，浙江古籍出版社、浙江教育出版社，1996年，第5—6页。

⑤《孟子·尽心章句上》，〔宋〕朱熹《四书章句集注》，中华书局，1983年，第349页。

想，孟子所阐发最见完备精微。人心即"仁心"，这是孟子的"性善论"假设。因此"尽心"，就是让心体之"仁"得到充分发挥。"知性"就是明白心性的义理。而能够明心性的义理，也就知道天命了。所以《中庸》说"天命之谓性"。二程子也说："只心便是天，尽之便知性，知性便知天。"[1]而只有"知天"，才能"事天"，亦即知道怎样做才能履行对天的承顺不违的使命。但"性"不是凝固不变的，它可得可聚，也可失可散。只有进之于"道"的境界，才不致散失。故二程子说："顺其性而不失，是所谓道也。"[2]而"道"需要修为，需要学习，需要教育。这就是《中庸》讲的"修道之谓教"。通过修身致教，最后如果能达到这样一种境界，即不管一个人的寿命是长是短，都能保持自己的性体全德，那么这个生命个体就可以说已经安身立命了。

孟子还有"正命"的思想。《尽心篇》又云："莫非命也，顺受其正。是故知命者不立乎岩墙之下。尽其道而死者，正命也。桎梏死者，非正命也。"[3]所谓"非正命"，就是尚未安身立命；"正命"，是已然安身立命。在孟子看来，人之生死之大端，也有"正命"和"非正命"的分别。犯罪或者因其他意外（例如岩墙的覆压之祸）的死亡，可以经由理性的自律来避免，人类应该不让这种"非正命"的事情发生。孟子的这一思想，是不是可以说已为后世的人权思想预

---

① 《二程集》上册，中华书局，1981年，第15页。
② 《二程集》上册，中华书局，1981年，第30页。
③ 《孟子·尽心章句上》，〔宋〕朱熹《四书章句集注》，中华书局，1983年，第349—350页。

留下早期的萌端，我不敢断言，但如果认为它是一种维护人性不受损伤的思想，应无任何问题。其实这也就是《西铭》"凡天下疲癃残疾、茕独鳏寡，皆吾兄弟之颠连而无告者也"句义的来源。

因此张载在其所著《正蒙》之"诚明篇"里写道："尽性，然后知生无所得，则死无所丧。"又说："天所性者通极于道，气之昏明不足以蔽之。天所命者通极于性，遇之吉凶不足以戕之。不免乎蔽之戕之者，未之学也。性通乎气之外，命行乎气之内。气无内外，假有形而言尔。故思知人不可不知天，尽其性然后能至于命。"①此又为四句教之"为生民立命"提供了另一诠释。"至于命"就是"立命"，其前提条件是"尽其性"，而学以解"蔽"，方能"尽其性"。所以张载所标示的"为生民立命"，实即为"民吾同胞"来"立命"，其立命在于教，"修道之谓教"，此之谓也。故马一浮先生诠释此句，熔古典今典于一炉，不觉痛乎言之："今人心陷溺，以人为，害天赋，不得全其性命者，有甚于桎梏者矣。仁人视此，若疮痏之在身，疾痛之切肤，不可一日安也。故必思所以出水火而登衽席之道，使得全其性命。"并引孔子"老者安之，朋友信之，少者怀之"之义教，提出："学者立志，合下便当有如此气象，此乃是为生民立命也。"②诚哉斯言。

①〔宋〕张载：《正蒙·诚明篇第六》，《张载集》，中华书局，1978年，第21页。

②马一浮：《泰和会语》，《马一浮集》第一册，浙江古籍出版社、浙江教育出版社，1996年，第6页。

被误读的宋学

"为往圣继绝学"之句义,本文一开首即已语及,即这是宋儒自愿担负的集体使命,他们不约而同地认为,孟子以后儒家的道统已然断绝。这就是为什么"四句教"以及《西铭》集孟子义最多的缘由。熟悉思想史的人会问,那么韩愈呢?韩的《原道》不是最早提出了同样的问题吗?"尧以是传之舜,舜以是传之禹,禹以是传之汤,汤以是传之文武周公,文武周公传之孔子,孔子传之孟轲,轲之死,不得其传焉。"韩愈的《原道》如是说。但二程子另有自己的解释:"孟子而后,却只有《原道》一篇,其间语固多病,然要之大意尽近理。若《西铭》,则是《原道》之宗祖也。《原道》却只说到道,元未到得《西铭》意思。据子厚之文,醇然无出此文也,自孟子后,盖未见此书。"[1]韩愈在唐,而张载在宋,张之《西铭》反而成了韩的《原道》的"宗祖",其褒贬抑扬的态度昭然可见。此无他,盖由于韩愈只是提出了问题,并没有着手去解决问题。对此一问题从学理上给予解决的是宋儒。故"往圣"者,孔子、孟子所代表的先儒也;"绝学"者,孔孟先儒所弘扬之道统也。在周、张、程、朱的眼里,儒学只有先秦,"不知有汉,无论魏晋"。因汉之儒学杂以阴阳谶纬,已近妖氛,而南北朝隋唐之世,道教兴盛,佛法方炽,真能阐扬承继孔孟先儒之道统者,唯有宋

---

①《二程集》上册,中华书局,1981年,第37页。

儒。当然汉儒整理儒家文本典籍的功劳，也未可轻量，如果不是他们的搜求比勘，秦火后的儒家经典还不知佚落何处呢。何况经生们对文本的沉醉，解经的迷狂，也为日后学者的兴趣研究和为学术而学术的单纯之心，肇始一萌端。

此理真实不虚。对儒学而言，孔子固然是集大成者，而宋的濂、洛、关、闽诸大家，则把儒学拓展提升到一个全新的阶段，使儒释道三家为基干的思想大汇流在此得以呈现。而朱熹则是新儒学的集大成者。宋儒的特殊可贵在于，宁可跨越百代，也要直接与孔孟对话，他们让千年前的圣人活泼泼地站在他们的当下。他们讲孔孟和接着孔孟讲。复活孔孟和回归六经，是他们的学术旨趣，也是文化理想。他们重新解释《论语》，让人们看到一个亲切活泼的孔子；重新解释《孟子》，让"好辩"的孟轲向宋人大展谈锋。他们希望人们通过《语》《孟》的桥梁，接受并认同"六经"的义理。为此他们建构了"理"的世界。先儒主要讲"礼"，很少讲"理"。宋儒既讲"礼"，又讲"理"，主要讲"理"。中国由唐代的"诗性王国"进入到宋代的"理性王国"，那是宋儒的孤明先发的盛举。

但中国传统文化的诗性特质，天生不愿与抽象的"理"相纠缠。所以先儒宁愿讲"道"，也不多所及"理"。老、庄更是如此，宁可多方曲喻拟道，也要尽量避开对"道"的直接诠释。先秦各学派都认定道是无形的、集虚的、玄秘的、不可知的。因此"言多伤道、理多害道"，似乎是各家默认的共识。但人们宁愿体悟不可知测之道，也不愿深入论理。纯理的思考与中国思想的渊源不深，也不合普通中国人的思维习惯。陆九龄、陆九渊兄弟当时已经对朱熹的"理"感到不耐烦了，说朱子"着意精微"，难免"支离"①。阳明心学成立的前提，不也是鉴于朱熹的理学太过麻烦吗？其实朱子的思想抽象得远远不够，很多情况下仍难于避免"拖泥带水"。他从不离"事"来谈"理"，而且在世时他的学说并未能畅行其道。余英时先生的《朱熹的历史世界》一书②，探讨的就是此一问题。中国人的文化心理结构，属于直观易简的类型，不愿意按规范程序走完事物的全过程，不是中途而废，就是试图"曲径通幽"。大乘佛学之不能在中国流行，其与我民族固有文化的思维惯性不能呈相适应之势，不排除是重要一因。所以陈寅恪谈到鸠摩罗什所译的《维摩诘所说经》的原典，在中土流传过程中所发生的变异，特别是故事演义一系的孳孕添加，离开原典涵义越来越远，于是他发出

---

①南宋淳熙二年（1175），朱子与陆九龄、陆九渊兄弟有"鹅湖之会"，实为吕伯恭（东莱）的雅意，祈以辩异求同。但效果并不尽如人意。彼此刚晤面，陆氏兄弟即举诗，复斋（陆九龄）诗为："孩提知爱长知钦，古圣相传只此心。大抵有基方筑室，未闻无址忽成岑。留情传注翻榛塞，着意精微转陆沉。珍重友朋勤切琢，须知至乐在于今。"象山（陆九渊）诗为："墟墓兴哀宗庙钦，斯人千古不磨心。涓流积至沧溟水，拳石崇成泰华岑。易简功夫终久大，支离事业竟浮沉。欲知自下升高处，真伪先须辨只今。"诗中"着意精微""支离事业"等句刺朱子之意甚显。朱熹亦有答诗云："德义风流素所钦，别离三载更关心。偶扶藜杖出寒谷，又枉篮舆度远岑。旧学商量加邃密，新知培养转深沉。却愁说到无言处，不信人间有古今。"朱诗系三年后所写。均见《宋元学案》第三册，中华书局，1986年，第1873页。但鹅湖之会并未影响彼此的情感，此后朱陆两方的关系反而更觉亲近了。

②余英时著：《朱熹的历史世界》，台湾允晨文化实业股份有限公司，2003年。

极深沉的文化思考："岂以支那民族素乏幽渺之思，净名故事纵盛行于一时，而陈义过高，终不适于民族普通心理所致耶？"①我自然无意以宋学比附于大乘佛学，但在传布的过程中，是否也曾被目为"陈义过高"而发生障碍？未尝不是历史上真实存在的问题。朱熹在中国文化的背景下，能够建立起以理学标名的哲学体系，已经算得上中国学术思想的异数了。

　　清朝中叶乾嘉诸学者不是宋儒的知音。他们用冰冷的语言，借助文字、音韵、训诂的外壳，窒息了宋儒的真切的思想。他们只解释文句，不讨论问题。他们的思想在文字狱面前屈服了。清初顾炎武、黄宗羲、王夫之三大家，和宋儒的义理是相接的。但他们的"经世致用"的思想，和程朱的其实还不够"空"的哲学的"空架子"发生了矛盾。至于清统治者的尊仰程朱，主要看重"理"可以搭建使社会安定的政治伦理秩序，而不是"理"本身的生命秩序。当科举考试也要以《四书》的文句来命题，《语》《孟》就失去了生气。一朝一代的统治者，如果到了只能依靠前代的思想家来充当自己统治合法性的辩护神的时候，这个统治秩序就已经不合法了。戴震作为特殊重视义理的考据学大师，他的《孟子字义

---

①陈寅恪：《敦煌本维摩诘经文殊师利问疾品演义跋》，《金明馆丛稿二编》，生活·读书·新知三联书店，2001年，第209页。

疏证》谴责"以理杀人"[1]，这个话当然不是只对着宋儒讲的，而是冲着清统治者的强势思想镇压发出的抗争的声音，但程朱顺便成了他笔下的"牺牲品"。清的尊程朱，是害了程朱，更害了理学。就如同汉的尊孔，既害了无辜的孔子，尤其害了孔子学说。

正因为如此，韩愈和宋儒才有理由惊呼"道断"。如果汉代在传承儒家学说方面没有出现杂以阴阳五行的曲解谬说，韩愈何至于口出此言？宋儒何至于口出彼言？王国维把历代的思想区分为"能动时代"和"受动之时代"，称诸子

①戴震《孟子字义疏证》的相关段落是这样写的："故今之治人者，视古贤圣体民之情，遂民之欲，多出于鄙细隐曲，不措诸意，不足为怪。而及其责以理也，不难举旷世之高节，著于义以罪之。尊者以理责卑，长者以理责幼，贵者以理责贱，虽失谓之顺。卑者、幼者、贱者以理争之，虽得谓之逆。于是下之人不能以天下之同情、天下所同欲达之于上。上以理责其下，而在下之罪，人人不胜指数。人死于法，犹有怜之者；死于理，其谁怜之？呜呼，杂乎老释之言以为言，其祸甚于申韩如是也。六经、孔孟之书，岂尝以理为如有物焉，外乎人之性之发为情欲者，而强制之也哉？"见《孟子字义疏证》卷上，中华书局，1961年，第10页。又该书（第174页）《孟子私淑录》之"与某书"则云："圣人之道，使天下无不达之情。求遂其欲，而天下治。后儒不知情之至于纤微无憾是谓理，而其所谓理者，同于酷吏之所谓法。酷吏以法杀人，后儒以理杀人。浸浸乎舍法而论理，死矣，更无可救矣。圣贤之道德，即其行事，释、老乃别有其心所独得之道德。圣贤之理义，即事情之至是无憾，后儒乃别有一物焉，与生俱生而制夫事。古人之学在行事，在通民之欲，体民之情，故学成而民赖以生。后儒冥心求理，其绳以理，严于商、韩之法，故学成而民情不知，天下至此多迂儒。及其责民也，民莫能辩，彼方自以为理得，而天下受其害者众也。""后儒"即指宋儒。"酷吏以法杀人，后儒以理杀人"的判断，即出自此处。东原对宋儒的批判可谓严苛而不留情面矣。

百家争鸣竞放的春秋战国为"思想之能动时代"，称汉至宋以前为"吾国思想受动之时代"，称宋为"由受动之时代出而稍带能动之性质"，称宋以后至清为"思想之停滞略同于两汉"时期。[1]我认为这是完全符合中国学术思想史演化实际的高明之见。所谓"能动"，即思想的自由创生时期，所谓"受动"，就是外来的思想势力高过本国思想的时期。值得注意的是，静安先生把清代的思想和两汉的思想相提并论，认为两者都是停滞而非创生的时期，而认可宋的思想虽仍有受动的性质，但已经开始了思想的创生，其对宋儒的评价已然不低。而陈寅恪对宋代儒学的评价尤堪注意。他写道："中国自秦以后，迄于今日，其思想之演变历程，至繁至久。要之，只为一大事因缘，即新儒学之产生，及其传衍而已。"[2]佛教经典把佛祖释迦牟尼出世视作"一大事因缘"，寅恪先生把宋代"新儒学"的产生也看作我国思想演变史的"一大事因缘"，可见其对宋代新儒学是何等的重视。

这里涉及宋儒的另一特殊可贵之处，即朱子学说的哲学系统化，实际上是儒释道三家思想汇流的产物。尽管宋儒口吻上不愿承认有此事实，但他们的语汇和论说方式，以及所以和先儒的不同之处，均由于有佛道之参与。这就如同成书于南北朝时期的《文心雕龙》一书，其体系的构筑，也受影

---

[1]王国维：《论近年之学术界》，《王国维遗书》第五册之《静安文集》，商务印书馆，1940年，第93页。

[2]陈寅恪：《冯友兰中国哲学史下册审查报告》，《金明馆丛稿二编》，生活·读书·新知三联书店，2001年，第282页。

响于佛典及其翻译过程一样。①对此一问题看得最通透的是马一浮。他说："先儒多出入二氏，归而求之六经。佛老于穷理尽性之功，实资助发。"②事实上，正是由于有佛老的"助发"，宋代的新儒学才能够得以产生。因此，真能够理解宋儒的现代学者，应该首推马一浮。他对"横渠四句教"的解释，我们也无法绕行。马先生解释"为往圣继绝学"句，是这样写的："濂、洛、关、闽诸儒，深明义理之学，真是直接孔孟，远过汉唐。'为往圣继绝学'在横渠绝非夸词。"③我们须注意"直接孔孟"和"远过汉唐"的判断，这与宋儒应具的历史地位完全相符。"四句教"中笔者独对此"继绝"一句旁引多证，切切为说，盖由于此句对了解被后儒误解的宋学，实为一大关键。

宋儒的永恒政治理想

最后一句"为万世开太平"，所表达的是先儒也是宋儒的永恒政治理想。其理至简，其事至繁。我想引录马一浮先生的一段论述以为嚆矢。他写道：

---

①参见拙稿《汉译佛典和中国的文体流变》，载《文艺研究》1992年第3期。

②马一浮：《致张立民》第九函所附之"说明"（1938年农历九月二十九日），《马一浮集》第二册，浙江古籍出版社、浙江教育出版社，1996年，第830页。

③马一浮：《泰和会语》，《马一浮集》第一册，浙江古籍出版社、浙江教育出版社，1996年，第7页。

程子曰："王者以道治天下，后世只是以法把持天下。"又曰："三代而下，只是架漏牵补，过了时日。"孟子曰："以力假仁者霸"，"以德行仁者王"，"以力服人者，非心服也，力不赡也。以德服人者，中心悦而诚服也。"从来辨王、霸莫如此言之深切著明。学者须知孔孟之言政治，其要只在贵德而不贵力。然孔孟有德无位，其道不行于当时，而其言则可垂法于万世。故横渠不曰"致"而曰"开"者，"致"是实现之称，"开"则期待之谓。苟非其人，道不虚行，果能率由斯道，亦必有实现之一日也。从前论治，犹知以汉唐为卑，今日论治，乃惟以欧美为极。从前犹以管商申韩为浅陋……今亦不暇加以评判，诸生但取六经所陈之治道，与今之政论比而观之，则知碔砆不可以为玉，蝘蜓不可以为龙，其相去何啻霄壤也。中国今方遭夷狄侵陵，举国之人，动心忍性，乃是多难兴邦之会。若曰图存之道，期跂及于现代国家而止，则亦是自己菲薄。今举横渠此言，欲为青年更进一解，养成刚大之资，乃可以济艰难。须信实有是理，非是姑为鼓舞之言也。①

虽系针对抗战时期的具体环境所发之论议，其义理亦绝非仅适用于当时而不及后世。国家之"现代化"不应该成为一个民族的最后目标。"为万世开太平"，实现张载《西铭》

①马一浮：《泰和会语》，《马一浮集》第一册，浙江古籍出版社、浙江教育出版社，1996年，第8页。

描述的文化理想，民胞物与，全体归仁，才能让蔽惑无明的现代人重新回归率性诚明的人类精神家园。

马一浮对"横渠四句教"的体悟非同一般。1938年他应浙江大学竺可桢校长之聘，在江西泰和为流离中的浙大师生举办国学讲座，开篇首讲的内容就是张载的这四句话。他说："昔张横渠先生有四句话，今教诸生立志，特为拈出，希望竖起脊梁，猛著精彩，依此立志，方能堂堂的做一个人。"[①]而当1938年6月26日，浙大在江西泰和举行第十一届毕业典礼，马先生事先请好友丰子恺觅人谱曲，典礼上正式唱诵了"横渠四句教"。他在写给丰子恺的信里说："顷来泰和为浙大诸生讲横渠四句教，颇觉此语伟大，与佛氏四弘誓愿相等。因读新制诸歌，意谓此语天然，似可谱之成曲。"又说："其意义光明俊伟，真先圣精神之所托。"又说："欲令此间学生歌之，以资振作。"又说："吾国固有特殊之文化，为世界任何民族所不及。今后生只习于现代浅薄之理论，无有向上精神，如何可望复兴?"[②]

我们今天重新研读诠解"横渠四句教"，不独为"温故"，同时为了"知新"。亦即朱子鹅湖会后的答诗所谓："旧学商量加邃密，新知培养转深沉。""为天地立心"，我们得一"仁"字，"为生民立命"，我们得一"教"字，"为往

①马一浮：《泰和会语》，《马一浮集》第一册，浙江古籍出版社、浙江教育出版社，1996年，第5页。

②马一浮：《致丰子恺》，《马一浮集》第二册，浙江古籍出版社、浙江教育出版社，1996年，第563—564页。

圣继绝学"，我们得一"理"字，"为万世开太平"，我们得
一"治"字。

2008年7月26日凌晨于中国文化研究所
2010年4月13日晚十时校改补注于东塾

魏晋的人才闸门是如何打开的

——从曹操的"求才三令"说起

1

中国历史上的魏晋南北朝时期，是思想纷呈、人才辈出的时代。儒释道三家，各有时代的代表人物，风格秀出，逸品独标，商酌辩难而不失其雅量。政治派分、权力攘夺，固然扞格影响于其间，致使"名士少有全者"，但有残酷，有杀戮，也有热情，有声音。嵇康临刑，还抚奏了一曲《广陵散》。

那个时代，礼赞人才，尊重对手。南朝佛教鼎盛，反佛的声音也能表达。于是辟佛勇士范缜出现了。毕生佞佛、三次舍身的梁武帝带头和范缜辩论，亲撰《敕答臣下〈神灭论〉》，写道——"欲谈无佛，应设宾主，标其宗旨，辨其短长，来就佛理，以屈佛理，则有佛之义既跼，神灭之论自行"，有模有样不失风度地据理力辩。

梁武帝的《敕答》，经释法云转达给王公大臣会览，临

〔明〕仇英《竹林七贤图》

川王萧宏、南平王萧伟、长沙王萧渊业、豫章王行事萧昂，以及沈约等六十余人群起难范，可以想见对范缜的压力有多大。但范缜毫无退缩，不可谓不勇敢。而所以之故，也和梁武帝能够守持思想辩论的规则，不以政治权力剿灭异端有关。诚如钱锺书先生所说："缜洵大勇，倘亦有恃梁武之大度而无所恐欤？皆难能可贵者矣。"可知，当时终于形成我国历史上的人文鼎盛、著述宏富的一代文化景观，不是偶然所致，而是渊源有自。

2

问题是魏晋南北朝时期的人才闸门是如何打开的。如果"振叶以寻根，观澜而索源"，不能不追溯到当时后世一个不一定为人们所喜欢的人物。此人不是别个，乃是大名鼎鼎、千秋万世骂名不绝于耳的魏武帝曹操。

曹操其人，罗贯中《三国演义》首发其难，写出了一个活脱脱的奸雄形象，涂上的白脸，层层复复厚几许，要想剥掉难上难。但后世的文史研究者，欲还曹阿瞒历史本真的也不在少数。大家都记得郭沫若1959年写过《替曹操翻案》，但早在郭老之前，鲁迅在《魏晋风度及文章与药及酒之关系》的著名文章里，就说曹操是一个很有本事的人，至少是一个英雄，并说他虽不是曹操一党，但无论如何"总是非常佩服他"，时间在1927年。

对曹操给予特殊评价的还有大史学家陈寅恪。

陈寅恪在研究魏晋思想的一篇文章里（《书〈世说新语·文学类〉"锺会撰〈四本论〉始毕"条后》）也说："夫曹孟德者，旷世之枭杰也"，"读史者于曹孟德之使诈使贪，唯议其私人之过失，而不知此实有转移数百年世局之作用，非仅一时一事之关系也。"肯定曹操对"转移数百年世局"起了作用，这个评价可不低。

3

那么曹操的"转移数百年世局"的历史作用，我们该从哪里说起呢？毫无疑问，应该从他的"求才三令"说起。所谓"求才三令"，指的是建安十五年、建安十九年、建安二十二年，八年之中，接连颁布的三道广招人才的诏令。为介绍之方便，我们不妨以第一、第二、第三令分别称之。

第一令主要表明思贤若渴、求贤之急，迫切希望与贤人君子"共治天下"，因此提出了"唯才是举"的鲜明口号。等于说，只要是人才就好，其他条件均可暂置而不提。第二令是补充第一令所不够具体者，特别说明，不要怕用有缺点的人才，尤其不必处处都以德行来限人。所以如是，道理在于："有行之士，未必能进取，进取之士，未必能有行也。"如果由于人才的某些"偏短"，而废其这个人才，那么苏秦、陈平都不必用了。而无此二人，战国时期燕国的弱势如何改变？汉代的江山大业，又如何成就？只有明白这个道理，才能做到"士无遗滞，官无废业"。

第三令网开更大，提出用人不要讲究出身，不要在乎有没有"污辱之名"。此令词赫然写道："昔伊挚、傅说出于贱人，管仲，桓公贼也，皆用之以兴。萧何、曹参，县吏也，韩信、陈平负污辱之名，有见笑之耻，卒能成就王业，声著千载。"甚至即使"不仁不孝而有治国用兵之术"，也并非不可以启用。这未免太过出人意外了。

4

此三令一出，各类人才、各种人物，河满江泻矣。陈寅恪先生认为，曹氏所以颁此三令，主要是针对他的对手而言，目的是破除汉以来既有的吏治结构，而以"有德者未必有才"的口号相昭示，其摧廓作用自必可观。然道出多门、鱼龙混杂、泥沙俱下、奇诡竞争亦在所难免。尽管如此，最终毕竟酿成汉魏六朝的人才鼎盛之局。寅老所谓曹氏不无"转移数百年世局"之功用，其历史深涵，倘在斯乎？倘在斯乎？

"文化托命"和中国现代学术传统

引　言

中国现代学术以何时为开端？历史学界通常把1840年鸦片战争至1919年五四运动，称为中国历史的近代时期，而以1919年五四运动至1949年为现代时期。但学术史和文化史的分期也以此为依据，不容易解释清末民初以来的许多文化现象。用政治事变来例同学术文化变迁，反映不出学术文化本身的嬗变规律。

实际上，中国传统学术向现代学术转型，可以追溯到晚清的经今文学运动，现代学术的种子即埋藏其中。但经今文学运动本身还不具有现代学术的特征。1898年严复发表《论治学治事宜分二途》，1902年梁启超发表《论学术之势力左右世界》和《新交学》，1904年王国维发表《〈红楼梦〉评论》，现代学术思想和学术规范得到比较集中的体现。因此中国现代学术发端的时间，应为19世纪和20世纪之交；标志是承认学术具有独立之价值，并在研究中开始吸收西方现代的观念和方法；代表人物是严复、梁启超、王国维等，而尤以王国维扮演着现代学术开山祖的角色。

王国维1927年自沉于颐和园鱼藻轩，社会上异说异是，察察为明。惟史学家陈寅恪能够从文化兴衰和一代学者的命运的角度，对王氏的死因给以正解。包括王、陈在内的中国现代学者中的大师巨子，声闻显晦或有所殊异，但与本民族的文化共同着命运，欲以学术为宗基"承续先哲将坠之业"，同为一代文化所托命之人则一。他们的学术流向包含着省察传统和回应西学两个方面，既不忘记本民族的地位，又能够做到与世界文化对话交流，为中国现代学术奠立了难能可贵的传统。

但中国现代学术的发展仍然困难重重。就学者的主观认知而言，有四重障蔽应予以破除。第一，学术是手段还是目的；第二，"有用之学"与"无用之学"；第三，中学和西学之争；第四，新旧古今之辨。这四个问题所以产生，主要是中国传统学术一向缺少学术独立的传统，特别是"经世致用"之说束缚了人们的头脑，使人们忽视学问本身的独立价值。王国维、梁启超等现代学术的开山人物，为破除这四重障蔽曾作出巨大努力，可是时至今日，也不能说此一问题已获致完全解决。

任公先生说："就纯粹的学者之见地论之，只当问成为学不成为学，不必问有用与无用，非如此则学问不能独立，不能发达。"又说："为学问而学问，断不以学问供学问以外之手段，故其性耿介，其志专一，虽苦不周于世用，然每一时代文化之进展，必赖有此等人。"信哉斯言。学术之求得独立，首先还要有独立的学者。四重障蔽不能破除，宜乎中国现代学者难于安身立命也。

从陈寅恪的《王观堂先生挽词》谈起

1927年6月2日（农历五月初三）上午十时，中国现代学术的开山泰斗王国维自沉于颐和园鱼藻轩，年仅五十一岁。这一突如其来的噩耗，在中国现代学术的摇篮清华园引起巨大震撼。第二天傍晚，清华国学研究院师生向死者遗体告别，恭谨致礼，哀默如仪。正在这时，清华四导师之一的史学家陈寅恪莅临现场，出人意外地行三跪九叩大礼。[1]这一举动产生了精神共感效应，在场的姜亮夫、刘盼遂等国学研究院同学，当即痛哭失声，对已故国学大师的哀感和对眼前这位年轻导师的敬意无形中融作一片。

陈寅恪当时三十八岁，与王国维有十三岁之差，但他们相知甚深，既是学术同道，又是精神契友。王国维自沉前一日所写遗嘱，书籍一项，特标出"可托陈、吴二先生处理"[2]。吴指吴宓，陈即寅恪先生。而书籍之于王国维不啻为生命本身，他早就说过："余平生惟与书册为伍，故最爱而最难舍去者，亦惟此耳。"[3]托陈寅恪先生为之处理书籍，

---

①王国维逝世后清华国学研究院师生向遗体告别情景，系杭州大学姜亮夫教授向笔者所讲述，时在1989年11月4日下午4时，于杭州大学姜先生寓所。

②参见1927年7月出版的第二卷第八、九、十期合刊的《国学月报》，其中柏生所作《记王静安先生自沉始末》有载。

③参见清华国学研究院编印之《国学论丛》第一卷第三号"王静安先生纪念号"上，《王静安先生手校手批书目》一文的"跋文"，1928年出版。

无异于以生命相托，当然也可以看作是一种文化托命。实际上，很少有像寅恪先生这样，对王国维的精神世界和文化怀抱有如此深切的了解。为了寄托哀思，他写有一诗一词，即《挽王静安先生》诗和《王观堂先生挽词》，后者与王国维的《颐和园词》①差可比并，同为冠绝当世的名篇。《挽词》的前面有一长序，其中写道：

> 凡一种文化值衰落之时，为此文化所化之人，必感苦痛，其表现此文化之程量愈宏，则其所受之苦痛亦愈甚；迨既达极深之度，殆非出于自杀无以求一己之心安而义尽也。②

又说：

> 盖今日之赤县神州值数千年未有之巨劫奇变，劫尽变穷，则此文化精神所凝聚之人，安得不与之共命而同

---

①王国维的《颐和园词》作于1902年春，在日本留学时期，全诗百四十句，述有清一代之兴亡，是王氏自己非常满意的诗作之一。陈寅恪先生《挽词》中"一死从容殉大伦，千秋张望悲遗志；曾赋连昌旧苑诗，兴亡哀感动人思；岂知长庆才人语，竟作灵均息壤词"，即指《颐和园词》而言。吴宓《空轩诗语》第十二则："王静安先生国维自沉后，哀挽之作应以义宁（今改修水县）陈寅恪君之《王观堂先生挽词》为第一。"罗振玉在致陈寅恪函中亦说："奉到大作忠悫《挽词》，辞理并茂，为哀挽诸作之冠，足与观堂集中《颐和园词》《蜀道难》诸篇比美。忠悫以后，学术所寄端在吾公也。"

②陈寅恪：《寒柳堂集》所附之《寅恪先生诗存》，上海古籍出版社，1980年，第6—7页。

尽，此观堂先生所以不得不死，遂为天下后世所极哀而深惜者也。①

王国维自沉以后，社会上异说异是，谣诼纷纷，不乏昧于大道者的察察为明，只有陈寅恪先生能够从文化兴衰和一代学者命运的角度，对死因给以正解，使那些"流俗恩怨荣辱委琐龌龊之说"②，得到一定程度的廓清。

七年之后，即1934年，陈寅恪又在《王静安先生遗书序》中申论说："自昔大师巨子，其关于民族盛衰学术兴废者，不仅在能承续先哲将坠之业，为其托命之人，而尤在能开拓学术之区宇，前修所未逮。故其著作可以转移一时之风气，而示来者以轨则也"③。又谓："古今中外志士仁人，往往性憔悴忧伤，继之以死。其所伤之事，所死之故，不止局于一时间一地域而已。盖别有超越时间地域之理性存焉。而此超越时间地域之理性，必非其同时地域之众人所能共喻。然则先生之志事，多为世人所不解，因而有是非之论者，又何足怪也？"④对王国维死因的探究又进了一步，已达至深层意义的理性升华。

①陈寅恪：《寒柳堂集》所附之《寅恪先生诗存》，上海古籍出版社，1980年，第6—7页。

②陈寅恪：《寒柳堂集》所附之《寅恪先生诗存》，上海古籍出版社，1980年，第7页。

③陈寅恪：《王静安先生遗书序》，《金明馆丛稿二编》，上海古籍出版社，1980年，第219、220页。

④陈寅恪：《王静安先生遗书序》，《金明馆丛稿二编》，上海古籍出版社，1980年，第219、220页。

也就是说，在陈寅恪看来，王国维是一个"能承续先哲将坠之业"的学者，以生命殉其文化，与纯属为实现道德的自我完成所作的抉择不同。1918年11月10日梁漱溟的父亲梁济在北京净业湖自沉^①，虽也有"超越时间地域之理性存焉"，却不带有更多的自觉文化意识，而是当传统秩序解体之际寻找到的心理安顿的一种方式。把两者区分开来的关键，在于是否以文化托命为职志。因为19世纪末叶以后，由于西学东渐，欧风美雨狂袭而至，延续几千年的中国传统思想文比发生了深刻的危机，站在时代潮流前沿的人文学者在预设种种挽颓救弊方案的同时，必不可免地会激发起续命传薪的历史责任感。王国维如此，陈寅恪亦复如此。王国维死后不久，陈寅恪先生在《国学丛刊》上发表一篇《大乘稻芊经随听疏跋》，由吐蕃沙门法成撰集的经论注疏，如《般若波罗蜜多心经》等，系译自藏文一事，联想到玄奘曾把汉文《大乘起信论》译成梵文，但玄奘的名字家喻户晓，法成却不为人所知，因而发为感慨，说"同为沟通东西学术，一代文化所托命之人，而其后世声闻之显晦，殊异若此，殆有幸有不幸欤"^②。中国现代学者中的大师巨子，声闻显晦或有不同，但与本民族文化的兴衰共同着命运，同为中国传统社

---

①关于梁济自杀问题，林毓生教授撰有《论梁巨川先生的自杀——一个道德保守主义含混性的实例》一文，析论甚详。见林著《中国传统的创造性转化》，生活·读书·新知三联书店，1988年，第205—226页。又中国文化书院学术委员会编《梁漱溟全集》第二卷之《自述》，山东人民出版社，1990年，第18页。

②陈寅恪：《金明馆丛稿二编》，上海古籍出版社，1980年，第225页。

会向现代社会转型时期的一代文化所托命之人。

只不过在中国现代学者群中，王国维和陈寅恪的文化托命意识更为自觉，毕生奋力以赴，未尝稍懈，不仅发为论议，标举"独立之精神，自由之思想"，主要以学术为根基，通过具体的学术创获实现托命之旨；而且尽可能融入现代的比较科学的观念和研究方法，去化解传统思想文化的危机，为中国现代学术传统的奠立树起了新典范。

中国现代学术以何时为开端

我所谓中国现代学术，指的是19世纪末和20世纪初，随着西学东渐和外来思想的冲击所产生的文化震荡，中国学术衍生出来的新规范和新方向。因此不单纯是一个时间的概念，也无法全由政治断限来替代。

历史学界通常把1840年鸦片战争至1919年五四运动，称为中国历史的近代时期，而以1919年五四运动至1949年为现代时期。把这种划分拿来作为学术史和文化史分期的依据，并不一定妥当。文化的嬗变比政治事变要宽泛得多，也深刻得多，前因后果，简错百端，历史延伸度很长；学术蜕分，也是一个思潮递嬗和历史衍化的过程。以政治事变来例同学术文化的变迁，反映不出学术文化本身的特殊发展规律。中国治学术史和文化史的学者，每困于在研究中难于有所突破，窃以为除了别的原因之外，就与以政治分期来例同于学术断限有很大关系。分期不明，将学术混同于政治，不可能正确评价学者们的学术创获。特别是研究清末民初以来的学术文化，"近代""现代"两个概念常常混淆不清。王国维的学术活动始于第一次从日本留学回来的1902年，自然在1919年五四运动以前，他许多学术著作是在生命的最后十年，即1917年至1927年完成的，已跨过五四运动很多年，所谓"近代"和"现代"的概念，在王国维身上就不易说清楚。章太炎生于1869年，比王国维大八岁，卒于1936年，时间跨度比王国维长得多，五四前和五四后都有重要的学术建树，虽然前期作为思想家和革命家的影响更大，后期以国学大师的身份成为学界儒宗。那么站在学术史的角度，章太炎是"近代"学者，还是"现代"学者？政治断限往往不能对学术文化现象作出正确说明。因此笔者认为，不应把五四运动作为中国现代学术的起点，而应当振叶寻根，沿波讨源，上溯到在内涵上可以体现现代学术特征的时候开始。

中国学术发展的历史，要而言之，可以说经历了先秦子学、两汉经学、魏晋玄学、隋唐佛学、宋明理学、清代汉学和晚清今文学几个阶段，各个阶段之间斥而相续、异中见同，形成一个个连接而不重复的瑰丽景观。但这些个历史阶段都属于传统学术的范畴，进入现代学术需要铺设新的条件。本来晚清今文学已带有过渡时期的特点，现代学术的种子已开始进一步萌动发芽，只是从根本方面考察，还不能把庄存与和刘逢禄开其端、龚自珍和魏源集其成、康有为殿其后的今文学运动，与现代学术混为一谈。现代学术的奠立，应具备三个起码的条件，即第一，学者的思想自由；第二，以学术独立为目标；第三，在研究方法上尽量吸收新的观念，能够与20世纪前后的世界学术文化对话交流。用这三个条件来衡量晚清今文学，显然不合现代学术的规范。即以康有为来说，他的目的并不在学术，而是拿了学术去做维新改制的手段，与学术独立大异其趣。他的学术好依傍，恰好是不独立的。所用的方法，也不是以新的科学观念去治旧学，而是采取大胆证伪的方法开传统学术的玩笑，自己则未脱传统学术的框架。

那么中国现代学术究竟应该以何时为其开端？笔者认为有四篇文章值得注意。一篇是严复的《论治学治事宜分二途》①，明确提出"治学"与"治事"两者不能相兼，"惟其或不相侵，故能彼此相助"。所以他建议给予学成者以名位，把"学问之名位"和"政治之名位"区别开来，多少已流露出提倡学术独立的思想。严复是晚清时期系统介绍西方学说的第一人，他力主不宜把学术混同于事功，学理上的依据易为人们所接受。这篇文章发表在1898年7月28和29日两天的《国闻报》上。第二篇是梁启超的《论学术之势力左右世界》，对学术在世界上的地位和社会作用，给予超平常人想象的评价，文章一开头即写道：

> 亘万古，衰九垓，自天地初辟以迄今日，凡我人类所栖息之世界，于其中而求一势力之最广被而最经久者，何物乎？将以威力乎？亚历山大之狮吼于西方，成吉思汗之龙腾于东土，吾未见其流风余烈，至今有存焉者也。将以权术乎？梅特涅执牛耳于奥地利，拿破仑第

---

①王栻主编：《严复集》第一册，中华书局，1986年，第88—90页。

三弄政柄于法兰西，当其盛也，炙手可热，威震寰瀛，一败之后，其政策亦随身名而灭矣。然则天地间独立无二之大势力，何在乎？曰智慧而已矣，学术而已矣。①

称学术为亘古以来天地间独一无二的大势力，就中自然有梁启超式的夸诞，但能够把学术从社会诸因素中抽象出来，置于极尊崇的地位，看到学术具有永久性的品格，在认知上已接近主张学术独立的思想。第三篇文章是梁启超的《新史学》，向传统学术中最具根底的乙部之学发起猛攻，历数过去的史学的"四蔽""二病""三恶果"，诸如"知有朝廷而不知有国家""知有个人而不知有群体""知有陈迹而不知有今务""知有事实而不知有理想"，以及"能铺叙而不能别裁""能因袭而不能创作"，致使读者"难读""难别择""无感触"②，等等。所指虽未必尽是，攻击力还是很强大的。特别将传统文学争正统、重书法的史家模式，揭剥得体肤全靡。文章又引来进化论的和文化人类学的历史观，以驳斥历史循环论，确在理论上为新史学的奠立开辟出新的天地。梁启超的这两篇文章都发表于1902年。

第四篇文章是王国维的《〈红楼梦〉评论》，这是自有文学批评以来第一次用西方的哲学和美学观点解释中国文学名著的尝试，在此之前从没有人这样做过。只这一点，就足以奠定其在中国现代学术史上的地位，至于尝试的得失利弊

①《饮冰室合集》第一册文集之六，中华书局，1989年影印版，第110页。
②《饮冰室合集》第一册文集之九，中华书局，1989年影印版，第1—32页。

是否成功还在其次。说来凑巧，中国传统学术以文学和史学最能反映学科特征，而梁启超和王国维一以史学一以文学为现代学术奠基。当然梁的《新史学》主要是清算过去，王的《〈红楼梦〉评论》则直接为未来树立典范。《〈红楼梦〉评论》写于1904年，在王氏1902年自日本归来正式开始学术活动之后，同时撰写的还有《论叔本华之哲学及其教育学说》《国朝汉学派戴阮二家之哲学说》以及《释理》《论性》等篇。[①]此时之王国维，一方面迷恋于康德、叔本华、尼采的学说并为之介绍，一方面则尝试着用这几位哲学家的观点来回观和解释中国传统。《〈红楼梦〉评论》是其中的代表作。中国现代学术就是在此时开其端，时间在1898年至1904年前后这一时期，也就是当19世纪和20世纪交替之时，代表人物为严复、梁启超、王国维，而尤以王国维扮演着中国现代学术开山祖的角色。

马建忠的《马氏文通》一书，也是在1898年出版，著述本身的疏漏舛误，前贤多有是正，兹不论。但这是在西学启示之下中国学者撰写的第一部有系统的文法书，则无异议。不论其题旨其观念其方法其结构，传统学术的固有范围已无法包容，而且在语言文法一科为中国现代学术导夫前路之作。我想这并非偶然。这说明19世纪和20世纪之交，确是中国传统学术向现代学术转型时期。当然学术思想如江河之流，学术断限只能相对而言，不好一刀断开。梁启超的《论

---

①这组文章后来均收入《静安文集》，载《王国维遗书》第五册，商务印书馆，1940年。

中国学术思想变迁之大势》一文，把中国传统学术划分为七期，即胚胎时代、全盛时代、儒学统一时代、老学时代、佛学时代、儒佛混合时代和衰落时代；但随即亦指出："时代与时代之相嬗，界限常不能分明，非特学术思想有然，即政治史亦莫不然也。一时代中，或含有过去时代之余波，与未来时代之萌蘖。"①中国传统学术向现代学术转换，自然也有此种情况。

因此笔者认为，当我们把"现代"这一概念运用于学术史的时候，重要的是寻找到只有现代才具有的标志性特征，正是这些特征把现代学术与传统学术区别开来；谁的治学经历和学术论著体现出这些特征，谁就是现代学者；而出现这些特征的时代，就是中国现代学术史的开端。

学术独立与中国现代学术传统

如果我们把学者的思想自由和追求学术独立，以及在研究方法上融入了20世纪以来的新的思想观念，看作是中国现代学术的主要标志性特征，那么在王国维身上确实体现得比较突出，宜乎扮演中国现代学术开山祖的角色。他在研究中最早融入西方的观念和方法，前面已论及。在重视学者个人思想自由方面，王国维也是先期的觉醒者。所谓思想自由，是指学者论必己出，不是为某种现实需要来立说陈义，而是为文化托命，求一己之心安，目的和需要就在研究过程之

①《饮冰室合集》第一册文集之七，中华书局，1989年影印版，第3页。

中。陈寅恪在1929年所作《清华大学王观堂先生纪念碑铭》中写道：

> 士之读书治学，盖将以脱心志于俗谛之桎梏，真理因得以发扬。思想而不自由，毋宁死耳。斯古今仁圣所同殉之精义，夫岂庸鄙之敢望？先生以一死见其独立自由之意志，非所论于一人之恩怨，一姓之兴亡[1]。

陈氏称王国维有"思想而不自由，毋宁死"的精神，并以"一死见其独立自由之意志"，可谓深得静安先生为学进境之言，反映出寅恪先生自己以及王国维在实现学者个人思想自由方面所达到的高度。王国维在1904年写的《教育偶感》中曾说过："人有生命，有财产，有名誉，有自由，此数者，皆神圣不可侵犯之权利也。"[2]把自由与生命、财产并列，同视为人类的一种权利，这种认知，只有现代学者才有可能。从而亦可看出，王国维对学者个人思想自由的追求，已不是作为感情的寄托，而成为一种自觉的理性规范。在中国传统学术中我们看不到这种状况。

主张学术独立比之追求学者个人的思想自由更能反映现代学术的特征，因为在中国古代，向来没有学术独立的传统。先秦时期诸子百家各自为说，学术气氛是很宽松的，因而士阶层活跃，国君可以待之以礼以师以友。但诸子竞言的

---

①陈寅恪：《金明馆丛稿二编》，上海古籍出版社，1980年，第218页。
②王国维：《静安文集》，《王国维遗书》第五册，商务印书馆，1940年，第105页。

目的，在于为治。儒家不必说，孟子雄辩滔滔，几乎要强加于人。而孔子不惜开空头支票："苟有用我者，期月而已可也，三年有成。"①又说："如有用我者，吾其为东周乎。"②但《史记·儒林列传》称"仲尼干七十余君无所遇"。设身处地，我们今天也不免为之悲凉。齐国稷下学派是以"不治而议论"著称的，可是《史记·孟子荀卿列传》说："自驺衍与齐之稷下先生如淳于髡、慎到、环渊、接子、田骈、驺奭之徒，各著书言治乱之事以干世主。"我们宁可相信司马迁的史笔。这还不说，据张舜徽先生考证，包括老子五千言在内的先秦道论，讲的都是人君南面之术。③如是，则先秦时期最多可以说，尚不失士阶层发表言论的自由，学术独立根本无从谈起。而竞相为别人立说，急不可待地追求现实功利的需要，诸子个人的思想并未获得学术上的自由。即便是当时那种有利于学术发展的自由气氛，也是在"天下大乱，圣贤不明，道德不一，天下多得一察焉以自好"④的特定情况下，才有可能维持。大前提是"周室衰而王道废，儒墨乃始列道而议，分徒而讼"⑤。当时是天下未治，有道无统，如《庄子·天下》所说："如耳目鼻口，皆有所明，不能相通。"不通故不能成统。一旦政权归一，治而有统，"列道而议"的局面便不复存在。所以秦有焚坑之举，汉有罢百家之

---

①分别见《论语·子路篇》和《论语·阳货篇》。

②分别见《论语·子路篇》和《论语·阳货篇》。

③张舜徽：《周秦道论发微》，中华书局，1982年。

④《庄子·天下》。

⑤《淮南子·俶真训》。

策。儒学虽被尊为正统，直接的意义是为士子升官晋爵提供机会，促进治、道合一，站在纯学术的立场，会发现尊之适足以卑之，与学术独立无缘。

这种情况直到晚清也未见根本的改变。王国维在《教育小言》中写道："今之人士之大半，殆舍官以外，无他好焉。其表面之嗜好集中于官之一途，而其里面之意义，则今日道德、学问、实业等，皆无价值之证据也。夫至道德、学问、实业等皆无价值，而惟官有价值，则国势之危险何如矣。"① 又说："吾人亦非谓今之学者绝不悦学也。即有悦之者，亦无坚忍之志，永久之注意。若是者，其为口耳之学则可矣，若夫绵密之科学、深邃之哲学、伟大之文学，则固非此等学者所能为事也。"② 王国维对晚清学术界的状况可以说不满意到了极点，尤其对学者不能一心向学、经常受学术以外因素的羁绊疾首痛心。他并且指出，由于我国从来缺少学术独立的传统，致使哲学、美术诸科没能得到应有的发展。他在1905年撰有《论哲学家与美术家之天职》一文，其中写道：

> 披我中国之哲学史，凡哲学家无不欲兼为政治家者，斯可异已。孔子大政治家也，墨子大政治家也，孟荀二子皆抱政治上之大志者也。汉之贾、董，宋之张、

①王国维：《静安文集续编》，《王国维遗书》第五册，商务印书馆，1940年，第56—58页。

②王国维：《静安文集续编》，《王国维遗书》第五册，商务印书馆，1940年，第56—58页。

程、朱、陆，明之罗、王，无不然。岂独哲学家而已，诗人亦然。"自谓颇腾达，立登要路津，致君尧舜上，再使风俗淳。"非杜子美之抱负乎？"胡不上书自荐达，坐令四海如虞唐。"非韩退之之忠告乎？"寂寞已甘千古笑，驰驱犹望两河平。"非陆务观之悲愤乎？如此者，世谓之大诗人矣。至诗人之无此抱负者，与夫小说、戏曲、图画、音乐诸家，皆以俳儒、倡优自处，世亦以俳儒、倡优畜之。所谓"诗外尚有事在""一命为文人，便无足观"，我国人之金科玉律也。呜呼，美术之无独立之价值也久矣。此无怪历代诗人多托于忠君爱国、劝各惩恶之意，以自解免。而纯粹美术上之著述，往往受世之迫害，而无人为之昭雪者也。此亦我国哲学、美术不发达之一原因也。[1]

应该说明的是，王国维所说的"美术"一词，兼有美学与艺术双重涵义，他是站在追求学术独立的角度，批评中国历来"无纯粹之哲学"及"纯粹美术"，认为这种状况是"哲学家、美术家自忘其神圣之位置与独立之价值"[2]。哲学就是哲学，美术就是美术；哲学与美术的价值即藏于哲学与美术自身。从历史上看，王氏所论也许有偏执一端之嫌，但联系晚清学术界的实际情形，鉴于士大夫"之嗜好集中于官

---

①王国维：《静安文集》，《王国维遗书》第五册，商务印书馆，1940年，第102页。

②王国维：《静安文集》，《王国维遗书》第五册，商务印书馆，1940年，第102页。

之一途"，不对学术形态作如此分野，从理论上剔除学术以外因素的纷扰，不足以让学术独立的思想得以确立。

不只是王国维，现代学者中的许多大师巨子都对学术应该独立问题有所共识。熊十力大声疾呼："今日所急需者，思想独立，学术独立，精神独立。一切依自不依他，高视阔步，而游于广天博地之间。空诸依傍，自诚自明，以此自树，将为世界文化开辟新生命，岂为自救而已哉。"[1]冯友兰《南渡集》下编设专节探讨"大学与学术独立"问题，提出"我们必须做到在世界各国中，知识上的独立，学术上的自主"[2]。陈寅恪1931年撰有《吾国学术之现状及清华之职责》一文，说"吾国大学之职责，在求本国学术之独立，此今日之公论也"[3]。在谈到搜集学术研究资料不易，对有的人视奇书珍本为奇货，秘不示人，甚而"待善价而沽之异国"，寅恪先生认为不仅是辜负了新材料，同时也是"中国学术独立之罪人"[4]。梁启超晚年对学术独立问题也有极深刻的反省，认为自己平生"屡为无聊的政治活动所牵率，耗其精而荒其业"[5]，是不可挽回的损失。陈独秀更以《学术独立》

①蔡仁厚：《熊十力先生学行年表》，台北明文书局，1987年，第121页。

②冯友兰：《三松堂全集》第五卷，河南人民出版社，1986年，第482—483页。

③陈寅恪：《金明馆丛稿二编》上海古籍出版社，1980年，第317、318页。

④陈寅恪：《金明馆丛稿二编》上海古籍出版社，1980年，第317、318页。

⑤梁启超：《清代学术概论》，《梁启超论清学史二种》，复旦大学出版社，1985年，第74页。

为题，撰写专论，提出："中国学术不发达之最大原因，莫如学者自身不知学术独立之神圣。"①萧公权在《学术独立的真话》一文中则说："所谓学术独立，其基本意义不过就是：尊重学术，认学术具有本身的价值，不准滥用它以为达到其它目的之工具。"②许多学术大家和思想健将众口一词，共道学术独立之重要，或展望未来，或回思猛醒，都以极沉痛之言表而出之，我们可不能小视这一点。须知当他们倡言学术独立的时候，为民族文化托命之志未曾有稍许改变，相反，他们从自己的亲身经历中体认到，争得学术独立是实现为民族文化托命的前提条件。

王国维等现代学者这种苦苦追求思想自由和学术独立的精神弥足珍贵。正是这一点构成了中国传统学术向现代学术转换的最重要的标志，并将成为中国现代学术的一个传统规范永远流传开去。至于事实上是否争得了学术独立，是另一个问题，下面笔者将予以探讨。

中国现代学者何以难于安身立命

中国现代学者对学术独立的追求，实际上是在为自己寻找和建立文化托命的安立之基。不幸得很，这样一块理想的基地他们并没有找到。原因是多方面的，既有学者主观方面

---

①《陈独秀著作选》第1卷，上海人民出版社，1993年，第389页。

②萧公权：《迹园文录》，《萧公权全集》之九，台北联经出版公司，1983年，第248—249页。

的原因，也有客观环境的原因；既有学术本身的原因，又有学术以外的原因。单就学术本身而言，我认为有四重障蔽在妨碍着学者的主观认知。这些障蔽在现代学术开辟人物比如王国维那里，本来已获得解决，但就学术思想的总体来看一直是论而未断、议而不决的大课题，尤其没有成为社会公认的学术思想潮流。而这些障蔽能否破除，不仅关系到中国学术的独立问题，也关系到如何从思想上完成传统学术向现代学术的转变。下面请分别试论之。

障蔽之一：学术是手段还是目的

在中国传统学术里，学术从来是一种手段，没有人把学术当作目的看待。所以中国古代没有学术独立的传统。其实对研究学术的学者来说，学术本身就是目的。就是为了学术而研究学术，为研究而研究，才能保持学术的独立性。王国维对此看得很清楚，他在《论近年之学术界》一文中写道："欲学术之发达，必视学术为目的，而不视为手段而后可。"又说："学术之所争，只有是非真伪之别耳。于是非真伪之别外，而以国家、人种、宗教之见杂之，则以学术为一手段，而非以为一目的也。未有不视学术为一目的而能发达者。学术之发达，存于其独立而已。"[①]他竭力反对把哲学、文学当作政治附庸的做法，认为哲学也好，文学也好，自有其独立价值。他说："彼等言政治则言政治已耳，而必欲渎

①王国维：《静安文集》，《王国维遗书》第五册，商务印书馆，1940年，第96、97页。

哲学文学之神圣，此则大不可解者也。"①王氏此文写于1905年，正是他从叔本华转向康德时期，上述对哲学与美术独立价值的看法，不无康德审美超功利理论的影响。但强调学术不是手段而是目的，则是一种现代学术意识，对促进学术的发展甚具助力。

梁启超一生颠簸多变，但对于学问不曾一刻稍忽，越到晚年越能省察自己，尤多明通深识之论。1920年撰写《清代学术概论》，走笔至晚清一节，不觉痛乎言之："而一切所谓新学家者，其所以失败，更有一种根源，曰不以学问为目的而以为手段。时主方以利禄饵诱天下，学校一变名之科举，而新学亦变质之八股。学子之求学者，其什中八九，动机已不纯洁。用为敲门砖，过时则抛之而已。"②谁都知道任公先生是晚清新学家的文化班头，他这样批评新学家，无疑把自己也包括在内了。从而可见他对学术是目的这一真理性认知，持论多么坚决。

障蔽之二："有用之学"和"无用之学"

学者为学，究竟是否一定要求其有用，也是历来争论不休的问题。中国传统上是强调学术的实用性的，所以才认为学术是手段。其实学术的有用与无用，不是可以简单回答的问题。王国维看得最辩证，他认为"凡学皆无用也，皆有用也"，理由是："天下之事物，非由全不足以知曲，非致曲不

---

①王国维：《静安文集》，《王国维遗书》第五册，商务印书馆，1940年，第96、97页。

②梁启超：《清代学术概论》，《梁启超论清学史二种》，复旦大学出版社，1985年，第80页。

足以知全。虽一物之解释，一事之决断，非深知宇宙人生之真相者，不能为也。而欲知宇宙人生者，虽宇宙中之一现象，历史上之一事实，亦未始无所贡献。故深湛幽渺之思，学者有所不避焉；迂远繁琐之讥，学者有所不辞焉。事物无大小，无远近，苟思之得其真，纪之得其实，极其会归，皆有裨于人类之生存福祉。己不竟其绪，他人当能竟之；今不获其用，后世当能用之。"[1]如果一定要求学问有今天的用处、直接的用处、现实的用处，不用说人文学科，即使自然科学，也不能满足此项要求。梁启超在《清代学术概论》里也曾探讨过这个问题，他写道：

正统派所治之学，为有用耶？为无用耶？此甚难言。试持以与现代世界诸学科比较，则其大部分属于无用，此无可讳言也。虽然，有用无用云者，不过相对的名词。老子曰："三十辐共一毂，当其无，有车之用。"此言乎以无用为用也。循斯义也，则凡真学者之态度，皆当为学问而治学问。夫用之云者，以所用为目的，学问则为达此目的之一手段也。为学问而治学问者，学问即目的，故更无有用无用之可言。庄子称"不龟手之药，或以霸，或不免于洴澼絖"，此言乎为用不为用，存乎其人也。循斯义也，则同是一学，在某时某地某人治之为极无用者，易时易地易人治之，可变为极有用，是

①王国维：《国学丛刊序》，《观堂别集》卷四，《王国维遗书》第四册，商务印书馆，1940年，第7页。

故难言也。其实就纯粹的学者之见地论之，只当问成为学不成为学，不必问有用与无用，非如此则学问不能独立，不能发达。[①]

任公先生所论非常明通达辨，与王国维的看法相得益彰，可以说已经把学术的有用无用问题析论得至为透辟。但理论上获致解决，不等于实践中不发生纷扰。何况传统学术中的"经世致用"思想根深蒂固，早已影响了中国学术的整体面貌。

"经世致用"之说最早为清初学者顾炎武所力主，在矫正明代读书人空谈心性、以理学为禅学的空疏学风方面，有进步作用。这本来是学术思想的嬗变之常：一则以虚，一则以实，风气相消，流转递长。问题是宋明理学以及心学也未尝不讲究"致用"，只不过它强调"用"在内敛方面，先"正"其"心"，而后"治国平天下"。在"治平"的中间环节"正心"阶段稍事整顿，人们便认为宋明学者不重视"致用"，实乃大错。要之，这种思想在中国学术史上实在是一以贯之的。影响所及，直到今天仍在起作用。也可以说这是中华民族的一种思想文化传统，原没有什么不好，与其说是缺点，不如说是特点。只是到了20世纪以后，这一传统需要加以转化，方能有利于现代学术的发展。梁启超说得好："殊不知凡学问为物，实应离'致用'之意味而独立生存，

---

①梁启超：《清代学术概论》，《梁启超论清学史二种》，复旦大学出版社，1985年，第40页。

真所谓'正其谊不谋其利，明其道不计其功'。质言之，则有书呆子，然后有学问也。"①

障蔽之三：中学西学之争

中国现代学术是在西方学术思潮的冲击与刺激之下，传统学术发生蜕变的产物。在流向上包含着对传统的省察和对西学的回应两个方面。省察传统，必然要联系世界；回应西学，不能不联系传统。因而一开始就有一个如何处置中国学术与西方学术的关系问题。本来在古代学术发展过程中，涉及不同国度和民族之间的文化交流，也碰到过这类关系，但并不成为问题。因为中华文化的特点，向以强大的融化力著称于世，对外来思想初不以如何迎拒为意。显例是对印度佛教的吸收，一方面化作认知上的幽渺之思，另一方面易地嫁接，开出艺术与文学的灿烂花朵，直到后来演变为禅宗，完全变成本民族的宗教思想体系。可以毫不夸张地说，这是中外思想接触史上的奇观。但到了晚清，情况有所不同，西方思想如狂风暴雨般袭来，而且是伴随着船坚炮利长驱直入，受动一方便大有招架不住之势。一时迎拒乏策，进退维谷，于是发生了激烈的中学西学之争。南皮太保张之洞提出的"中学为体，西学为用"，就是因应西方文化冲击的一种主张。这种主张的政治效果如何，非本文范围，姑且不赘，仅就学术层面而言，则是一种文化防守主义，殊不利于学术本身的发展。可是谁曾想到，张氏的说法却成了近百年来中国

①梁启超：《清代学术概论》，《梁启超沦清学史二种》，复旦大学出版社，1985年，第80页。

思想文化界众说不尽的话题，每到东西方文化剧烈冲突之时，就有人重新议论一番。

其实在这个问题上人为的障蔽比实际分歧要多得多。王国维曾说这是个不成问题的问题，根本否认中西在学问上会有什么不可调和的矛盾。他的结论是"学无中西"。为什么这样主张？他作了详细分析：

世界学问，不出科学、史学、文学。故中国之学，西国类皆有之；西国之学，我国亦类皆有之。所异者，广狭、疏密耳。即从俗说，而姑存中学、西学之名，则夫虑西学之盛之妨中学，与虑中学之盛之妨西学者，均不根之说也。中国今日实无学之患，而非中学、西学偏重之患。京师号学问渊薮，而通达诚笃之旧学家，屈十指以计之，不能满也。其治西学者，不过为羔雁禽犊之资，其能贯串精博，终身以之如旧学家者，更难举其一二。风会否塞，习尚荒落，非一日矣。余谓中、西二学，盛则俱盛，衰则俱衰。风气既开，互相推助。且居今日之世，讲今日之学，未有西学不兴而中学能兴者，亦未有中学不兴而西学能兴者。特余所谓中学，非世之君子所谓中学；所谓西学，非今日学校所授之西学而已。治《毛诗》《尔雅》者，不能不通天文、博物诸学；而治博物学者，苟质以《诗》《骚》草木之名状而不知焉，则于此学固未为善。必如西人之推算日食，证梁虞邝、唐一行之说，以明竹书纪年之非伪，由《大唐西域记》以发见释迦之支墓，斯为得矣。故一学既兴，他学

自从之。此由学问之事，本无中、西，彼鳃鳃焉虑二者
之不能并立者，真不知世间有学问事者矣。[1]

这番论述见于1914年王国维为《国学丛刊》所写的序
言，正值他的学术成熟期，所谓中学西学，早已在他心目中
熔为一炉，不见隔梗。

请注意，王国维讲的是"学""学问"，不是泛指东西方
文化。对文化现象进行专门研究谓之学。文化联系着人种和
民族，不同民族具有不同的文化系统。但学术上的广狭深浅
密疏与文化的异同不能等量齐观。由于文化背景殊异，所处
社会历史的发展阶段有别，中西学术思想的表现形态和思维
惯性纵使参差互见，学理的正误和心理的规律，应该是殊途
同归，化百为一。王国维提出中西学术"互相推助"说，反
对把两者人为地对立起来，甚具卓识。钱锺书先生在《谈艺
录》序言里亦曾说过："东海西海，心理悠同；南学北学，
道术未裂。"[2]此联可为中国现代学术史上的中学西学之争下
最后断语。

实际上，现代学术思想必然是一个并纳兼容的具有开放
性格的体系。所谓学术上的中西之争，无异于强分畛域，自
结牢笼。人类进入20世纪，为学而不能与世界文化对话，算
不得现代学者。王、钱两位现代学术大家在这个问题上异口

---

①王国维：《国学丛刊序》，《观堂别集》卷四，载《王国维遗书》第四册，
商务印书馆，1940年，第7页。
②钱锺书：《谈艺录》，中华书局，1984年，第1页。

同音，殊堪玩味。

障蔽之四：新旧古今之辨

如果说中西之争是中国传统学术向现代学术转型必然遇到的问题，那么新旧古今之辨比中西之争要古老得多，只不过发展到清末民初表现得更为激烈。当时社会变动加剧，思想波涛汹涌，新党旧党、新学旧学，人人说得口滑。而时尚趋新，人情恋旧，中外古今歧见旁出，学问之道遂为此无尽的争论所蔽。只有洞明世事、空诸依傍的大家，能够越纷沓而执一，不为新旧之说所惑。散原老人在谈到父尊陈宝箴时说过："府君独知时变所当为而已，不复较孰为新旧，尤无所谓新党、旧党之见。"[1]陈寅恪为学为文，也是有宗无派，"惟偏蔽之务去，真理之是从"[2]，殊不以新旧为然。义宁学风，祖孙三代一以贯之。

王国维在驳难学术的中西之争和有用无用的同时，对新旧古今之辨也有极透辟的说明。他认为"学无新旧"，理由是："天下之事物，自科学上观之，与自文学上观之，其立论各不同。自科学上观之，则事物必尽其真，而道理必求其是。凡吾智之不能通，而吾心所不能安者，虽圣贤言之，有所不信焉；虽圣贤行之，有所不谦焉。何则？圣贤所以别真伪也，真伪非由圣贤出也；所以明是非也，是非非由圣贤立也。自史学上观之，则不独事理之真与是者，足资

---

① 陈三立：《巡抚先府君行状》，《散原精舍文集》，辽宁教育出版社，1988年，第114页。

② 陈寅恪：《三论李唐氏族问题》，《金明馆丛稿二编》，上海古籍出版社，1980年，第304页。

研究而已，即今日所视为不真之学说，不是之制度风俗，必有所以成立之由，与其所以适于一时之故。其因存于邃古而其果及于方来，故材料之足资参考者，虽至纤悉不敢弃焉。故物理学之历史，谬说居其半焉。哲学之历史，空想居其半焉。制度风俗之历史，弁髦居其半焉。而史学家弗弃也。此二学之异也。然治科学者，必有待于史学上之材料。而治史学者，亦不可无科学上之知识。今之君子非一切蔑古即一切尚古，蔑古者出于科学上之见地，而不知有史学，尚古者出于史学上之见地，而不知有科学。即为调停之说者，亦未能知取舍之所以然。此所以有古今新旧之说也。"①

　　王国维把学问分为三大类，即科学、史学和文学。他认为三者之间互相有待，不必自设畛域，是丹非素。斤斤于古今新旧的畛域难通，是学者的自蔽，大不利于学术的发展。况且学术上的新与旧、今与古，彼此之间总会有连结贯穿的思想脉络，今由古时来，新自旧中生，主要看是否合乎科学，接近真理。1961年，当年清华国学研究院的主任、诗人吴宓赴广州中山大学探望清华国学研究院四导师之一的陈寅恪先生，长时间交谈后得一结论："在我辈个人如寅恪者，决不从时俗为转移。"此一结论代表着中国现代学术传统的真精神。而吴、陈两位，就是王国维遗嘱托为处理书籍者，实即文化托命之人。

---

　　①王国维：《观堂别集》卷四，《王国维遗书》第四册，商务印书馆，1940年，第7—8页。

王国维写道："学之义不明于天下久矣。今之言学者，有新旧之争，有中西之争，有有用之学与无用之学之争。余正告天下曰：学无新旧也，无中西也，无有用无用也。凡立此名者，均不学之徒，即学焉，而未尝知学者也。"①说得激切而不留余地，可见其体认之深。但这个问题当时后世是否已获致解决？应该说没有。几十年后提出的"厚今薄古""古为今用""洋为中用"，毋庸说也是因应此一问题的一种对策罢。单是在学理的认知上就蒙上这许多障蔽，而且左扯右捎，不得廓清，宜乎中国现代学者难于以学术为宗基求立命安身也。

1991年11月写定

（原载《中国文化》第6期）

---

①王国维：《观堂别集》卷四，《王国维遗书》第四册，商务印书馆，1940年，第7—8页。

新文化背景下的文言与白话

"百年"概念在中国文化中的想象意涵

　　西方人研究思想文化，注重"历史时刻"，历史就是人的活动，特殊的人物、特殊的事件，在特定的历史时期出现和发生，会引起诸多联想和反思，会在当时后世留下记忆。中国人看问题，对时间、地点、人物有特殊的关注，对年份数字尤其敏感。大家可能会想到最早的经典文本《易经》，里面充满了数字的迷阵。卦有八，演而为六十四，爻有三百八十四，阳爻代之以九，阴爻待之以六，布列起来变化无穷。《易经》的系辞还说，天数二十五，地数三十，五十是大衍之数等。数和象是互为关联的，《易经》所蕴含的既是义理之学，又是象数之学。

　　生活中或者文学作品中也常有这类似乎藏有玄机的数字出现。《阿Q正传》里说，"二十年又是一条好汉"。《红楼梦》里元春的判词有"二十年来辨是非"的句子。俗语说，三十年一转，又有"三十年河东，三十年河西"的说法。那么百年，就是三转了，也就是由东到西、再由西到东，又转回来了。杜甫《秋兴八首》的第四首，很有名的两句诗是："闻道长安似弈棋，百年世事不胜悲。"《秋兴八首》写于纪元776年，作者在夔州时所作，上距贞观之治刚好过去一百余年，衣食丰足、社会安定、天下友人争向长安一游的"开元全盛日"（杜甫《忆昔》）看不到了，因为经过了安史之乱，唐朝的气象已由盛转衰，所以诗人发为感叹，说"百年世事不胜悲"。

历史学家陈寅恪对百年中国的反思和审视，更自不同。因为他的祖父陈宝箴是1895到1898年的湖南巡抚，在他父亲陈三立的襄助下推行湖南新政，全国的改革精英一下子聚集在湖南，梁启超、黄遵宪、谭嗣同、熊希龄、皮锡瑞、唐才常都在那里。当时湖南的改革走在全国最前面，气象日新，成绩斐然，带动了戊戌之年由光绪皇帝发大愿施行的变法维新。但1898年八月初六，慈禧太后发动政变，囚禁光绪，杀谭嗣同等六君子，通缉康有为、梁启超，严厉惩处变法维新人士，陈寅恪的祖父和父亲被革职永不叙用，随后又在1900年将陈宝箴密旨赐死。因此陈寅恪的百年记忆充满了哀伤。当1958年康有为百年诞辰之时，陈寅恪写了一首诗，其中写道："此日欣能献一尊，百年世事不须论。"他认为戊戌维新以来的一百年的历史，基本上是一步行来错，转眼百年身。所谓对和错，主要指变法采取激进的办法还是渐进的办法。他的潜台词是，如果当年的变法按他祖父和父亲的策略，采取渐进的方式，后来的情况会有所不同。

《红楼梦》的作者曹雪芹和扬州有关系。曹雪芹的曾祖父曹玺和祖父曹寅，曾接连任江宁织造，有时兼任两淮巡盐御史，而盐官的御史衙门就设在扬州。所以曹雪芹的朋友写诗，有"扬州旧梦久已觉"的句子。《红楼梦》里写秦可卿托梦给王熙凤，也说"我们家赫赫扬扬，已将百载"，预示这个家族将要发生什么事情。

五四运动的远因和近因

发生在1919年的五四运动，至今刚好一百年了。五四运动的发生有"远因"和"近因"。近因是1918年第一次世界大战结束，中国虽未参战，但为牵制日本，由开始的宣布中立，到1917年明确站在了协约国一方，结果却受到巨大损失。主要是日本图谋山东半岛，北洋政府被迫签订了丧权辱国的"二十一条"，国内群情愤激，北大学生游行，开始了五四运动。远因则是近代以来的社会变迁和文化觉醒。甚至可以追溯到嘉庆、道光以来的清朝走下坡路，对西方东来的势力因应失措。早期觉醒人士提出了"自改革"的要求，这个从龚自珍和魏源就开始了。但"自改革"的诉求虽好，权力阶层最不愿意看到的就是因改革而失去既得的利益。有改革的需求，却制定不出改革的措施。于是有1840年的鸦片战争和1860年的英法联军火烧圆明园。眼睛里只有中国而不知有世界的清朝统治者，这才意识到自己落后了，决定设立总理各国事务衙门，专门处理"夷务"，职能相当于外交部。同时开始了以张之洞为代表的持续三十多年的洋务运动，成果是办起了一些现代的工厂，可以生产洋枪洋炮，并建立了一支规模可观的北洋舰队。可是又发生了1894年的中日甲午战争，中国惨败，辛苦建立的北洋舰队全军覆没。次年签订的《马关条约》损失惨重，巨额赔款不说，宝岛台湾也割让给了日本人。泱泱大国被东邻的"蕞尔小国"打败，一时舆论哗然，全国愤然。1895年到1898年的三年改革运动，最后发展到1898年即戊戌之年的百日维新，对甲午惨败的民意回应汹涌而起。

可是中国人所受到的伤害并未到此为止。1900年由山东而河北的义和团发生，清廷开始是要剿而灭之，后来决定加以利用，将其作为对付洋人的工具，为自己的虚弱壮胆。这样一来，反而把事情闹大了，导致十一国外军打到京城，慈禧携光绪西逃，从山西而陕西。一年后才返回，签订了代价空前的《辛丑条约》。当时的中国日子已经过不下去了，不进行改革再没有出路，所以有立宪的拟议。滑稽的是把这样的大事叫作"准备立宪"。这里必须提到，1898年严复翻译的《天演论》出版，对中国思想界的冲击，如同思想的飓风。"物竞天择，优胜劣败。"知识人士仿佛一下子找到了中国病痛的根源。终于，在1905年，清廷宣布废止延续一千多年的科举考试制度，代之以新式学堂的建立，北京大学的前身京师大学堂就在这样的时代环境下成立。

与此同时，孙中山领导的革命也逐渐酝酿成熟，于是有1911年辛亥首义的成功。辛亥革命后，蔡元培出任教育总长，他提倡新式教育，反对读经。但他的好友、被蔡先生请来担任教育部秘书长的马一浮认为经不可废。由于主张不同，马一浮离开教育部，回到杭州，在陋巷里读书做学问。然而辛亥革命之后，政治越变越奇，不久有张勋复辟，袁世凯称帝，称帝不成，军阀混战。五四运动就是在这样的远因和近因交错的情况下发生的。走在前面的是青年学生，后面则是历经变乱开始觉醒的开明官吏、知识人士和广大群众。不过大的历史事件的发生，总离不开站在潮头的扮演领袖角色的历史人物。

1917年底，蔡元培就任北京大学校长，再次邀请他的学问渊博的浙江同乡马一浮担任文科学长，但马先生没有受邀，而是以"礼有来学，未闻往教"婉拒了。于是蔡先生改请《新青年》主编陈独秀担任文科学长，又聘请留样回来的胡适之担任北大教授。陈、胡这两位新文化领军人物执教北大，立刻使北大成为新文化的摇篮。而且陈独秀又将《新青年》杂志由上海迁到了北京，有威望的现代大学和有影响的媒体配合，新文化运动便有声有色地展开了。

蔡元培的方针是思想自由、兼容并包，新派人物固然占据了北大讲台，旧派人物也可以自立门户。学生领袖、五四游行走在最前面的傅斯年办起了《新潮》，固守旧学问的刘师培等照样办《国故》，彼此争论，两军对垒，打得非常热闹。当时的一个影响很大的事件是，1917年1月，胡适在《新青年》二卷五号发表《文学改良刍议》，提出"言文合一"，让白话文学应成为"中国文学之正宗"。随后陈独秀在同年二月的《新青年》二卷六号上发表《文学革命论》，加以呼应，提出文学革命的三大主义：一是推倒雕琢阿谀的贵族文学，建设平易抒情的国民文学；二是推倒陈腐铺张的古典文学，建设新鲜立诚的写实文学；三是推倒艰涩的山林文学，建设通俗的社会文学。胡、陈的文章被认为是五四文学革命的纲领。给以有力支援的是文字训诂学家钱玄同，他在《新青年》二卷六号发表回应胡适的《通信》，斥责骈俪对仗的文体为"桐城谬种"和"选学妖孽"。不久钱玄同成为《新青年》的编辑，并和刘半农演双簧，搜集各种反对文学革命的观点，化名王敬轩发表于《新青年》，然后由刘半农写万言长文《答王敬轩》，造成富有戏剧效果的文化辩难。而到1918年5月，《新青年》就改为用白话写作的刊物了。胡适的白话诗词，刘半农、李大钊、陈独秀的白话诗相继发表于《新青年》；特别是鲁迅《狂人日记》的发表，将白话文的声势引向高潮。

白话不可逆，文言不可废

那么当五四新文化运动百年之后，今天我们应该如何看待和反思当时的白话文运动呢？白话文运动对不对？文言文要不要全部废止？我的看法，五四白话文运动是有其历史渊源的，当时站在这个潮流最前面的人，绝非等闲之辈。无法否认，五四那个时候，没有上过学的中国人是很多的，有阅读能力的在总人口中应该是一小部分。至于读懂文言的文本，对大多数人而言是不现实的事情。在这种历史背景下，提倡白话书写有助于文化知识的普及。何况在中国历史文化的流变过程中，很早就有白话书写的前例了。就文学创作而言，宋元话本已经比较容易阅读，而明代的白话小说更成为一种流行，有名的"三言二拍"，就是大家熟悉的冯梦龙的《喻世明言》《警世通言》《醒世恒言》，和凌濛初的《初刻拍案惊奇》《二刻拍案惊奇》，都是白话小说。大部头的文人创作长篇小说，明朝的《金瓶梅》和清代的《红楼梦》，更是白话文学的典范之作。其实宋儒的语录基本上很接近白话，清末发现的一些敦煌卷子，有一些也用白话书写。而五四之前的戊戌维新前后，一些报刊文章明显向白话靠拢。特别是梁启超的"新民体"，介于文白之间，但感情充沛，可视为文言向白话的过渡时期的写作方式。那么五四白话文运动的发生，就不应该看作是部分知识人的偶然情绪冲动了。但当时的潮流所向，导致要废止文言，就是文化偏颇而不一定可取了。

中国几千年的文本典籍，基本上是文言为载体，中华文化的思想含藏保存在各式文言的文本之中。无论最早的六艺经典，还是先秦诸子，抑或两汉雄文，魏晋玄言，唐宋古文，以及诗骚、歌赋、乐府、唐诗、宋词、元曲，包括清末的同光体诗，文言写作功德彪炳，岂能随意抹掉。事实上，当时提倡白话的文化骁将，都有极好的文言根底，旧学积累更是丰厚。鲁迅就是一个典型，他诚然是提倡白话的急先锋，但他的文言文写得极合准的，早期的《科学史教篇》《文化偏至论》《摩罗诗力说》都是文言写就。《中国小说史略》基本上也是文言。他的白话可以说是典雅的白话，譬如《野草》《朝花夕拾》中的那些冷峻而又充满热血的杂文。之所以典雅，就是由于有文言的成分在发用，许多近乎死了的文言在鲁迅的白话写作中获得了新生命。至于诗歌创作，鲁迅的旧体诗是有名的，他的好友、小说家郁达夫也长于旧体诗的写作。更不用说那一时期其他的学者教授了。章太炎、康有为、梁启超、王国维、陈寅恪、萧公权、马一浮、钱锺书，哪一位不是传统诗词的行家里手，王国维认为他的词可以和宋人比个高下。

所以五四新文化运动有一个悖论，就是那些站在潮流前头提倡新文化的人士，几乎都是为传统文化所化之人。鲁迅说他是从旧垒中来，知道里面的底细，就是这个意思。譬如钱玄同，不仅主张白话，还提出过废除汉字，可谓反传统的最激进者。这里涉及新文化运动的另一桩公案，就是所谓汉字的拉丁化问题。不止钱玄同，谭嗣同、蔡元培、陈独秀、鲁迅、傅斯年、瞿秋白、吴玉章等，都有过类似主张。其实当民国初年，就有关于"国音统一"的动议，章太炎对拼音字母的编列就贡献过心智，现代语言学的翘楚赵元任更是不遗余力。而到三十年代至有《中国拉丁化字母方案》，和蔡元培、鲁迅、郭沫若、茅盾等六百多人签署的《我们对于推行新文字的意见》的刊布。他们的良苦用心是，汉字必须改革，不改革中国就没有希望。1949年之后推行的力度更大，以致1958年汉语拼音文字方案正式公布，国家语文委员会办起了《汉语拼音报》。当时我还在高中读书，看到《汉语拼音报》，我和我的老师都知道自己变成文盲了。今天反思五四以来的百年文化变迁，很容易惊异当时名满天下的新文化潮流的弄潮儿，何以走到如此偏颇的地步。汉字是中国文化的基本载体，汉字没有了，我们的固有文化何处安存？我们几千年的文化传统如何承传？在这些问题上，不能不说五四先贤因操之过急而违背了历史不能割断的文化规约。

但他们的用心是好的，他们想尽快改变现状，摆脱近代以来国力积贫积弱和被动挨打的局面。经济实力、军事实力、生活方式的落后固然，但所有这些落后的背后，是文化的落后。所以他们向中国固有文化开刀了，而且方便地找到了汉字这个"替罪"的羔羊。他们勇猛地不顾一切地冲向传统的网罗。鲁迅说："我们目下的当务之急是：一要生存，二要温饱，三要发展。苟有阻碍这前途者，无论是古是今，是人是鬼，是《三坟》《五典》，百宋千元，天球河图，金人玉佛，祖传丸散，秘制膏丹，全都踏倒他。"（鲁迅《华盖集·忽然想到》）五四新文化运动的决心和气势的确为已往所无，当时有人以五四狂飙称之，可谓若合符契。可他们又是一批有成就的旧学修养深厚的学者和文学家，他们的"反传统"是理性地检讨传统的各个方面，目的是找病因、救治病痛。为此他们已经到了饥不择食、无所不用其极的地步了。连陈独秀都说这种"用石条压驼背的医法"（《本志罪难之答辩书》，载《新青年》六卷一号）并不可取。

所以当钱玄同等五四先进人物遭到社会诟病的时候，蔡元培站出来说话了，这就是1919年3月18日刊载在《公言报》上的有名的《答林琴南书》。针对林纾提出的"非读破万卷，不能为古文，亦并不能为白话"之说，蔡先生回答道："北京大学教员中，善作白话文者，为胡适之、钱玄同、周启孟诸君。公何以证知为非博极群书，非能作古文，而仅以白话文藏拙者？胡君家世汉学，其旧作古文，虽不多见，然即其所作《中国哲学史大纲》言之，其了解古书之眼光，不让清代乾嘉学者。钱君所作之文字学讲义、学术文通论，皆大雅之文言。周君所译之《城外小说》，则文笔之古奥，非浅学者所能解。然则公何宽于《水浒》《红楼》之作者，而苛于同时之胡、钱、周诸君耶？"其为新文化领军人物和前驱人物胡适、钱玄同、周作人所作之辩护，可谓爱屋及乌，曲尽其情。

如今是非经久而论定，重新回思新文化运动的历史环境和发展过程，我们是否也会对当时那些文化前辈采取了解之同情的态度，在不讳言其思想不无偏颇的同时，也理所当然地感到其心可嘉、其情可悯呢？平心而论，当时的新派人物，思想有新也有旧，而旧派人物的思想有旧也有新。就个人德品修为而言，包括蔡元培、胡适之、钱玄同在内的许多贤者，无论衡之以新道德标准还是衡之以旧道德标准，几乎鲜有瑕疵，他们不愧为时代的文化典范。

当五四百年之际，我们反思新文化背景下的文言与白话问题，可以用两句话来概括：一是白话不可逆，二是文言不可废。在这个问题上不能走极端。前些时看到几位研究古典的人倡议文言写作，其实那个倡议用的文言就有很多不通的地方。文本书写的主流必然还是白话的时代，白话照样能写出好文章，写出好的语体诗。新诗的成就不应低估，出了许多第一流的诗人。写古体诗当然可以，问题在于是否修炼到可以写好的地步。当代写古体诗的，真正写好的屈指可数。近年我提出在小学、中学、大学一二年级开设国学课，其中就包括中学开始适当增加文言文的写作练习，冀图将来的文化人和知识人，或深或浅多少都能写一点文言，以备不时之需。文言有一种特殊的文本庄严，最能体现"临文以敬"的古训。

正如马一浮先生所说，立言为文，不仅在说理，还要达礼。达礼就需要临文以敬。早在抗战时期，马先生就对国家复兴后的文体问题，抱有极大的期待，提出："飞书走檄用枚皋，高文典册用相如，中土如有复兴之日，必不终安于鄙倍。但将来制诰之文，必须原本经术，方可润色鸿业，此尤须深于《诗》《书》始得。"[1]"鄙倍"一语，是曾子的话，他将"出词气，斯远鄙倍"（《论语·泰伯》）视为君子的一项可贵之道。意即发为言说，应该顺理成章，而忌讳有鄙恶倍戾之言入于词章。特别是一些特殊的礼仪场合，关乎贺祝、赞颂、碑铭、哀吊、祭奠等文事，以及国家的重要文告，适当使用文言可以让文本典雅蕴藉而又肃穆庄重，其效果远非通常的白话所能比并，则文言又岂可全废哉！

（原载2019年8月7日《中华读书报》）

---

①马一浮：《示王子游》，《马一浮集》第一册，浙江古籍出版社、浙江教育出版社，1996年，第667页。

曹雪芹何以最恶"妾妇之道"

——百年红学说索隐

　　我在《红楼梦与百年中国》一书的初版写过下面一段话："现在一切从学术出发，不废百家言，毫无拘束地重新检讨红学的历史和现状，分流梳脉，评短论长，固有豁然贯通之感。即便是索隐派的发呆犯傻，考证派的自结牢笼，小说批评派的自叹自赏，也不觉为异，反而别有会心。"当时这样说，固然是实情。但如今重新审视，发现这段话似有未安。主要是笔者对红学三派总的来说采取的是比较超越和尽量客观的立场，可是叙论之间，畸轻畸重的情形未能全免。我对红学索隐派，就批评得多了一些，给予了解之同情、发遑心曲则显得不够。

蔡元培《石头记索隐》的再检讨

　　实际上，从胡适之先生开始，就缺乏对红学索隐一派的深谅明察。蔡元培的《石头记索隐》被胡适指为"猜笨谜"，我以前虽然也同情蔡先生，学术立场却站在他的学生一边。

现在从头细想，蔡先生是何等样人物，他会莫名所以、随随便便地"猜谜"吗？即便"猜谜"，他会"猜"得那样"笨"吗？"《石头记》者，清康熙朝政治小说也。作者持民族主义甚挚，书中本事在吊明之亡，揭清之失，而尤于汉族名士仕清者寓痛惜之意。"试想这是多大的判断。如果书中毫无此种旨趣，蔡元培能够无指妄说吗？

至少，《红楼梦》里有反满思想，是许多研究者都承认的。我已往在文章中曾举过这方面的例子，这里不妨略作补论。第四十二回"蘅芜君兰言解疑癖"，宝钗揪住黛玉在行酒令时引用《西厢记》和《牡丹亭》的成句这根"辫子"，大施教诲说："你当我是谁，我也是个淘气的。从小七八岁上也够个人缠的。我们家也算是个读书人家，祖父手里也爱藏书。先时人口多，姊妹弟兄都在一处，都怕看正经书。弟兄们也有爱诗的，也有爱词的，诸如这些'西厢''琵琶'以及'元人百种'，无所不有。他们是偷背着我们看，我们却也偷背着他们看。后来大人知道了，打的打，骂的骂，烧的烧，才丢开了。所以咱们女孩儿家不认得字的倒好。"教诲到这里，照说已心明意了，不必再多所辞费。可是作者意犹未足，叫他的人物继续施教："男人们读书不明理，尚且不如不读书的好，何况你我。就连作诗写字等事，原不是你我分内之事，究竟也不是男人分内之事。"论题开始扩大化，由"女孩儿"转移到了"男人们"身上，内容不再局限于读书，"作诗写字"也包括在内了。

问题是接下去还有让我们更不明白的话。宝钗竟然说："男人们读书明理，辅国治民，这便好了。只是如今并不听见有这样的人，读了书倒更坏了。"这就完全超出了宝钗教诲黛玉所应该包含的内容，甚至也超出了作品人物的语言规定情境。这不是人物在说话，而是作者在说活。"读书明理，辅国治民"的"男人们"，作者"如今"不止是见不到，连听都没听说过；他听到看到的都是"读了书倒更坏了"的"男人们"。这样下断语，不能说不具有相当严重的性质，甚至也违背了以"温柔敦厚"著称的《红楼梦》风格。

因而我们禁不住要追问，究竟是出于什么样的原因，作者这样发狠地骂当时的"读书人"？在当时的背景之下，"读书人"的什么样的品质，更不容易为《红楼梦》的作者所原谅，也就是"读了书倒更坏"？由不得让人想起蔡元培的《石头记索隐》所揭示的话："尤于汉族名士仕清者寓痛惜之意。"顾宁人有言："士大夫之无耻，是谓国耻。"又说："顷读《颜氏家训》有云：'齐朝一士夫尝谓吾曰：我有一儿，年已十七，颇晓书疏，教其鲜卑语及弹琵琶，稍欲通解。以此服侍公卿，无不宠爱。吾时俯而不答。异哉，此人之教子也。若由此业自致卿相，亦不愿汝曹为之。'嗟乎！之推不得已而仕于乱世，犹为此言，尚有《小宛》诗人之意，彼阉然媚于世者，能无愧哉！"顾炎武所痛恨的，正是那些"阉然媚于世"的读书人，可以说和曹雪芹同发一慨。如是，则蔡元培的《索隐》是不是并不如他的学生所说是在"猜笨谜"，而是多少也有一点耐人寻味之处呢？

还不止此。《红楼梦》对科举制度持否定态度，这方面的描写、言论甚多，读者和研究者目所共见，应无异词。但我有时想，否定倒也罢了，何以态度那样严厉、决绝，连用语都超越常格。贾宝玉把热衷仕途经济、走科举考试道路的读书人叫作"国贼禄鬼",这骂得未免太不留余地了。而且还发明一个新词,称这种人为"禄蠹"。这显然已经不是一般的否定,而是感情色彩极浓烈的詈骂,可以说已经骂到了刻骨铭心的地步。因此我们不禁疑惑,作者这样做难道仅仅是对持续了一千多年的传统社会的科举制度发泄不满吗?是不是还有什么弦外之音?我怀疑《红楼梦》作者泰半由抽象上升到了具体,更直接的对象是清朝的笼络知识分子的怀柔政策,正是这种政策羁縻得一些知识分子"媚于世"而贪求荣宠,特别是那些"仕清"的"名士",其表现最具典型性。否则便不容易解释为什么一定要骂到这种地步——斥为"禄鬼",或称作"禄蠹",已经很有分量了,却还要指为"国贼",上升到破坏传统社会道德与法的最高一个级次。而且"国贼"之"国",是不是也存在一个"明"和"清"的分野问题?可否认为蔡先生提出的"书中本事在吊明之亡,揭清之失",从这里也透露出一定的消息?

曹雪芹何以最恶"妾妇之道"

笔者近年颇读陈寅恪先生之书,于义宁之学的心曲偶有会心,知道其晚年所著之《柳如是别传》,"古典"往往绾合着"今情",通过表彰柳如是的"独立之精神,自由之思想",一方面鞭笞明清鼎革之际的失却操守的士大夫阶层,另一方面对现实生活中的没有气节的知识分子也表示了嘲讽之意。"改男造女态全新,鞠部精华旧绝伦""涂脂抹粉厚几许，欲改衰翁成姹女"，这些诗句表明，寅恪先生最不能容忍的是知识分子躬行"妾妇之道"。

《红楼梦》的作者对"妾"似乎也没有什么好感。书中写到的许多"妾"，德行言动都大成问题。最突出的是赵姨娘，作者的态度不是一般的对自己作品人物的批评、贬抑、谴责，而是充满了情感上乃至生理上的厌恶。曹雪芹的笔墨本来很忠厚，即使是反面人物，也决不流于简单化。王熙凤劣迹至多，但她聪明能干，自有可爱处。薛蟠之低俗陋劣（还有命案），人皆知晓，但他又有讲义气、不奸猾的一面。唯有赵姨娘，可以说一无是处。《红楼梦》中没有第二个人物被作者描写得如此不堪。我们简直不明白作者为什么要这样做。也许只有一种解释，那就是他特别厌恶"妾"，成心与"妾"过不去。所以对一心想获得妾的地位的花袭人他也不具任何好感。而对不愿做妾的鸳鸯姑娘，却格外敬重。

第四十六回"鸳鸯女誓绝鸳鸯偶"，围绕做妾和不做妾的问题，掀起一场牵动面极广的风波，贾母、贾赦、邢夫人、王夫人、凤姐、宝玉、袭人、平儿等贾府上下人等，都卷了进去。且不论贾府各色人物在此一事件中的不同态度和表现，只看鸳鸯的几段说辞就颇为出人意表。贾府的大老爷贾赦看中了"老祖宗"屋里的丫鬟，要作为妾来收房，这在当时的大家族里，是再平常不过的事情。大太太邢夫人为博"贤惠"之名，亲自去说项，结果碰了钉子，又派鸳鸯的嫂子出马，戏剧性的场面便发生了——

他嫂子笑道："你跟我来，到那里我告诉你，横竖

有好话儿。"鸳鸯道:"可是大太太和你说的那话?"他
嫂子笑道:"姑娘既知道,还奈何我! 快来,我细细的
告诉你,可是天大的喜事。"鸳鸯听说,立起身来,照
他嫂子脸上下死劲唾了一口,指着他骂道:"你快夹着
屁嘴离了这里,好多着呢! 什么'好话'! 宋徽宗的鹰,
赵子昂的马,都是好画儿。什么'喜事'! 状元痘儿灌
的浆儿又满——是喜事。怪道成日家羡慕人家女儿作了
小老婆,一家子都仗着他横行霸道的,一家子都成了小
老婆了! 看的眼热了,也把我送在火坑里去。我若得脸
呢,你们在外面横行霸道,自己就封自己是舅爷了。我
若不得脸败了时,你们把王八脖子一缩,生死由我。"

172

　　鸳鸯这番话诚然是痛快淋漓,但细审话语的向度,"羡
慕人家女儿作了小老婆"这一类话语,作为情急之词,倒也
并不违乎情理,问题是还进而说"一家子都成了小老婆",
就难免有出挑之感。联想到传统社会向来有"家""国"一
体的特征,读者禁不住会想:作者到底是在骂谁呢? 更奇的
是鸳鸯当着贾母的面发誓不从不嫁时,竟然提到"日头月亮
照着嗓子",这不分明暗寓着一个明朝的"明"字吗?

　　而贾母就此事发出责难又说:"你们原来都是哄我的!
外头孝敬,暗地里盘算我。有好东西也来要,有好人也要。"
既要好东西,又要好人,正是当年南下清兵的行事方式。看
来《红楼梦》中有关明清史事的待发之覆不少。虽然我个人
并不坚执研究《红楼梦》一定要把书中的情节和明清史事具
体联系起来,但如果有人这样做了,我想也应该得到不抱偏

见的学术同行的尊重。

《柳如是别传》与《红楼梦》

陈寅恪先生提倡对古人之学说,"应具了解之同情"的态度。他说:"必神游冥想,与立说之古人,处于同一境界,而对于其持论所以不得不如是之苦心孤诣,表一种之同情,始能批评其学说之是非得失,而无隔阂肤廓之论。"《柳如是别传》这话再好不过地体现了寅恪先生的这种学术精神。他固然不能谅解钱谦益等南明重臣的降清举动,但对清初知识分子的特殊处境也给予了深刻的了解与同情,尝说:"盖建州入关之初,凡世家子弟著声庠序之人,若不应乡举,即为反清之一种表示,累及家族,或致身命之危险。"又说:"关于此点,足见清初士人处境之不易。后世未解当日情势,往往作过酷之批评,殊非公允之论也。"于此可见,《红楼梦》作者对登科赴考人士采取那样严厉的痛而绝之、漫而骂之的态度,似不能视为一件小事,很难说没有政治态度和种族观念方面的复杂因素掺杂其中。

又比如第四回介绍李纨出场,作者特地标示李纨的父执李守中信奉"女子无才便有德"的信条。承《红楼梦会心录》的作者吕启祥教授见告,此典出自张岱的《公祭祁夫人文》,原作"丈夫有德便是才,女子无才便是德。"而张岱也是由明入清的气节峻洁的文学家,为了表示对清统治者的不满,曾"披发入山",宁为劳人。他的关于男女"德""才"的议论,必不致无指空发,而是同样绾合着当时的"今情"。

曹雪芹借用这个典故，我以为重心应在省去的上句里面，意在突出丈夫之"德"的重要。

明清易代，"甲申之变"继之以"乙酉之变"，南下之清兵，一路上攻伐掳掠，势如破竹，但同时也遭到了顽强的抵抗。许多州城县府的命官和守将，常常是坚持到最后，宁可殉之以身（有的是全家自杀），也不向强敌投降。而在南都倾覆之后，仍有志士仁人通过各种方式从事抗清活动。诚如寅恪先生所说："建州入关，明之忠臣烈士，杀身殉国者多矣。甚至北里名媛，南曲才娃，亦有心悬海外之云（指延平王），目断月中之树（指永历帝），预闻复楚亡秦之事者。"

我曾说晚周、晚明、晚清，是中国学术思想的历史转捩点，同时也是民族精神得以发苏与张扬的历史时刻，其中尤以明末清初所激发的文化之冲突更加悲壮惨烈。可是到了清中叶，特别是到了文字狱盛行的雍正与乾隆统治时期，中华民族的这种文化精神事实上已经耗磨得差不多了。《红楼梦》的大可贵处，就在于他的作者不顾密布的文网，用特殊的文学表现手法，重新与清初的思想潮流作一有力的呼应。

红学索隐派对《红楼梦》题旨的发掘因此固不可轻视。陈寅恪撰写《柳如是别传》，也不是只颂美传主河东君一个奇女子，对那一时期的可以"窥见其孤怀遗恨"的南国名姝，包括陈圆圆、董小宛、李香君、卞玉京、顾眉楼、黄皆令、林天素、王修微、杨宛叔、寇白门等，《柳如是别传》都或详或略地有所论列。而且在气节上，大都是这些婉娈小妇高过"当日之士大夫"。至于《红楼梦》的思想里面，显然同样包含有女性更要胜过男性的思想倾向。"金紫万千谁治国，裙钗一二可齐家""何事文武立朝纲，不及闺中林四娘"，这样一些诗句，已将此种倾向表露得非常直接。再联系到清初流行的"今日衣冠愧女儿"的说法，如果有论者说生于康熙末年、直接遭遇抄家之变的曹雪芹，很可能与明清易代所引发的思想冲突存在某种历史渊源，我们于是就说这是"猜笨谜"，恐怕不合于现在人人都在倡导的学术自由和学术民主的风尚。

《柳如是别传》的第三章有下面一段话，尤其值得引起我们的注意："寅恪尝谓河东君及其同时名姝，多善吟咏，工书画，与吴越党社胜流交游，以男女之情兼师友之谊，记载流传，今古乐道。推原其故，虽由于诸人天资明慧，虚心向学所使然。但亦因其非闺房之闭处，无礼法之拘牵，遂得从容与一时名士往来，受其影响，有以致之也。"寅恪先生描述的这种情形，适可与《红楼梦》中大观园里面的众女性相比勘。只是寅恪先生在这里没有征引《红楼梦》，他用来取比的是与《红楼梦》同时的另一部小说《聊斋志异》。他说："清初淄川蒲留仙松龄《聊斋志异》所记诸狐女，大都妍质清言，风流放诞，盖留仙以齐鲁之文士，不满其社会环境之限制，遂发遐思，聊托灵怪以写其理想中之女性耳。实则自明季吴越胜流观之，此辈狐女，乃真实之人，且为篱壁间物，不待寓意游戏之文，于梦寐中以求之也。若河东君者，工吟善谑，往来飘忽，尤与留仙所述之物语仿佛近似，虽可发笑，然亦足藉此窥见三百年前南北社会风气歧异之点矣。"《聊斋志异》作者的意中人恰合于明季南国名姝的性格特点，那么明季南国名姝的生平行事为什么不可以通过《红楼梦》的方式得到艺术的再现呢？

　　另据陈寅恪先生考证，柳如是在与钱牧斋结缡之后，有三年左右的时间都是在病中度过的。追寻其原因，则身体和精神两方面均可有说。饮酒过量、对旧情人陈子龙的眷恋等等，都可以成为病因。钱牧斋的诗中因而有"薄病轻寒禁酒天""薄病如中酒"之句可证。寅恪先生写道："今日思之，抑可伤矣。清代曹雪芹糅合王实甫'多愁多病身'及'倾国倾城貌'，形容张、崔两方之词，成为一理想中之林黛玉。殊不知雍乾百年之前，吴越一隅之地，实有将此理想而具体化之河东君。真如汤玉茗所写柳春卿梦中之美人，杜丽娘梦中之书生，后来果成为南安道院之小姐，广州学宫之秀才。居然中国老聃所谓'虚者实之'者，可与希腊柏拉图意识形态之学说，互相证发，岂不异哉！"寅恪先生此论无异于给我们提供一种小说解释理论，按照这种理论，则《红楼梦》所写完全可以有"雍乾百年之前，吴越一隅之地"人物故事的依据，即所谓"虚者实之"之意。

王国维与中国现代学术的奠立

中国传统学术向现代学术转变是一个长时期的历史过程。

早在18世纪中叶，乾嘉诸老的治学观念和治学方法中，已在一定程度上有了现代学术思想的一些萌芽。"为学术而学术"的倾向，在乾嘉学者的身上程度不同地有所体现。至19世纪末、20世纪初，也就是清末民初时期，中国社会处于急剧的变动之中，学术思想也因所依托的社会结构的崩解塌陷而开始了烈性的化分化合过程。这期间诞生了一批无论学识累积还是文化担当都堪称一流的大师巨子，他们既是传统学术的继承者，又是现代学术的奠基人。王国维是他们之中最具代表性和最杰出的一个。当我们爬梳这段历史之后发现，在传统学术走向现代学术的路途中，举凡一些关节点上都印有静安先生的足迹。

一

中国传统学术向现代学术转变，是与引进、吸收、融解外来的学术思想分不开的。在这点上，王国维是个先行者，是早期觉醒的中国人之一。他出生在一个传统的家庭里，父尊王乃誉"亦吏亦儒""亦商亦文"，喜诗艺，精通书法金石，四十岁守父丧，从此居家不出，而专事课子读书，使王国维从小受到了良好的教育。但这个家庭并不保守，上海《申报》刊载的同文馆课程和翻译书目，王乃誉也抄回来拿给王国维看，认为是"时务之急"。甲午战败之后，王氏父子受到极大的刺激，更加关心时局，向往新学。[①]1898年，王国维离开海宁家乡到上海《时务报》馆任职，并在东文学社学习日文和英文。翌年底，受罗振玉资助留学日本，开始了广泛吸收新学的时期。他凭借初步掌握的外国语言文字工具，尽力阅读哲学、心理学、社会学方面的原著，有时自己还动手翻译。当然主要兴趣是哲学，尤其对叔本华的著作"大好之"[②]。他也喜欢康德，但开始没有啃动，后来反过来再读，才克服了"窒碍"。为满足自己的哲学嗜好，他学了德文。他说自己从1903年夏天到1904年冬天，"皆与叔本华之书为伴侣"[③]。结果写出了两篇重要研究文字，一是《叔本华之哲学及其教育学说》，一为《叔本华与尼采》。

可以认为，王国维对西方学术思想的涉猎、吸收和介绍，在清末民初学者群中，是站在前沿的。故他是新学者，

①王国维三十《自序》云："甲午之役，始知世尚有所谓新学者。家贫不能以资供游学，居恒怏怏。"见《王国维全集》第一卷，浙江教育出版社、广东教育出版社，2009年，第119页。

②王国维：《静安文集》自序，《王国维全集》第一卷，浙江教育出版社、广东教育出版社，2009年，第3页。

③王国维：《静安文集》自序，《王国维全集》第一卷，浙江教育出版社、广东教育出版社，2009年，第3页。

不是旧学者。这里，需要提到当时的一本刊物《教育世界》。《教育世界》是罗振玉在1901年所创办的，半月刊，宗旨是译介世界各国的教育制度及其理论，又特别注重日人编译的著作。开始罗氏创办于湖北，后移至上海。1904年开始，由王国维任译编（实即主编），方针起了变化，改为译介西籍为主，哲学、伦理学成为介绍的重点，而不局限于教育方面。康德、休谟、叔本华、尼采等许多西方思想家的学说和传记资料，都是王国维在《教育世界》上译载的。单是介绍康德哲学的就有好几篇。①而歌德、席勒、拜伦、莎士比亚等文学家的生平和著述，王氏主编的《教育世界》上，也都有长短不一的译介，有的很可能直接出自静安先生的手笔。还有小说，《教育世界》上辟有专栏，包括教育小说、心理小说、家庭小说、军事小说，均有所介绍。值得注意的是，托尔斯泰的作品首次介绍到中国，也是王国维主持的《教育世界》杂志走在了前面。当时王国维正在南通师范学堂任教，他把包括托尔斯泰在内的翻译作品作为学堂的教材，供学子学习。②研究者一般都知晓王氏年轻时曾一度醉心于西方哲学和美学思想，而对于其在译介西方学术著作方面所作

---

①据陈鸿祥先生考证，刊载于1904年至1906年《教育世界》上的《汗德之哲学说》《汗德之伦理学及宗教论》等未署名的文章，也出自王国维之手。见陈著《王国维与近代东西方学人》，天津古籍出版社，1990年，第36页。

②《教育世界》乙亥（1905）第八期上刊有托尔斯泰的《枕戈记》，前面有"编者的话"，写道："《枕戈记》，为俄国现代文豪脱尔斯泰所著。假一军人口吻，述俄管情状者也。日本二叶亭译之。江苏师范学堂取作习和文课本。本社据其译稿润色之。"润色人应该就是王国维，且此编者的话，也合是静安的手笔。

的贡献，未免估计不足。

王国维之所以如此重视西学、西典、西籍的介绍，当然有晚清之时西学东渐的大的历史背景，同时导因于他对异质文化思想影响本民族文化思想的历史渊源有清醒的认识。他作于1905年的《论近年之学术界》一文写道：

> 外界之势力影响于学术，岂不大哉！自周之衰，文王、周公势力之瓦解也，国民之智力成熟于内，政治之纷乱乘之于外，上无统一之制度，下迫于社会之要求，于是诸子九流各创其学说，于道德、政治、文学上灿然放万丈之光焰。此为中国思想之能动时代。自汉以后，天下太平，武帝复以孔子之说统一之。其时新遭秦火，儒家唯以抱残守缺为事；其为诸子之学者，亦但守其师说，无创作之思想，学界稍稍停滞矣。佛教之东，适值吾国思想凋敝之后，当此之时，学者见之，如饥者之得食，渴者之得饮。担簦访道者，接武于葱岭之道；缮经译论者，云集于南北之都。自六朝至于唐室，而佛陀之教极千古之盛矣。此为吾国思想受动之时代。然当是时，吾国固有之思想与印度之思想互相并行而不相化合；至宋儒出而一调和之，此又由受动之时代出，而稍带能动之性质者也。自宋以后以至本朝，思想之停滞略同于两汉。至今日，而第二之佛教又见告矣，西洋之思

想是也。①

王氏此论，是对整个中国学术嬗变过程的一种概括，但他的着眼点在外缘的因素对学术的影响，特别是域外学术思想的影响。这点上他与晚清开明官吏的变革思想不同，他看重的是思想和精神的学习和引进。1904年他发表于《教育世界》的《教育偶感》一文阐述得更明确，其中写道：

> 今之混混然输入于我中国者，非泰西物质的文明乎？政治家与教育家坎然自知其不彼若，毅然法之。法之诚是也，然回顾我国民之精神界则奚若？试问我国之大文学家有足以代表全国民之精神，如希腊之鄂谟尔（荷马）、英之狄斯丕尔（莎士比亚）、德之格代（歌德）者乎？吾人所不能答也。其所以不能答者，殆无其人欤？抑有之而吾人不能举其人以实之欤？二者必居其一焉。由前之说，则我国之文学不如泰西，由后之说，则我国之重文学不如泰西。前说我所不知。至后说，则事实皎然，无可讳也。我国人对文学之趣味如此，则于何处得其精神之慰藉乎？②

①王国维：《论近年之学术界》，《王国维遗书》第五册之《静安文集》，商务印书馆，1940年，第93页。又《王国维全集》第一卷，浙江教育出版社、广东教育出版社，2009年，第121页。

②王国维：《教育偶感四则》，《王国维遗书》第五册之《静安文集》，商务印书馆，1940年，第107页。又《王国维全集》第一卷，浙江教育出版社、广东教育出版社，2009年，第138—139页。

盖王国维所期望者，是一国的精神思想给国人带来的慰藉，所以他重视哲学，重视文学，重视美术（艺术）。故在同一篇文章中他强调，大文学家的地位应高于政治家，希腊人引以为荣的是荷马，意大利人引以为荣的是但丁，英国人引以为荣的是莎士比亚，而政治家无法荷此使命。追溯根源，则由于物质上的利益是短暂的，而精神的价值是永久的。他说："物质的文明，取诸他国，不数十年而具矣。独至精神上之趣味，非千百年之培养与一二天才之出不及此。"①

王国维关于"能动""受动"之说的提出，说明他在追寻学术思想发生、嬗变的外部动因和内部动因。他的本意显然更赞赏学术思想的能动时代，所以极力表彰晚周学术之光焰灿烂，而对带有能动性质之宋学也给予高度评价。从高度评价宋代思想文化，可以看出王国维在强调引进西方思想的同时，对本国的思想文化亦不乏自信的眼光。他在另外一篇文章中曾写道："故天水一朝人智之活动与文化之多方面，前之汉唐，后之元明，皆所不逮也。"②其实陈寅恪先生也高度评价宋学，特别对宋代的理学和史学极口称赞。他说：

①王国维：《教育偶感四则》，《王国维全集》第一卷，浙江教育出版社、广东教育出版社，2009年，第139页。

②王国维：《宋代之金石学》，《王国维遗书》第五册之《静安文集续编》，商务印书馆，1940年，第70页。又可参见《王国维全集》第十四卷，浙江教育出版社、广东教育出版社，2009年，第315页。

"天水一朝之文化，竟为我民族遗留之瑰宝。"①但学术思想的受动时期隐发着学术的大变迁，王国维同样看重，观其上述对佛教东传之盛的描绘可知。他尤其看到了"第二之佛教"即西洋之学术思想的东来，对促进中国传统学术走向现代学术转变的意义，这应该是他顺乎世界潮流、站在时代前沿、自觉翻译与介绍西方思想学说的主观思想动因。

二

王国维一方面是西方学术思想的积极介绍者和研究者，另一方面，他又是运用西方学术思想解释中国古典的躬行者。最有代表性的是写于1904年的《〈红楼梦〉评论》，这是他运用西方的哲学美学思想诠释本国作品的一次重要的尝试，为后来者树立了一个典范。

在王国维之前，《红楼梦》研究是评点派和索隐派的天下。评点是对作品的片段鉴赏，是把中国传统的诗文评移之于小说批评。在评点的时候，可以断章，可以借题发挥，而不一定要求对艺术整体做出诠释。索隐则是求作意于文本之外，寻找政治的社会的家族的背景在书中的影像。只有到了王国维，才第一次从美学的和哲学的角度，从整体上来揭示《红楼梦》的悲剧性质及意义。我们看这篇文章的结构，第一章为"人生及美术之概观"，首先提出文学批评的观念；

①陈寅恪：《赠蒋秉南序》，《寒柳堂集》，生活·读书·新知三联书店，2001年，第182页。

第二章论"《红楼梦》之精神"，第三章论"《红楼梦》之美学上之价值"，第四章论"《红楼梦》之伦理学上之价值"，都是围绕文学作品的基本问题展开的论述。而结论则曰："红楼梦一书，与一切喜剧相反，彻头彻尾之悲剧也"[1]，"悲剧中之悲剧也"[2]。然则《红楼梦》除了美学上的价值，还有伦理学上的价值，在王国维看来其对人生对艺术更为重要。

《〈红楼梦〉评论》的第四章在探讨《红楼梦》伦理学上的价值时，静安先生同样依据的是叔本华的学说。盖叔氏学说的基本假设是人生有欲，欲不得满足则产生痛苦，欲求无限，痛苦亦无限。即使愿望偶尔得以满足，为时亦甚暂；况一愿甫圆，十愿已至，仍不免处于欲望不得满足的痛苦之中。叔本华说："原来一切追求挣扎都是由于缺陷，由于对自己的状况不满而产生的；所以一天不得满足就要痛苦一天。况且没有一次满足是持久的，每一次满足反而只是又一新的追求的起点。"[3]而精神的痛苦比肉体的痛苦更为深重，智力愈发达，痛苦的程度愈高，因此"具有天才的人则最痛苦"[4]。然则人生之痛苦可有解脱之出路乎？叔本华给出了

184

①王国维：《〈红楼梦〉评论》，《王国维全集》第一卷，浙江教育出版社、广东教育出版社，2009年，第65页。

②王国维：《〈红楼梦〉评论》，《王国维全集》第一卷，浙江教育出版社、广东教育出版社，2009年，第67页。

③〔德〕叔本华著，石冲白译：《作为意志和表象的世界》，商务印书馆，1982年，第422页。

④〔德〕叔本华著，石冲白译：《作为意志和表象的世界》，商务印书馆，1982年，第422—423页。

三种途径：一是由于欣赏艺术而进入"纯观赏状态"，在此一瞬间，"一切欲求，也就是一切愿望和忧虑都消除了，就好像是我们已摆脱了自己，已不是那为了自己的不断欲求而在认识着的个体了"①。当此时刻，人的精神苦况有可能获致解脱。二是经过深创剧痛，对"意志"的本质产生自觉的解悟，意识到一切生命的痛苦，不只是自己的痛苦，感到了"身外之物的空虚"。换言之亦即"由于这样重大不可挽回的损失而被命运伤到一定的程度，那么，在别的方面几乎就不会再有什么欲求了；而这人物的性格也就现为柔和、哀怨、高尚、清心寡欲了"②。叔本华把这种境界描绘得很富于诗意化，认为"这是在痛苦起着纯化作用的炉火中突然出现了否定生命意志的纹银，亦即出现了解脱"。三是皈依宗教信仰的途径。当一个人的信仰获得之后，"嘉言懿行完全是自然而然从信仰中产生的，是这信仰的表征和果实"，而不是"邀功的根据"。因而个体生命之身，"首先出现的只是自愿的公道，然后是仁爱，再进为利己主义的完全取消，最后是清心寡欲或意志的否定"③，实现解脱。

　　自裁的方法是否也是实现解脱的途径之一？叔本华不认可此种方法。他说这种行为，是作为生命意志的自相矛盾的

　　①〔德〕叔本华著，石冲白译：《作为意志和表象的世界》，商务印书馆，1982年，第531页。
　　②〔德〕叔本华著，石冲白译：《作为意志和表象的世界》，商务印书馆，1982年，第540页。
　　③〔德〕叔本华著，石冲白译：《作为意志和表象的世界》，商务印书馆，1982年，第556页。

"最嚣张的表现"，是"完全徒劳的、愚蠢的"；如果说对个体生命而言不无一定"解脱"的作用，那也不过相当于"一个病人，在一个痛苦的、可能使他痊愈的手术已开始之后，又不让作完这手术，而宁愿保留病痛"①。故依叔氏义，静安先生认为《红楼梦》中的"金钏之堕井也，司棋之触墙也，尤三姐、潘又安之自刭也，非解脱也，求偿其欲而不得者也"。真正能获得解脱者，书中只有最后出家之宝玉、惜春、紫鹃三人。笔者尝以今译之《作为意志和表象的世界》对照王国维《〈红楼梦〉评论》的相关引文，发现王译至为博洽，而且随时以中国古代之学术资源给以补充解说，其对叔氏学说领悟之深，如同宿契，看来"大好之"的说法自有己身的渊源。

王国维对叔本华的学说并非没有商榷质疑，其在《〈红楼梦〉评论》第四章的末尾写道：

> 夫由叔氏之哲学说，则一切人类及万物之根本一也。故充叔氏拒绝意志之说，非一切人类及万物各拒绝其生活之意志，则一人之意志亦不可得而拒绝。何则？生活之意志之存于我者，不过其一最小部分，而其大部分之存于一切人类及万物者，皆与我之意志同。而此物我之差别，仅由于吾人知力之形式故，离此知力之形式而反其根本而观之，则一切人类及万物之意志，皆我之

---

①〔德〕叔本华著，石冲白译：《作为意志和表象的世界》，商务印书馆，1982年，第544—545页。

意志也。然则拒绝吾一人之意志而妹妹自悦曰解脱，是何异决蹄躇之水而注之沟壑，而曰天下皆得平土而居之哉！佛之言曰："若不尽度众生，誓不成佛。"其言犹若有能之而不欲之意。然自吾人观之，此岂徒能之而不欲哉！将毋欲之而不能也。故如叔本华之言一人之解脱，而未言世界之解脱，实与其意志同一之说不能两立者也。①

静安先生的批评在于，叔氏所论只能停止在"一人之解脱"而已，对整个世界而言，无异于"蹄跊之水而注之沟壑"，并不能给人类世界以救赎（王国维译为"救济"）的出路。甚而王国维诘问道："释迦示寂以后，基督尸十字架以来，人类及万物之欲生奚若？其痛苦又奚若？吾知其不异于昔也。然则所谓持万物而归之上帝者，其尚有所待欤？抑徒沾沾自喜之说而不能见诸实事者欤？果如后说，则释迦、基督自身之解脱与否，亦尚在不可知之数也。"②此一诘问是极为有力量的。静安先生并引自己的一首七律作为意蕴的补充，其诗曰：

平生苦忆挐卢敖，东过蓬莱浴海涛。

何处云中闻犬吠，至今湖畔尚乌号。

---

①王国维：《〈红楼梦〉评论》，《王国维全集》第一卷，浙江教育出版社、广东教育出版社，2009年，第72—73页。

②王国维：《〈红楼梦〉评论》，《王国维全集》第一卷，浙江教育出版社、广东教育出版社，2009年，第74页。

人间地狱真无间，死后泥洹枉自豪。

终古众生无度日，世尊只合老尘嚣。[1]

　　这首七律的写作时间当与《〈红楼梦〉评论》约略同时，亦即1904年，故诗的意象和文的内容足可互为映照。盖静安先生无法相信人间痛苦真能有最终解脱之日，即佛氏的涅槃，也不过一理想而已。实际上叔本华本人在其著作中也提出了同样的疑问。而《红楼梦》的可贵处，恰在于"与吾人以二者之救济"[2]，既写出了解脱的出路，又带来艺术的欣赏，所以不愧为"宇宙之大著述"。而《〈红楼梦〉评论》在红学研究的历史上，是为第一次用哲学和美学的方法来批评中国古典小说，其在中国现代学术史上的奠基意义实不容忽视。

　　《〈红楼梦〉评论》之外，王国维也是最早对中西方哲学思想作比较研究的现代学人之一。1904年至1906年，他先后发表《论性》《释理》《原命》三篇论文，就是结合西方哲学思想分梳中国传统哲学理念的有创见之作。由于他把西方哲学（主要是康德、叔本华哲学）作为参照，出发点是"纯粹哲学"，因而对孔子学说的哲学意义有所保留，认为"孔

---

　　①王国维：《〈红楼梦〉评论》，《王国维全集》第一卷，浙江教育出版社、广东教育出版社，2009年，第74页。

　　②王国维：《〈红楼梦〉评论》，《王国维全集》第一卷，浙江教育出版社、广东教育出版社，2009年，第75页。

子教人以道德，言政治，而无一语及于哲学，"①倒是老子、墨子涉及本体论的问题，有追求万物本原的意向。以此之故，他对晚出但同属儒家统系的《周易大传》《中庸》两部著作格外重视，提出："儒家之有哲学，自《易》之系辞、说卦二传及《中庸》始"②的观点。因为《中庸》凸显了"诚"的概念，里面有"诚者物之终始，不诚无物"的话，王国维认为已经接触到了根本宇宙观念问题。对宋明理学的核心观念"理"，王国维持的是分析的态度。他说：

> 宋代学术，方面最多，进步亦最著。其在哲学，始则有刘敞、欧阳修等，脱汉唐旧注之桎梏，以新意说经；后乃有周（敦颐）、程（颢）、程（颐）、张（载）、邵（雍）、朱（熹）诸大家，蔚为有宋一代之哲学。③

又说：

> 周子之言"太极"，张子之言"太虚"，程子、朱子之言"理"，皆视为宇宙人生之根本。④

---

①王国维：《书辜氏汤生英译〈中庸〉后》，《王国维全集》第十四卷，浙江教育出版社、广东教育出版社，2009年，第71页。

②王国维：《书辜氏汤生英译〈中庸〉后》，《王国维全集》第十四卷，浙江教育出版社、广东教育出版社，2009年，第71页。

③王国维：《宋代之金石学》，《王国维全集》第十四卷，浙江教育出版社、广东教育出版社，2009年，第315页。

④王国维：《书辜氏汤生英译〈中庸〉后》，《王国维全集》第十四卷，浙江教育出版社、广东教育出版社，2009年，第71—72页。

这是从纯哲学的角度给宋明理学以高度评价。朱熹《语类》有载："问天与命、性与理四者之别。天则就其自然者言之，命则就其流行而赋予物者言之，性则就其全体而万物所得以为生者言之，理则就其事事物物各有其则者言之。到得合而言之，则天即理也，命即性也，性即理也，是如此否？然。"王国维在引用了朱熹上述论断之后写道："朱子之所谓理，与希腊斯多葛派之所谓理，皆预想一客观的理存于生天、生地、生人之前，而吾心之理不过其一部分而已。于是理之概念，自物理学上之意义出，至宋以后而遂得形而上学之意义。"[1]王国维对宋儒求理于事物之外的做法，并没有表示认同，相反，他更倾向于戴震的理存于事物之中的说法。可是他对朱熹立论的形上意义却不轻忽，说明采取的是现代的具有思辨意味的学术方法。他引据叔本华哲学的充足理由律，指出"天下之物绝无无理由而存在者。其存在也，必有所以存在之故，此即充足理由也。"[2]在阐释"理""性"这些概念的时候，他总是既援引西哲之论，又结合中国固有观念，来加以解说，这是王氏一生为学的基本方法。

《释理》一文的结构也很值得注意。第一部分为"理字之语源"，第二部分是"理之广义的解释"，第三部分是"理之狭义的解释"，第四部分是"理之客观的假定"，第五部分

---

[1]王国维：《释理》，《王国维全集》第一卷，浙江教育出版社、广东教育出版社，2009年，第25页。

[2]王国维：《释理》，《王国维全集》第一卷，浙江教育出版社、广东教育出版社，2009年，第19页。

是"理之主观的性质"。整篇文章近七千言，有强烈的理论思辨色彩，而著论则完全是现代论文的写法，逻辑严密，引据丰富，思理清晰。其第五部分论"理之主观性质"，首先引证王阳明的观点："物理不外于吾心，外吾心而求物理，无物理矣。遗物理而求吾心，吾心又何物？"王国维认为，这是中国先哲论述"理"这个概念最深切著名的例子。接着又引西哲的例证，从斯多葛派的"理"说，到休谟、康德、叔本华的论述。最后得出结论："所谓理者，不过'理性'、'理由'二义，而二者皆主观上之物也。"①但古今东西谈论"理"者，往往附以客观的意义，为什么会这样？王国维写道：

　　盖人类以有概念之知识，故有动物所不能者之利益，而亦陷于动物不能陷之谬误。夫动物所知者，个物耳。就个物之观念，但有全偏明昧之别，而无正误之别。人则以有概念故，从此犬彼马之个物之观念中，抽象之而得"犬"与"马"之概念；更从犬马牛羊及一切跂行喙息之观念中抽象之，而得"动物"之观念；更合之植物、矿物，而得"物"之观念。夫所谓"物"，皆有形质可衡量者也。而此外尚有不可衡量之精神作用，而人之抽象力进而不已，必求一语以赅括之，无以名之，强名之曰"有"。然离心与物之外，非别有所谓

---

①王国维：《释理》，《王国维全集》第一卷，浙江教育出版社、广东教育出版社，2009年，第27页。

"有"也。离动、植、矿物以外,非别有所谓"物"也。离犬、马、牛、羊及一切跂行喙息之属外,非别有所谓"动物"也。离此犬彼马之外,非别有所谓"犬"与"马"也。所谓"马"者,非此马即彼马,非白马,即黄马、骊马。如谓个物之外,别有所谓"马"者,非此非彼非黄非骊非他色,而但有马之公共之性质,此亦三尺童子所不能信也。故所谓"马"者,非实物也,概念而已矣。而概念之不甚普遍者,其离实物也不远,故其生误解也不多。至最普遍之概念,其初故亦自实物抽象而得,逮用之既久,遂忘其所自出,而视为表特别之一物,如上所述"有"之概念是也。夫离心物二界,别无所谓"有"。然古今东西之哲学,往往以"有"为有一种之实在性。在我中国,则谓之曰"太极",曰"玄",曰"道",在西洋则谓之曰"神"。及传衍愈久,遂以为一自证之事实,而若无待根究者,此正柏庚所谓"种落之偶像",汗德所谓"先天之幻影"。①

王国维借助他长于思辨的特点,把人脑获得知识的特殊功能,即借助概念进行逻辑思维,从具体、个别事物中抽象出事物的共同性质,形成概念的能力,并从语源学的角度追溯"理"之为理的形成过程,把这样一个极为抽象复杂的问题,论述得步步紧扣,条理分明。他的这些思想固然来源于

① 王国维:《释理》,《王国维全集》第一卷,浙江教育出版社、广东教育出版社,2009年,第27—28页。

叔本华，但论述得清晰说明他理解得准确。

王国维肯定"理性"具有构造概念和推演概念之间关系的作用，而"理由"则为人类知识的"普遍之形式"。但联系中国古代的思想资源，他无法不稍加分解"理"之一字是否亦有伦理学的意义。《礼记·乐记》云："人生而静，天之性也。感于物而动，性之欲也。物至知知，然后好恶形焉。好恶无节于内，知诱于外，不能反躬，天理灭矣。夫物之感人无穷，而人之好恶无节，则是物至而人化物也。人化物也者，灭天理而穷人欲者也。"[①] "天理""人欲"两大概念由是而生。《乐记》援引之后，静安先生又具引孟子、二程子、上蔡谢氏，证明"理"之伦理学的内涵。朱子论"天理"和"人欲"有云："有个天理，便有个人欲。盖缘这个天理，须有个安顿处，才安顿得不恰好，便有人欲出来。"又说："人欲也便是天理里面做出来，虽是人欲，人欲中自有天理。"[②] 王国维认为朱子之说颇值得玩味。戴东原解"理"则说"理也者，情之不爽失也"，"天理云者，言乎自然之分理也。自然之分理，以我之情，絜人之情，而无不得其平者也"[③]。王国维也极为重视。他写道："朱子所谓'安顿得好'，与戴氏所谓'絜人之情而无不得其平'者，则其视理也，殆以'义'字、'正'字、'恕'字解之。于是理之一语，又有伦

①《礼记·乐记》，《四书五经》上册，岳麓书社，1991年，第566页。

②《朱子语类》卷第十三"学七"，中华书局标点本，第一册，1986年，第223—224页。

③戴震：《孟子字义疏证》，《戴震集》，上海古籍出版社，1980年，第265、266页。

理学上之价值。"①然而依西方哲人的观点，"理"除"理性"
"理由"的含义之外，实别无他义。所以好人行善和恶人为
恶，并非缺少理性所致。因此王国维在文章结尾总括写道：
"理性者，不过吾人知性之作用，以造概念，以定概念之关
系，除为行为之手段外，毫无关于伦理学上之价值。"②我们
无法不看重《释理》一文的现代思维方式和它所体现的形上
的学术求索精神。

《论性》也是一篇典型的有现代理念渗透其中的学术论
文，王国维在这篇文章中提出，"性之为物"是超乎我们的
知识之外的。而所以如此的缘故，是由于世间的知识可区分
为"先天的"和"后天的"两类，"先天的知识，如空间时
间之形式，及悟性之范畴，此不待经验而生"；"后天的知
识"，乃指"一切可以经验之物"。所以他进而论述说："今
试问性之为物，果得从先天中或后天中知之乎？先天中所能
知者，知识之形式，而不及于知识之材质，而性固一知识之
材质也。若谓于后天中知之，则所知者又非性。何则？吾人
经验上所知之性，其受遗传与外部之影响者不少，则其非性
之本来面目，固已久矣。"③这些论述可视为他的观念的框
架，而取资举证则为中国古代的人性论学说，从先秦诸子的

---

①王国维：《释理》，《王国维全集》第一卷，浙江教育出版社、广东教育出
版社，2009年，第30页。

②王国维：《释理》，《王国维全集》第一卷，浙江教育出版社、广东教育出
版社，2009年，第33页。

③王国维：《论性》，《王国维全集》第一卷，浙江教育出版社、广东教育出
版社，2009年，第5页。

孔子、孟子、荀子，到汉之董仲舒，再到宋明的王安石、苏东坡、周敦颐、张载、二程、朱熹、陆九渊、王阳明等，举凡中国思想史上的涉"性"言论，都被静安先生引来作为自己立说的依据。在中国哲学史上更是一个最常见也最易生歧义的概念。孔子说："饮食男女，人之大欲存焉。"（《礼记·礼运》）告子说："食、色，性也。"（《孟子·告子上》）孟子说："口之于味也，目之于色也，耳之于声也，鼻之于臭也，四肢之于安佚也，性也。"（《孟子·尽心下》）这说的是饮食男女、声色欲求是人的本性使然。荀子说："性者，天之就也；情者，性之质也；欲者，情之应也。"（《荀子·正名》）董仲舒说："性者，天质之朴也。"（《春秋繁露·实性》）这指的是人的自然本性。朱熹说，"性即理"，"性只是理"（《朱子语录·性理》），则是纯哲学化的解释。至于"性善""性恶"的种种说法，就更多了。王国维用标准的哲学语言写道："人性之超乎吾人之知识外，既如斯矣，于是欲论人性者，非驰于空想之域，势不得不从经验上推论之。夫经验上之所谓性，固非性之本然。苟执经验上之性以为性，则必先有善恶二元论起焉。"[1]事实确然如此，宋以前中国古代各家的人性论思想，除董仲舒外，大都是就性论性，很少涉及形而上学的问题。至宋代随着新的哲学思潮理学的兴起，方有人性论的形而上学的思考。可是静安先生同时又强调，抽象的人性是不可知的，超越经验事实

195

---

①王国维：《论性》，《王国维全集》第一卷，浙江教育出版社、广东教育出版社，2009年，第5页。

之外去探讨人性，容易导致自相矛盾。

　　王国维与他在上述文章中论及的古代先哲一样，思想是充满矛盾的，构成自己哲学理念的思想资源颇为驳杂，古今中西兼相牵引，显示出思想过渡期的特点。但他有浓厚的哲学兴趣，有理论思辨的能力，是非常自觉地对中西思想作比较研究的尝试，而且能够上升到形上之层次，包括思维逻辑、概念的运用、行文方式和文章结构，都已具有现代学术表达方式的意味应无异议。就文章体制思理而言，《释理》比《论性》更高一筹。我所说的王氏三篇哲学论文的另一篇《原命》，比之《释理》《论性》两篇，无论规模还是理趣，都要简略浅显许多，兹不具论，斯举"二"不妨以"三"反可也。

三

　　王国维在吸收了西学的同时，他的学术思想又是坚实地建构于中国传统学术思想的基地之上的。这一点同样非常重要。他由哲学与美学转向古器物、古文字和中国古史的研究，由对西方学术思想的介绍和阐释转向对中国古典学问的探究，其转变过程颇富传奇性。具体地说，他的治学历程有三变：一是前期，主要研究哲学、美学和教育学；二是中期，重点在文学和戏曲；三是后期，集中研究古器物、古文字和古史。每一期都有重要学术成果问世。如果以哲学家、美学家称之，则第一期之学术可谓代表。如果以戏曲史专家概之，第二期的以《宋元戏曲史》为代表的成果使他当之无愧。如果论其金文、甲骨文、古器物和古史研究方面的成就，第三期的学术创获，可谓车载斗量、蔚为大观，其中尤以《殷周制度论》堪称典范。传统学术的所谓文史之学，王氏在现代学人中是最富根底的一个。他的学问之路是由新而旧，而结果则是旧而弥新。他开始时介绍新思想固然不遗余力，后来释证古器物、古史，也是以旧为新，创意纷呈。中西、古今、新旧的畛域，是王国维率先起来打破的。他曾说：

> 学之义不明于天下久矣。今之言学者，有新旧之争，有中西之争，有有用之学与无用之学之争。余正告天下曰：学无新旧也，无中西也，无有用无用也。凡立此名者，均不学之徒，即学焉而未尝知学者也。①

这是王氏为《国学丛刊》作的序中的话，作序时间在1911年，可谓开篇正告之语，带有宣言性质，不能不引起我们的重视。其实这些话，正是从学理上开启现代学术的枢纽。晚清以还困扰学者的古今、中西、新旧之辨，王国维已经给出了正确的答案。

王国维立基于中国传统学术来建构自己的学术理念，其在观念和方法上的超越同侪之处，一是明其源流，二是知其利弊。下面，不妨看看他对宋代学术和清代学术的关联以及

---

①王国维：《国学丛刊序》，《王国维全集》第十四卷，浙江教育出版社、广东教育出版社，2009年，第129页。

如何评价清代学术，来透视这位现代学者的学术追求和学术思想的特点。

宋代学术的总体成就显示出其为我国思想文化的最高峰，王国维、陈寅恪有几近相同的论述，前面已经谈到。王国维并进而写道："宋代学术，方面最多，进步亦最著。其在哲学，始则有刘敞、欧阳修等，脱汉唐旧注之桎梏，以新意说经；后乃有周（敦颐）、程（颢）、程（颐）、张（载）、邵（雍）、朱（熹）诸大家，蔚为有宋一代之哲学。其在科学，则有沈括、李诫等，于历数、物理、工艺均有发明。在史学，则有司马光、洪迈、袁枢等，各有庞大之著述。绘画则董源以降，始变唐人画工之画，而为士大夫之画。在诗歌，则兼尚技术之美，与唐人尚自然之美者，蹊径迥殊。考证之学，亦至宋而大盛。"①这是我所看到的在当时的背景下对宋代学术的最全面的评价。因此当他提出"近世学术多发端于宋人"就可以理解了。特别是晚清之际足称发达的金石学，其源头可以直接追溯到宋朝。王国维说："金石之学，创自宋代，不及百年，已达完成之域。"又说："宋人于金石、书画之学，乃陵跨百代。近世金石之学复兴，然于著录、考订，皆本宋人成法，而于宋人多方面之兴味，反有所不逮。故虽谓金石学为有宋一代之学，无不可也。"②王国维特别强调宋代金石学和书画学的鉴赏兴味与研究的兴味，举

①王国维：《宋代之金石学》，《王国维全集》第十四卷，浙江教育出版社、广东教育出版社，2009年，第315页。

②王国维：《宋代之金石学》，《王国维全集》第十四卷，浙江教育出版社、广东教育出版社，2009年，第321页。

苏东坡、沈括、黄庭坚、黄伯思诸人以为例，说明此种情形得力于宋代仁宗以后"海内无事，士大夫政事之暇，得以肆力学问"，因此"赏鉴之趣味与研究之趣味，思古之情与求新之念，互相错综"①，从而形成一代之学术风气和学术精神。

盖金石之学发端于宋，近世之复兴与重振不应忘其源流，而在艺术与学术的精神与兴味方面，后世反而有不逮前贤之处。王氏此论，正是既明其源流，又知其利弊。至于清学的演变过程及其特点，王国维另有专门论述，他写道：

> 我朝三百年间，学术三变：国初一变也，乾嘉一变也，道咸以降一变也。顺康之世，天造草昧，学者多胜国遗老，离丧乱之后，志在经世，故多为致用之学。求之经史，得其本源，一扫明代苟且破碎之习，而实学以兴。雍乾以后，纪纲既张，天下大定，士大夫得肆意稽古，不复视为经世之具。而经、史、小学专门之业兴焉。道咸以降，涂辙稍变，言经者及今文，考史者兼辽、金、元，治地理者逮四裔，务为前人所不为。虽承乾嘉专门之学，然亦逆睹世变，有国初诸老经世之志。故国初之学大，乾嘉之学精，道咸以降之学新。②

199

---

① 王国维：《宋代之金石学》，《王国维全集》第十四卷，浙江教育出版社、广东教育出版社，2009年，第321页。

② 王国维：《沈乙庵先生七十寿序》，《王国维全集》第八卷，浙江教育出版社、广东教育出版社，2009年，第618页。

对清代学术流变的评价可谓公允而恰切。用一"大"字概括清初学术，用"精"字概括乾嘉汉学，用"新"字概括晚清之学，可谓一字不易。明末清初之学的开创者，王国维以顾炎武标其首，可谓至当。乾嘉之学，以戴震、钱大昕两巨擘为开创者，亦为允当。问题是他如何看待晚清新学之"新"。对龚自珍、魏源今文学之"新"，王国维采取理解同情的态度，认为是"时势使之然"，但具体评价则不无轩轾："道咸以降，学者尚承乾嘉之风，然其时政治风俗已渐变于昔，国势亦稍稍不振，士大夫有忧之而不知所出，乃或托于先秦、两汉之学，以图变革一切。然颇不循国初及乾嘉诸老为学之成法，其所陈夫古者，不必尽如古人之真，而其所以切今者，亦未必适中当世之弊。其言可以情感，而不能尽以理究。"①这段话中，"颇不循国初及乾嘉诸老为学之成法"一语，站在学术史的角度，应视作含蓄而正式的一种批评。至于认为"所陈夫古者，不必尽如古人之真，而其所以切今者，亦未必适中当世之弊"，则措辞更为严厉了。但对龚（自珍）、魏（源）之学，静安先生亦未全然抹杀，指出其学术创获也有清初学术和乾嘉学术所不能范围者，而且其弊端不必尽归学者本人，"亦时势使之然也"。

然则晚清之新学果如王国维所说，并没有承继清初及乾嘉的学术传统，那么这一传统又由谁承继了呢？王氏提到的第一个人是沈曾植沈乙庵先生。理由是他认为沈氏一生为

①王国维：《沈乙庵先生七十寿序》，《王国维全集》第八卷，浙江教育出版社、广东教育出版社，2009年，第619页。

学，既通晓国初及乾嘉诸家之说，又广涉道咸以降的边疆史地之学，而且"一秉先正成法，无咸逾越"。为此他申论说："其于人心世道之隆污，政事之利病，必穷其源委，似国初诸老；其视经史为独立之学，而益探其奥窔，拓其区宇，不让乾嘉诸先生。至于纵览百家，旁及二氏，一以治经史之法治之，则又为自来学者所未及。"①就是说，王国维认为沈曾植的为学方法体现了治中国学问的通则。所以他说："学问之品类不同，而其方法则一，国初诸老用此以治经世之学，乾嘉诸老用之以治经史之学。"而沈乙庵则用此种方法"治一切诸学"②。此种"为学之成法"无他，就是视学问为独立物，而又探其原委，务求有益于世道人心；亦即"趣博而旨约，识高而议平"、忧世深而择术精。这种治学方法，既是传统的，又是现代的。表面上看，沈氏之学极古奥不时，但学心不失现代性。静安先生之学绝似沈氏，陈寅恪先生更继而光大之。

正是在这篇《沈乙庵先生七十寿序》中，王国维提出了学术、学人的命运与国家命运攸关与共的绝大课题。他说：

> 天而未厌中国也，必不亡其学术。天不欲亡中国之学术，则于学术所寄之人，必因而笃之。世变愈亟，则

①王国维：《沈乙庵先生七十寿序》，《王国维全集》第八卷，浙江教育出版社、广东教育出版社，2009年，第619页。
②王国维：《沈乙庵先生七十寿序》，《王国维全集》第八卷，浙江教育出版社、广东教育出版社，2009年，第619页。

所以笃之者愈甚。①

　　兹可知静安先生对中国学术之寄望也大矣，其对中国学人的命运之关切也深矣。作为中国现代学术最具典范意义的学人，其学术思想之"忧世之深"以及其为学的"择术之慎"，亦可谓至矣。古圣孔子岂不云乎："作易者其有忧患乎？"王国维的一生毋宁说是充满忧患的一生，包括他的震撼于世的最后之终局。忧患者的学术思想，不仅深与慎，而且能得其正。王国维的为学可以证明，陈寅恪的为学亦可以证明。

　　晚清新学是中国传统学术向现代学术转变的过渡，驳杂不纯是晚清新学的特点。自身体现着这驳杂，而又能从驳杂中脱离出来的，是梁启超。梁的为学，基本上采取的是史学的立场，其学术出路亦在史学。中国现代史学的开山祖的角色，就是由梁启超来扮演的。表明他进入角色的是1902年出版的《新史学》一书。史学中学术史一目，也是由梁启超继往开来的。而胡适的史学，在梁的基础上又有所跨越，《白话文学史》《中国哲学史大纲》，在专史方面已是开新建设的史学。但胡适实验的多完成的少。梁启超是提出的多系统建设的少。直承清学传统而不染博杂的是王国维与陈寅恪。王陈的特点，是继承的多开辟的也多。而静安之学，尤得力于清末的学术新发现。

　　①王国维：《沈乙庵先生七十寿序》，《王国维全集》第八卷，浙江教育出版社、广东教育出版社，2009年，第620页。

中国传统学术向现代学术转变，有两大意外的契机，这就是甲骨文字的发现和甲骨学的建立，以及敦煌遗书的发现和敦煌学的建立。甲骨文字的发现并开始引起人们的重视，是在1899年，即戊戌政变的第二年。戊戌政变给由今文学发展而来的政治化的新学画了一个悲惨的句号。恰好甲骨文字的发现，为一部分学者提供了致力于更纯粹更独立的学术研究的新资料和新领域。甲骨文字发现的第二年，即1900年，敦煌石室的宝藏重见天日，其中有两万多件卷子，包括佛经、公私文件，以及诸子、韵书、诗赋、小说等。经卷上的文字，除了汉文，还有梵文、藏文、龟兹文、突厥文等。孔子叹为不足征的殷礼，有了着落。宋儒看不到的古本，如今看到了。学者们认为这是可以与埃及金字塔相媲美的重大发现。又不仅此。还有汉晋木简和内阁大库档案，在当时也是极为重要的发现。因此王国维称清末是学术发现之时代。他在《最近二三十年中中国新发见之学问》一文中写道："古来新学问起，大都由于新发见。有孔子壁中书出，而后有汉以来古文家之学；有赵宋古器物出，而后有宋以来古器物古文字之学。"①清末的上述四大发现中，任何一种都与孔子壁中书、汲冢竹简相当。这些发现，大大拓展了学术研究的学科领域，为学术的新机启运作了必要的材料准备，同时也创造了与世界学术对话的新契机。

　　王国维的"二重证据法"就是在此种背景下提出来的。

---

①王国维：《最近二三十年中中国新发见之学问》，《王国维全集》第十四卷，浙江教育出版社、广东教育出版社，2009年，第239页。

《古史新证》里有一段经常为研究者征引的话，原文如下：

> 吾辈生于今日，幸于纸上之材料外，更得地下之新材料。由此种材料，吾辈固得据以补正纸上之材料，亦得证明古书之某部分全为实录，即百家不雅驯之言，亦不无表示一面之事实。此二重证据法，唯在今日始得为之。虽古书之未得证明者，不能加以否定，而其已得证明者，不能不加以肯定，可断言也。①

历史文化遗产的研究一方面须靠文献资料，另一方面也需要借鉴实物，这在今天已成为常识范围内的事情，但在中国古代，人们的认识不如此简单。可以说在相当长的历史时期之内，研究者依据的都是文献资料，而不曾意识到实物的重要性。宋代金石学兴起，刻在金石上的铭文引起人们的注意，并逐渐与考订史实结合起来。赵明诚在《金石录序》中说："诗书以后，君臣行事之迹，悉载于史，虽是非褒贬出于秉笔者私意，或失其实。然至其善恶大节有不可诬而又传说既久，理当依据。若夫岁月、地理、官爵、世次，以金石刻考之，其抵牾十常三四。盖史牒出于后人之手，不能无失，而刻词当时所立，可信不疑。"②赵说已开实物证史之先河矣。至清中叶，钱晓徵等史家的许多金石题跋，用历史遗物来证史，成为比较常见的方法了。因此王氏的"二重证据

①王国维：《古史新证》，《王国维全集》第十一卷，浙江教育出版社、广东教育出版社，2009年，第241—242页。

②〔宋〕赵明诚：《金石录序》。

法",自有其渊源,只是他运用得比任何前贤都更加自觉,且有理念上的提升。换句话说,王国维古史研究的成绩确得力于他的具有实证意味的方法论。同时,这种方法也影响到了人文社会科学其他学科领域,使得中国现代学术思想在其始建期就呈现出各学科交错影响的现象。

直承今文学而来的疑古学派的出现,本来是传统学术走向现代的重要一步,但在甲骨学、敦煌学新发现面前,它遇到了巨大的挑战,简直足以在事实上拆毁其赖以建立的理念根基。王国维说:"疑古之过,乃并尧舜禹之人物而亦疑之。"[①]王氏以甲骨文字、敦煌遗书等新发现为基地,走上了释古的道路,对疑古之偏颇有所是正。而中国现代学术中考古一门的建立,也是与清末的学术新发现相联系的。古代并非没有考古,北宋吕大临曾作过《考古图》,但当时之考古不出金石之范围。现代考古则增加了田野研究的内容,由金石考古扩展到了田野考古。20世纪初,以发掘工作为基础的现代考古学的建立,李济、董作宾、郭沫若诸人与有功焉。因此之故,郭对王的评价甚高,称王留下的知识产品"好像一座璀璨的楼阁,在几千年来的旧学的城垒上,灿然放出一段异样的光辉"[②]。对罗振玉的评价也不低,认为罗的功劳在于"为我们提供出了无数的真实的史料",称赞"他的殷代甲骨的收集、保藏、流传、考释,实是中国近三十年来文

①王国维:《古史新证》,《王国维全集》第十一卷,浙江教育出版社、广东教育出版社,2009年,第241页。

②郭沫若:《中国古代社会研究》自序,《郭沫若全集·历史编》第一册,人民出版社,1992年,第8页。

化史上所应该大书特书的一项事件"①。郭的甲骨文、金文研究，以罗王为起点，他自己并不讳言。

陈寅恪在《王静安先生遗书序》里所总结的王国维为学的特点：一曰取地下之实物与纸上之异文互相释证，二曰取异族之故书与吾国之旧籍互相补正，三曰取外来之观念与固有之材料互相参证，固不是王氏一人的特点，而是当时学术中坚力量的共同特点，也即是中国现代学术的最基本的观念和方法。所以陈寅恪肯定地说："吾国他日文史考据之学，范围纵广，途径纵多，恐亦无以远出三类之外。"②由此我们可以看出，王氏为学的基本观念和方法，在现代学术史上实具有轨则和典范的意义。

四

王国维学术思想的现代内涵，尤其表现在他对学术独立的诉求上。在这方面他可以说是身体力行，不遗余力。在《论近年之学术界》一文中他写道："学术之发达，存于其独立而已。"③而要实现学术独立，必须做到以学术本身为目的，而不以学术作为达致某种目的之一种手段。但中国历来

　①郭沫若：《中国古代社会研究》自序，《郭沫若全集·历史编》第一册，人民出版社，1992年，第8页。

　②陈寅恪：《王静安先生遗书序》，《金明馆丛稿二编》，生活·读书·新知三联书店，2001年，第248页。

　③王国维：《论近年之学术界》，《王国维全集》第一卷，浙江教育出版社、广东教育出版社，2009年，第125页。

的传统，都是视学术为政治的附属物，学者缺少为学术而学术的精神。特别是清中叶以来兴起的今文学派，毫不掩饰问学的现时政治目的。王国维对此颇为不满，认为即使是影响巨大的严复的翻译，亦不能完全避免脱此窠臼。而当时通过日本对法国18世纪自然主义的介绍，则不过是"聊借其枝叶之语，以图遂其政治上之目的耳"①。对康有为、谭嗣同等变法维新派人物，静安先生也颇有微词。他说：

> 其有蒙西洋学说之影响，而改造古代之学说，于吾国思想界上占一时之势力者，则有南海□□□（康有为）之《孔子改制考》《春秋董氏学》，浏阳□□□（谭嗣同）之《仁学》。□（康）氏以元统天之说，大有泛神论之臭味。其崇拜孔子也，颇模仿基督教。其以预言者自居，又居然抱□□□□之野心者也。其震人耳目之处，在脱数千年思想之束缚，而易之以西洋已失势力之迷信。此其学问上之事业，不得不与其政治上之企图同归于失败者也。然□（康）氏之于学术，非有固有之兴味，不过以之为政治上之手段，《荀子》所谓"今之学者以为禽犊"者也。□（谭）氏之说，则出于上海教会中所译之《治心免病法》。其形而上学之以太说，半唯物论、半神秘论也。人之读此书者，其兴味不在此等幼稚之形而上学，而在其政治上之意见。□（谭）氏此书

---

①王国维：《论近年之学术界》，《王国维全集》第一卷，浙江教育出版社、广东教育出版社，2009年，第122页。

之目的亦在此而不在彼，固与南海□氏同也。庚辛以还，各种杂志接踵而起，其执笔者非喜事之学生，则亡命之遗臣也。此等杂志，本不知学问为何物，而但有政治上之目的。①

对于晚清以来的文学，王国维同样认为没有体现出文学本身的价值，而是把文学当作了进行政治教育的手段。他说："欲学术之发达，必视学术为目的，而不视为手段而后可。"②并且引康德关于"当视人人为一目的，不可视为手段"的名言，引申说："岂特人之对人当如是而已乎？对学术亦何独不然？"③总之，政治的归政治，艺术的归艺术，文学的归文学，学术的归学术，不要把艺文与政治混为一谈。王国维也不是完全无视政治的影响，他知道那是社会的最重要的势力，只是他告诫人们，哲学家和艺术家也是社会的最重要的"势力"，而且比之政治有久暂之别。

在《论哲学家与美术家之天职》一文中，王国维通过对我国传统哲学和古典文学的特性的分析，得出了我国没有"纯粹的哲学"以及也少有"纯文学"的结论。他说："披我中国之哲学史，凡哲学家无不欲兼为政治家者，斯可异

①王国维：《论近年之学术界》，《王国维全集》第一卷，浙江教育出版社、广东教育出版社，2009年，第122—123页。

②王国维：《论近年之学术界》，《王国维全集》第一卷，浙江教育出版社、广东教育出版社，2009年，第123页。

③王国维：《论近年之学术界》，《王国维全集》第一卷，浙江教育出版社、广东教育出版社，2009年，第123页。

也。"①先秦之孔、墨、孟、荀，西汉之贾、董，宋朝的张、程、朱、陆，明朝的罗、王，都不仅仅是哲学家，同时还是政治家。文学家中，杜甫、韩愈、陆游等，也无一例外地希望在政治上一显身手，曲折点或如杜甫所说"致君尧舜上，再使风俗淳"。所以王国维慨叹"美术之无独立之价值也久矣"。他写《〈红楼梦〉评论》以及研究宋元戏曲，与他追求学术独立的思想有直接关系。因为他注意到传统小说戏曲发展中有一个问题，即"有纯粹美术上之目的者，世非为不知贵，且加贬焉"。出现这种情况，文学家和艺术家自身也不是毫无责任，至少是"自忘其神圣之位置"。为了解除艺术家自身这层障壁，王国维又从人的欲望的角度作了详尽的说明。他写道："夫势力之欲，人之所生而即具者，圣贤豪杰之所不能免也。而知力愈优者，其势力之欲亦愈盛。人之对哲学及美术而有兴味者，必其知力之优者也，故其势力之欲亦准之。今纯粹之哲学与纯粹之美术，既不能得势力于我国之思想界矣，则彼等势力之欲，不于政治，将于何求其满足之地乎？且政治上之势力有形的也，及身的也。而哲学、美术上之势力，无形的也，身后的也。故非旷世之豪杰，鲜有不为一时之势力所诱惑者矣。"②尽管如此，当一个哲学学者经过长期的研究，一旦领悟了宇宙人生的真理，或一个艺术家把胸中惝恍不可捉摸的意境，表诸文字、绘画、雕刻之

①王国维：《论哲学家与美术家之天职》，《王国维全集》第一卷，浙江教育出版社、广东教育出版社，2009年，第132页。

②王国维：《论哲学家与美术家之天职》，《王国维全集》第一卷，浙江教育出版社、广东教育出版社，2009年，第133页。

上，就是一个人的天赋能力得到了实现。王国维认为："此时之快乐，决非南面王之所能易者也。"①在文章结尾处，他进一步寄望于哲学家和艺术家的自悟和自觉："若夫忘哲学、美术之神圣，而以为道德政治之手段者，正使其著作无价值者也。愿今后之哲学、美术家，毋忘其天职而失其独立之位置，则幸矣。"②由此我们可以看出，静安先生对学术独立的诉求有多么强烈。

王国维的由哲学美学而宋元戏曲而古史研究的学术转向，和他的极力主张学术独立的思想有一定关系。他当然明了文学和美学的学术根性比较脆弱的特点。古史研究则可以与现实的浅层政治保持一定的距离。1904年他写的一首《偶成》诗，似乎流露出了这方面的感慨。诗中写道：

> 文章千古事，亦与时荣枯。
>
> 并世盛作者，人握灵蛇珠。
>
> 朝菌媚朝日，容色非不腴。
>
> 飘风夕以至，零落委泥涂。
>
> 且复舍之去，周流观石渠。
>
> 蔽亏东观籍，繁会南郭竽。
>
> 比如贰负尸，桎梏南山隅。
>
> 恒干块犹存，精气荡无余。

---

① 王国维：《论哲学家与美术家之天职》，《王国维全集》第一卷，浙江教育出版社、广东教育出版社，2009年，第133页。

② 王国维：《论哲学家与美术家之天职》，《王国维全集》第一卷，浙江教育出版社、广东教育出版社，2009年，第133页。

小子瞀无状，亦复事操觚。

自忘宿瘤质，揽镜学施朱。

东家与西舍，假得紫罗襦。

主者虽不索，跬步终趑趄。

且当养毛羽，勿作南溟图。[①]

　　这是他自道学术心境的一首诗，叙述自己早年"东家与西舍"地采集新思潮，结果只是借得别人的衣裳，己身独立之学术并没有建立起来。庄子说的"朝菌不知晦朔"，正可以用来比喻那些不以学问本身为目的的新学家们。他自己则决心积学储宝，不断提升自己的学问修养，让学术体现出永久的价值，而不使之"与时荣枯"。因此，他最终转向了从经史小学入手研究古史的艰难道路，这是王国维实现自己学术独立主张的至关重要的一步。

　　中国现代学术传统的建立，是从自觉地追求学术独立开始的。晚年的梁启超对此体会尤深，他在《清代学术概论》里慨乎言之曰："而一切所谓新学家者，其所以失败，更有一种根源，曰不以学问为目的而以为手段。"[②]《清代学术概论》写于1920年。王国维对同一题义的慨乎言之，比任公先生早出十五年以上，说明他是从理念上推动学术独立的最早觉醒者。

---

　　①陈永正：《王国维诗词笺注》，上海古籍出版社，2011年，第85—86页。
　　②梁启超：《清代学术概论》，《梁启超论清学史二种》（朱维铮校注），复旦大学出版社，1985年，第80页。

五

中国传统学术向现代学术转变，有一学术理念上的分别，即传统学术重通人之学，现代学术重专家之学。钱穆在《现代中国学术论衡》一书的序言中写道："文化异，斯学术亦异。中国重和合，西方重分别。民国以来，中国学术界分门别类，务为专家，与中国传统通人通儒之学大相违异。循至通读古籍，格不相入。此其影响将来学术之发展实大，不可不加以讨论。"[①]钱穆先生所揭示的民国以来学术界之重分类，追求专家之学，是吸收了西方学术观念和方法的中国现代学术的特征，而传统学术重会通，通人通儒有至高的地位，两者不尽相同。这里通人之学与专家之学的分野，实际上有古今的问题，也有中西的问题。

中国传统学术的分类，大类项是经、史、子、集四部之学。史部为史学，集部为文学，其义较为明显，历来学者也大都这样界定。唯子部的内涵，通常人们认为属于哲学的范畴，似尚待分解。诸子百家之说，与其说是哲学莫若称为思想学说更加恰当。所以中国历史学科中有思想史一门，而中国学术史实即为学术思想史也。至于经部，分歧更大。近人张舜徽尝云："盖经者纲领之谓，凡言一事一物之纲领者，古人皆名之为经，经字本非专用之尊称也。故诸子百家书中

212

---

①钱穆：《现代中国学术论衡》，岳麓书社，1986年，第1页。

有纲领性之记载，皆以经称之。"①后来儒家地位升高，孔门之"六艺"，即《诗》《书》《礼》《易》《乐》《春秋》，遂成为有至尊地位的经典。如果用现代的眼光来看，经学毫无疑问是需要分解的。《诗经》是文学，不成问题；《尚书》和《春秋》应属于历史的范围；《易经》是哲学。因此传统学术向现代学术转化，有一个学科整合的问题。我这样说丝毫不含有轻视经学的深层文化意蕴的意思，相反，在一定意义上，却可以认为经学原典是中国一切学术的源头，是中国文化的最高形态②，甚至就人文学科而言，亦可以在现代文史哲的学术分类之外，另设经学一科。现代学术分类的方法，淹没了经学的地位。但对于传统学术的四部分类法如何向现代学术分类转变，晚清之时的学子在理念上并不是都很明确。严复、康有为、梁启超、章太炎、王国维等现代学术大家，走的还是通人之学的路，在他们身上，学科的分界并不那么明显，或至少不那样严格。

王国维是首先意识到现代学术需要重新分类的现代学者。这里涉及他写的一篇极重要而又鲜为人注意的文章，即作于1902年的《奏定经学科大学文学科大学章程书后》。这是他写给张之洞的一封信，在这封信里他明确提出反对把经学置于各分科大学之首，强调必须设置哲学一科。他直言不

①张舜徽：《爱晚庐随笔》之《学林脞录》卷三，湖南教育出版社，1991年，第48页。

②马一浮"六艺统摄一切学术"的思想殊堪注意。这方面的论述请参见马著《泰和会语》。亦可参阅拙著《国学与红学》上编，上海辞书出版社，2011年，第5—120页。

讳地指出，由张南皮制定的分科大学的章程没有设哲学一科是个重大的错误。他说：

> 其根本之误何在？曰在缺哲学一科而已。夫欧洲各国大学无不以神、哲、医、法四学为分科之基本。日本大学虽易哲学科以文科之名，然其文科之九科中，则哲学科衰然居首，而余八科无不以哲学概论、哲学史为其基本学科者。今经学科大学中虽附设理学一门，然其范围限于宋以后之哲学，又其宗旨在贵实践而忌空谈，则夫《太极图说》《正蒙》等必在摈斥之列，则就宋人哲学中言之，又不过一部分而已。吾人且不论哲学之不可不特置一科，又不论经学、哲学二科中之必不可不讲哲学，且质南皮尚书之所以必废此科之理由如何？[①]

这涉及的可不是一个细小的分歧，而是与现代学术的分类直接相关的大学分科问题。王国维强调了哲学的重要性，这一观念是现代的。用以取譬的例证，是欧洲各国和日本的例证。可见他的强调现代学术分类方法的思想，是相当自觉的。而在另外一个地方他还说过："今之世界，分业之世界也。一切学问，一切职事，无往而不需特别之技能、特别之教育。一习其事，终身以之。治一学者之不能使治他学，任一职者之不能使任他职，犹金工之不能使为木工，矢人之不

①王国维：《奏定经学科大学文学科大学章程书后》，《王国维全集》第十四卷，浙江教育出版社、广东教育出版社，2009年，第33页。

能使为函人也。"①在《〈欧罗巴通史〉序》一文中又说："凡学问之事，其可称科学以上者，必不可无系统。系统者何？立一统以分类是已。分类之法，以系统而异。有人种学上之分类，有地理学上之分类，有历史上之分类，三者画然不相谋已。"②王氏对学术分类问题一论再论，说明他对此一问题是何等重视。而在这方面，恰好反映出他的学术观念已进入现代学术的范畴，并为现代学术的发展奠定了学理的基础。

①王国维：《教育小言十三则》，《王国维全集》第十四卷，浙江教育出版社、广东教育出版社，2009年，第102页。
②王国维：《〈欧罗巴通史〉序》，《王国维全集》第十四卷，浙江教育出版社、广东教育出版社，2009年，第3—4页。

陈寅恪的"哀伤"与"记忆"

　　世间凡读寅老之书者，知寅老其人者，无不感受到他内心深处蕴藏着一种挥之不去的哀伤和苦痛，而且哀伤的意味大于苦痛。按心理学家的观点，"哀伤"和"记忆"是连在一起的。那么都是一些什么样的"记忆"使得陈寅恪如此哀伤以至哀痛呢？

　　说到底，实与百年中国的文化与社会变迁以及他的家族的命运遭际有直接关系。义宁陈氏一族的事功鼎盛时期，是1895年至1898年陈宝箴任湖南巡抚时期，当时陈宝箴在其子陈三立的襄助下，推行新政，湖南新政走在全国的最前面，梁启超、黄遵宪、江标、徐仁铸、谭嗣同、唐才常、邹代钧、熊希龄、皮锡瑞等变法人士，齐集右帅的麾下，以至于有"天下人才都到了湖南"的说法。改革措施不断出台，"董吏治""辟利源""变士习"，成绩斐然。更有时务学堂之设、湘报馆之办、南学会之开，一时名声大震。义宁父子"营一隅为天下倡"的理想实现在即。但百日变政、一日政变的戊戌之秋突然降临，慈禧杀谭嗣同等"六君子"于京师菜市口，通缉康、梁，陈宝箴、陈三立则受到"革职，永不叙用"的处分。

这一年的冬天，陈宝箴离开长沙抚院，携全家老幼扶夫人的灵柩迁回江西南昌。当时陈三立大病，三立大姊痛哭而死，寅恪长兄师曾之妻范孝嫦（范伯子之女）不久亦逝。陈寅恪这一年九岁。而1900年农历六月二十六日，刚住到南昌西山崝庐仅一年多的陈宝箴，"忽以微疾而终"。

突如其来的"重罚其孤"，致使陈三立锻魂到骨，悲痛欲绝。如果不是有所待，他已经不想活在这个世界。此后每年春秋两季都到崝庐祭扫哭拜。眷属和子女暂住南昌磨子巷，主要靠亲友借贷维持生活。一个家族的盛衰荣悴之变如此之速，其所给予年幼成员的影响势必至深且巨。

而国家在戊戌之变以后大故迭起。

1899年，慈禧大规模清剿"康党"，欲废掉光绪未果，义和团开始变乱。

1900年，慈禧利用义和团，激化了与西方诸国的矛盾，致使八国联军攻陷北京，演出近代史上第二次洋人占领中国都城的悲剧。

1901年，清廷与十一国公使团签订"议和大纲"，首当其冲的重臣李鸿章病死。

1902年，仓皇出逃的两宫还京，有所"悔祸"，但为时已晚。李鸿章后的另一个重要人物袁世凯登上历史舞台。

1904年，日俄战争在中国领土打起，结果日本占领更多中国领土。

清廷在这一年开始赦免除康、梁之外的戊戌在案人员。

1905年，废科举，设学部，孙中山领导的同盟会成立。

1906年，宣示预备立宪。

1907年，张之洞入军机。

1908年，慈禧和光绪均逝，宣统即位。慈禧死于农历十月二十二日，光绪死于前一天的十月二十一日。清史专家认定是慈禧将光绪先行毒死。

1909年，张之洞病逝。

1911年，辛亥首义成功。

1912年，中华民国成立，清帝逊位。

1915年，袁世凯称帝。

1917年，张勋复辟。尔后北洋政府，军阀混战，五四运动，溥仪出宫，国共合作，北伐战争。

1931年，日本占据东北。

1937年至1945年，全民抗战。

1945年至1949年，国共内战。

20世纪50年代以后，则土改，镇反、肃反，"三反五反"，院系调整，抗美援朝，公私合营，合作化，科学进军，"大跃进"，除"四害"，反"右派"，反"右倾"，三年困难，反"苏修"，城乡"四清"，文艺整风，直至"文革"。

此百年中国之一系列大变故，均为陈寅恪所亲历。早为目睹，后则耳闻。如果是普通细民或庸常之士，可能是身虽历而心已麻木。但陈寅恪是历史学家，而且是有特殊家世背景的极敏感的历史学家。他对这些变故能不留下自己的记忆吗？能不为之哀伤而叹息吗？

抑又有可言者，同为哀伤，宜有深浅程度之分别。陈寅恪之哀乃是至痛深哀。其所著《王观堂先生挽词并序》有言："其表现此文化之程量愈宏，则其所受之苦痛亦愈甚。"①故此语虽为静安而设，其普世价值与寅恪亦应若荷符契。所以《陈寅恪集·诗集》中，直写流泪吞声的诗句就有二十三联之多。兹将相关联句依《陈寅恪集·诗集》所系之时间顺序摘录如下，以见其至哀深痛之情状。

残域残年原易感
又因观画泪汍澜　　1913 年

回思寒夜话明昌
相对南冠泣数行　　1927 年

闻道通明同换劫
绿章谁省泪沾巾　　1936 年

楼高雁断怀人远
国破花开溅泪流　　1938 年

得读新诗已泪零
不须藉卉对新亭　　1939 年

世上欲枯流泪眼
天涯宁有惜花人　　1945 年

①陈寅恪：《陈寅恪集·诗集》，生活·读书·新知三联书店，2011 年，第12 页。

万里乾坤迷去住
词人终古泣天涯　　1945年

泪眼已枯心已碎
莫将文字误他生　　1945年

去国欲枯双目泪
浮家虚说五湖舟　　1946年

五十八年流涕尽
可能留命见升平　　1948年

唯有沉湘哀郢泪
弥天梅雨却相同　　1951年

儿郎涷水空文藻
家国沅湘总泪流　　1951年

赵佗犹自怀真定
惭痛孤儿泪不干　　1951年

葱葱佳气古幽州
隔世重来泪不收　　1951年

文章存佚关兴废

怀古伤今涕泗涟　　1953年

论诗我亦弹词体

怅望千秋泪湿巾　　1953年

掩帘窗牖无光入

说饼年时有泪流　　1954年

独醪有理心先醉

残烛无声泪暗流　　1955年

衰泪已因家国尽

人亡学废更如何　　1955年

死生家国休回首

泪与湘江一样流　　1957年

玉溪满贮伤春泪

未肯明流且暗吞　　1958年

铁锁长江东注水

年年流泪送香尘　　1959年

开元全盛谁还忆

便忆贞元满泪痕　1964年

　　此二十三联是三联版《陈寅恪集》之《诗集》中直接关乎泪流的诗句，不一定很全，可能还有遗漏。《柳如是别传》中，《稿竟说偈》结尾四句"刻意伤春，贮泪盈把，痛哭古人，留赠来者"，就没包括在内。

　　陈寅恪不是一般的流泪，而是"泪汍澜""溅泪流""泪不收""涕泗涟""泪湿巾""贮泪盈把"，可见悲伤之情状和哀痛之深。这是很少能在另外的文史学者的文字中看到的。即使是现代的诗人、文学家，也不多见。南唐后主李煜有"以泪洗面"的传说，但形诸文字中也没有写得如此泗泪滂沱。然则陈寅恪深度哀伤的缘由究竟为何？此无他，唯"家国"二字而已。故上引诗联有"衰泪已因家国尽"的句子，他自己已讲得非常清楚。

　　我十余年前写过一篇《陈寅恪的"家国旧情"与"兴亡遗恨"》的文章，解析《陈寅恪诗集》里所反映的他的家国情怀，曾举出多组关于"家国"的诗句，如"家国艰辛费维持""死生家国休回首""频年家国损朱颜""家国沅湘总泪流"，等等。并且发现陈三立的诗里面，也不乏类似的句子，如"羁孤念家国""旋出涕泪说家国""百忧千哀在家国"等，父子二人都在为家国的不幸遭遇而流泪。

　　散原老人的诗句是"百忧千哀在家国"，陈寅恪的诗句是"衰泪已因家国尽"，其措意、遣词、指归，以及情感的发抒，完全一致，哀伤的程度似乎也大体相同。所以然者，则是与陈氏一家在戊戌之年的不幸遭遇直接有关。故陈寅恪的诗句反复强调"家国沉湘总泪流""泪与湘江一样流",明确透露出与此哀此痛直接相关的湖南地域背景。

但陈氏家族的遭遇是与国家的命运联系在一起的。

慈禧政变对近代中国的影响难以言喻,包括八国联军攻入北京等许多伤害国族民命的后续事变,都是那拉氏倒行逆施结出的果实。因此陈寅恪作为历史学者,他不仅有"哀",其实也有"恨"。所"恨"者,1898年的变法,如果不采取激进的办法,国家的局面就会是另外的样子。他的祖父陈宝箴和父亲陈三立本来不赞成康有为的激进态度,而主张全国变法最好让张之洞主持,以不引发慈禧和光绪的冲突为上策。这就是陈寅恪在《寒柳堂记梦未定稿》第六节"戊戌政变与先祖先君之关系"里所说的:"盖先祖以为中国之大,非一时能悉改变,故欲先以湘省为全国之模楷,至若全国改革,则必以中央政府为领导。当时中央政权实属于那拉后,如那拉后不欲变更旧制,光绪帝既无权力,更激起母子间之冲突,大局遂不可收拾矣。"①也就是陈寅恪在《读吴其昌撰梁启超传书后》一文里所说的:

223

当时之言变法者,盖有不同之二源,未可混一论之也。咸丰之世,先祖亦应进士举,居京师。亲见圆明园干霄之火,痛哭南归。其后治军治民,益知中国旧法之不可不变。后交湘阴郭筠仙侍郎嵩焘,极相倾服,许为

---

①陈寅恪:《寒柳堂集》,生活·读书·新知三联书店,2015年,第203页。

孤忠闳识。先君亦从郭公论文论学，而郭公者，亦颂美西法，当时士大夫目为汉奸国贼，群欲得杀之而甘心者也。至南海康先生治今文公羊之学，附会孔子改制以言变法。其与历验世务欲借镜西国以变神州旧法者，本自不同。故先祖先君见义乌朱鼎甫先生一新《无邪堂答问》驳斥南海公羊春秋之说，深以为然。据是可知余家之主变法，其思想源流之所在矣。①

陈寅恪对戊戌变法两种不同的思想源流作了严格区分，以追寻使国家"大局遂不可收拾"的历史原因。

1965年冬天，也就是陈寅恪先生逝世的前四年，他写了一首总括自己一生的哀伤与记忆的诗篇，这就是《乙巳冬日读〈清史·后妃传〉有感于珍妃事为赋一律》，兹抄录如下，与大家共赏。

昔日曾传班氏贤，如今沧海已桑田。

伤心太液波翻句，回首甘陵党锢年。

家国旧情迷纸上，兴亡遗恨照灯前。

开元鹤发凋零尽，谁补西京外戚篇。②

这是一首直接抒写戊戌政变对中国社会变迁以及对义宁

①陈寅恪：《寒柳堂集》，生活·读书·新知三联书店，2015年，第187页。

②陈寅恪：《陈寅恪集·诗集》，生活·读书·新知三联书店，2011年，第172页。

陈氏一家深远影响的诗。首句之班氏即汉代的才女、文学家兼历史学家的班昭，作者用以指代珍妃。珍妃是戊戌政变的直接牺牲品，慈禧因光绪而迁怒珍妃，故庚子西行先将珍妃处死。第二句说珍妃的故事已经很遥远了，国家如今发生了天翻地覆的变化。三四两句是关键，句后有注："玉溪生诗悼文宗杨贤妃云：'金舆不返倾城色，玉殿犹分下苑波。'云起轩词'闻说太液波翻'即用李句。"玉溪生是李商隐的号，寅恪所引诗句见于其《曲江》一诗，全诗为："望断平时翠辇过，空闻子夜鬼悲歌。金舆不返倾城色，玉殿犹分下苑波。死忆华亭闻唳鹤，老忧王室泣铜驼。天荒地变心虽折，若比伤春意未多。"注家对此诗讽咏内容的考证结论不一，要以写悲惋唐文宗甘露之变者为是，寅恪先生采用的即是此说。

　　不过这应该是"古典"，"今典"则是文廷式的《念奴娇》词中与珍妃之死有关的"闻说太液波翻"句。文廷式是珍妃的老师，慈禧因不喜珍妃而牵及其师，早在政变之前就把文廷式赶出宫，并于政变后连发多道旨意，勒令地方督抚捕后就地正法。但当时正在长沙的文廷式为陈宝箴、陈三立父子联手所救免，以三百金作为路资，使其先走上海，尔后逃赴东瀛。

　　珍妃遇难，文廷式异常悲痛，作《落花诗十二首》为悼。另《念奴娇》两首也都关乎珍妃事。第一首有"杜鹃啼后，问江花江草，有情何极。曾是灯前通一笑，浅鬟轻拢蝉翼。掩仰持觞，轻盈试翦，此意难忘得"句，自是怀念珍妃无疑。后者即是寅恪先生所引录者，其第二阕词云："闻说太液波翻，旧时驰道，一片青青麦。翠羽明珰漂泊尽，何况落红狼藉。传写师师，诗题好好，付与情人惜。老夫无语，卧看月下寒碧。"至于"太液波翻"之典故义涵，只有用来比喻宫廷政争一解。所以李商隐用此，指的是唐代与牛、李党争有关的文宗甘露之变。文廷式用此，指的是因帝、后党争引发的戊戌政变。

那么陈寅恪诗中所伤心者（"伤心太液波翻句"），实与文廷式同发一慨，正是戊戌惨剧而非其他。故第四句由戊戌之变想到了东汉的党锢之祸，那次党祸接连两次，杀人无算。盖义宁一家最恶党争，陈三立说："故府君独知事变所当为而已，不复较孰为新旧，尤无所谓新党旧党之见。"正

是历史上无穷无尽的党争给国家造成了无数灾难，戊戌之年的所谓新党和旧党、帝党和后党之争，则使中国失去最后一次渐变革新的好时机。

陈寅恪所哀伤者在此，所长歌痛哭者亦在此。

所以《乙巳冬日读〈清史·后妃传〉有感于珍妃事为赋一律》的第五六两句尤堪注意："家国旧情迷纸上，兴亡遗恨照灯前。"此不仅是这首诗的点题之句，也可以看作是陈寅恪全部诗作的主题曲，同时也是我们开启陈寅恪精神世界隐痛的一把钥匙。明乎此，则晚年的大著作《柳如是别传》有解矣，他的一生著述有解矣，他的哀伤与记忆有解矣。诗的最后一联："开元鹤发凋零尽，谁补西京外戚篇。"盖寅恪先生慨叹，熟悉晚清掌故的老辈都已作古，谁还说得清楚当时宫掖政争的历史真相呢？

当然我们的大史学家是洞彻当时的历史底里真相的，他

晚年撰写的《寒柳堂记梦未定稿》，就是试图重建历史结构的真相的重要著作，虽原稿多有散佚，但我们运用陈寅恪的方法以陈解陈，应大体可以窥知。《寒柳堂记梦未定稿》写于1965年夏至1966年春，《乙巳冬日读〈清史·后妃传〉有感于珍妃事为赋一律》在时间上，相当于《寒柳堂记梦未定稿》竣事之时，故不妨看作是对《寒柳堂记梦未定稿》的题诗。因此补写"西京外戚篇"的伟业，我们的寅恪先生事实上已经践履了。

（首刊《学术月刊》2007年第6期，复经《21世纪经济报道》于2007年7月23日、7月30日分上下两篇编载，此文是其中之一节）

陈寅恪的学说为何有力量

在座的很多都是陈寅恪先生以及义宁之学的"有缘"人，也有的是我个人的朋友。汪荣祖教授，是我多年的朋友。我还再次看到了陈寅恪先生的三位女公子。流求和美延，我见过。小彭是第一次见。刚才你讲曾经写信给我，非常抱歉，信我大概没有收到。你看到我在凤凰卫视讲《大师与传统》，里面很大程度讲陈寅恪先生。要是我看到你的信有多好。我还非常高兴、有点激动，昨天还看到了陈先生的隔代人，看到他的几位孙辈：流求的两位女儿，美延的一位女儿。昨天，她们站在那里跟我说话的时候，我流了泪，我想这是陈先生的隔代人啊，都长得这么大了，一个一个亭亭玉立、风度不凡。流求的一个女儿，长得跟唐先生非常相像，我还能从美延的女儿身上看到陈寅恪先生的一些相貌特点。

自从我三十多年前开始读陈寅恪先生的著作，直到现在，我读陈著没有停止过。陈先生的书是我的案边书，无日不翻，无时不念。开始读的时候，没有想写文章。我在公共汽车上也读他的书。我读得非常仔细，像《柳如是别传》，也是逐字逐句细读的。当我熟悉了他的著作、他的人格精神之后，陈先生就始终伴随着我，陈先生的精神和学问影响了我整个的身心，他再也不会离开我。

大家了解，我们做人文学术研究的人，无论文学、史学还是哲学，常常有一种无力感——这些学问有用吗？人文学术有什么用呢？我们常常感到人文学术是没有什么力量的，内心常常充满了无奈。但念了陈寅恪先生的书之后，对他的学问有一定了解之后，我觉得，史学、诗学等人文学术是有力量的。

陈寅恪先生的学问之所以有力量，一个他是大学问家，不是小学问家。能成其大，见得大体，所以有力量。就像明末清初三大思想家顾炎武、黄宗羲、王夫之一样，王国维说他们的学问是能成其大者。还有，陈先生是思想家。简单以史学家目之，未免把他的学问看小了。他更不是一个简单的材料考据者。当然，他在文、史二学方面做了大量考证，他在甄别考证这些材料的过程中常常放出思想的光辉。

大家了解他研究隋唐历史的两部书——《隋唐制度渊源略论稿》和《唐代政治史述论稿》，你注意他的材料的使用，一遍一遍地引证新、旧《唐书》。如果不懂学问的人或者不耐烦的人，很容易略开他的大面积的引证。可是，只要略开他的这些引证，你就不能懂得陈先生的学问。他的每一条引证都不是无谓而引，材料举证本身就是思想的发现。然后你看他引证之后的三言两语，他可以使这些材料放出光辉。因此可以讲，他的关于唐代的两部著作既是史学的著作，也是文化史的著作，同时也是思想史的著作。《元白诗笺证稿》是对以元、白诗文为中心的考证，但是他实际上是研究唐代的思想文化史，研究中晚唐知识分子的心路历程，以及在社会变迁过程中知识分子的心理、个性。陈寅恪先生的学问之所以有力量，首要的是因为他是一位思想家。

陈寅恪先生的学问之所以有力量，还由于他的学问里面有一种顶天立地、独立不倚的精神。他的学行经历，体现了一般知识人士所不具备的节操和气节。这就是他晚年在给蒋秉南先生赠序中所讲的"贬斥势利，尊崇气节"，以及绝不"侮食自矜，曲学阿世"。所谓"独立之精神，自由之思想"，盖亦指此义。还有他在给杨树达先生的序言里讲的，"始终未尝一藉时会毫末之助，自致于立言不朽之域"。为学从来不"藉时会毫末之助"，"贬斥势利，尊崇气节"，这是陈学最富光彩的精神层面。

他的学问之所以有力量，也还由于他的著作里面蕴涵有深沉的家国之情。我很喜欢他1965年写的《乙巳冬日读〈清史·后妃传〉有感于珍妃事为赋一律》那首诗，其中有两句写的是："家国旧情迷纸上，兴亡遗恨照灯前。"这两句诗是陈先生整个诗歌创作的主题曲，也是打开他著作宝库的一把钥匙。因为他的精神力量跟他的家国之情紧密联系在一起。他在很多诗里都有类似的情结。"死生家国休回首，泪与湘江一样流。""儿郎涑水空文藻，家国沉湘总泪流。""衰泪已因家国尽，人亡学废更如何。"他的眼泪都哭干了。所以哭干了，是由于深沉的家国之情。这是他一生精神脉络之所出处。

他的学问之所以有力量，还由于优美的家风门风使然。"优美之门风"这句话，是陈先生在讲到汉以后的学术发展，很重要的一个思想学说。刚才提到的陈先生的《隋唐制度渊源略论稿》和《唐代政治史述论稿》两部著作，其实此两部著作非常强调地域和家世信仰的熏习作用。陈寅恪先生对中国学术思想史有一重要假设，即认为汉以后学校制度废弛，学术中心逐渐由官学转移到家族。但"家族复限于地域"，所以他提出："魏、晋、南北朝之学术、宗教皆与家族、地域两点不可分离"[①]。而家族所起的作用在于："士族之特点既在其门风之优美，不同于凡庶，而优美之门风实基于学业之因袭。"因此可以说，魏晋南北朝以后，如果没有家学传统，就没有学术思想的建立。

当然很遗憾，晚清到民国这百多年，最大的问题就是家庭与家族的解体。家庭与家族解体，就谈不上学术的传承了。文化传承有三个渠道，一个是家族，一个是学校，还有一个是宗教系统。中国文化的传承，家族的传承非常之重要。义宁之学有陈先生这样了不起的思想家和学者，他们家族的文脉完全继承了下来，并有新的发展。义宁之学不是陈寅恪先生一代之学，从陈伟琳先生读阳明书而发为感叹开始，到陈宝箴到陈三立，最后到陈三立后边的大家常讲的一些杰出的人物，包括庐山植物园的创建者陈封怀先生，都是这样。

我最近刚出版一本书，叫《陈宝箴和湖南新政》。从1895年到1898年，陈宝箴在陈三立的襄助之下推动湖南的变

---

①陈寅恪：《隋唐制度渊源略论稿》，生活·读书·新知三联书店，1954年，第20页。

革维新。三年之功，改革走在全国的最前列。但是到1898年戊戌之年的八月初六，慈禧太后发动政变，维新变法的浪潮被打下去了，"六君子"被杀，康、梁被通缉，陈宝箴和陈三立受到"革职，永不叙用"的处分。当时跟随陈宝箴、陈三立父子参与改革的诸多人物，梁启超、谭嗣同不必说，包括黄遵宪、熊希龄、皮锡瑞也都受到了处分。这是一个时代的悲剧，也是陈氏家族的悲剧。陈寅恪先生一生，他的内心常常充满苦痛，他的苦痛不是个人的苦痛，而是家国兴亡的苦痛。按照心理学的分析，任何苦痛都跟他的记忆有关，而陈寅恪先生内心的苦痛，据我的研究，跟他的家族在戊戌之年的悲剧有深切的关系。所以他在诗里常常把湘江、湖南跟他的苦痛连在一起。所谓"家国沉湘总泪流""泪与湘江一样流"，就是指此。

为什么？仅仅是由于祖父和父亲受到了处分吗？不是的。他这个苦痛，是因为对家国有更大的关切。因为在陈先生看来，陈宝箴和陈三立在戊戌变法时期的变革主张，属于"渐变"，是稳健的改革派。如果按他们的主张行事，最后推荐张之洞到朝廷主持变法，由于慈禧太后喜欢张之洞，就不致使慈禧太后和光绪皇帝之间的矛盾，发展到完全对立冲突的地步。如果1898年的变法得以善终的话，后来的中国就不会有那么多的变乱。这就是陈先生的苦痛之处。1898年底，受处分的陈氏父子由湖南回到江西，住在南昌的磨子巷，后来陈宝箴在西山建崝庐，陈氏父子在灯下想到湖南变革的遭遇，孤灯对坐长嘘，这种情境下的心理情绪绝对不是个人的处境问题，而是对整个国家前途的忧思。

陈先生学说的力量，还有一点，陈先生对古人——我们可以引申为除己身之外的他人的学说——持有一种"了解之同情"的态度。这一思想是在他给冯友兰《中国哲学史》写审查报告当时讲的，反映了陈先生内心世界的恕道。"恕"是孔子思想，就是"己所不欲，勿施于人"。后生轻薄古人，陈先生不持这种态度。这个非常之难啊！对历史上的一些人物，陈先生总是有一种"了解之同情"。所以你看三卷本的《柳如是别传》，很多人很奇怪，包括一些老辈，很纳闷陈先生为什么写《柳如是别传》。我认为这是陈先生一生当中最大的著述，绝对不是简单地为一位女子立传，而是"借传修史"，撰写一部明清文化痛史。

　　很多朋友遗憾陈先生没有写出一部通史来，其实那不重要。他的《柳如是别传》的学术价值，远远超过一部所谓通史的价值。这部书对明清时期众多历史人物那种恰当的评价，那种深切的"了解之同情"，令我们读后非常感动。女主人公后来嫁给晚明的文坛领袖、有"当代李杜"之称的钱谦益。他是江苏常熟人。1644年清兵入关以后，明朝垮台，南京建立了弘光政权，是为南明。钱谦益在南明小朝廷入阁，当了礼部尚书。柳如是跟钱谦益一道从常熟来到南京。但1645年清兵南下，打到南京城下，扬州守不住了，史可法自尽，南明朝廷垮台。而率先投降的是两位文化名人，诗文名气特别大的是钱谦益，另一位是大书法家王铎。但是，柳如是并没有投降，后来钱谦益"循例北迁"，柳如是没有跟去，独自留在南京，后来又回到常熟。陈先生讲她是一个奇女子，是一个英雄，这样讲看来不为过。钱谦益在北京也没有恋栈，很快就告老而归，回到常熟。后来，他跟柳如是直到死都从事反清复明的活动。虽然他投降了清朝，但是他后期的作为有所弥补。所以陈先生对钱谦益这种两重性的人格、前后的表现作了很多具体分析，指出降清固然是其一生污点，但后来的悔过，其情可悯，应给予"了解之同情"。陈先生对于古人、对于古人的学说，持有"了解之同情"的态度。

　　我很高兴，近年有一些年轻的学者在研究义宁之学方面取得很好的成绩。像我熟悉的年轻的朋友张求会先生、胡迎建先生、刘经富先生、刘克敌先生，他们近年的研究很有成绩。还有一位广东的胡文辉先生，他注释陈寅恪的诗作，对陈诗的出典，一一稽查清楚。还有山东大学的李开军先生，对陈三立诗文的整理很见功底，他正在写陈三立的年谱，有七八十万字。如果需要我对这些年轻的朋友说一句什么话，那就是——对陈先生学问的梳理，对史料的收集整理，固然是研究陈学必不可少的功夫，但如何体认陈学的精神脉理，如何将陈学的精神变成自己身心的一部分，这比研究陈寅恪的学问本身还要重要。

　　（本文系作者在2013年陈寅恪研究国际学术研讨会开幕式上的讲话，载2014年3月10日《中华读书报》）

义宁之学的渊源与宗主

　　陈宝箴以举人而非进士出身，且并非高门，能够跻身于晚清胜流之列，在仕途上取得成功，最后官至巡抚，成为封疆大吏，主要靠的是他个人的流品与才干。而流品与才干得之于学养，同时也得之于义宁陈氏的家学传统。

　　陈宝箴的先世为福建人，曾祖鲲池始迁入江西义宁州。父亲陈琢如，六七岁时已能知晓儒学基本经典的大旨，端庄寡言，有成人之风。长大之后，接触到王阳明的著作，一见而如有夙契，感慨说道："为学当如是矣！奔驰夫富贵，泛滥夫词章，今人之学者，皆贼其心者也。惟阳明氏有发聋振聩之功。"①从此知行尽去功名利达之见，决心与古人为伍（"抗心古贤者，追而摄之"），不走为官为宦的道路，只以孝友尊亲、德化乡里为事。母亲体弱多病，他因此遍读医书，究心医术，成为远近知名的能医之人。尝说："无功于乡里，而推吾母之施以及人，亦吾所以自尽也。"②在琢如公

235

---

　　①郭嵩焘：《陈府君墓碑铭》，《郭嵩焘诗文集》，岳麓书社，1984年，第437页。
　　②郭嵩焘：《陈府君墓碑铭》，《郭嵩焘诗文集》，岳麓书社，1984年，第437页。

的影响下，陈宝箴、陈三立后来也都通中医之学。陈宝箴给郭嵩焘瞧病诊脉之事，《郭嵩焘日记》中多有记载，笔者论义宁父子与晚清胜流的关系的文章，尝详引为证。郭嵩焘甚至认为右铭的脉理比其他专业医生还要高明。尽管陈寅恪所受西方教育多，也许包括自己的某些经验，不相信中医，但对自己家族的中医学传统，仍非常重视。晚年撰写《寒柳堂记梦未定稿》，第一章就是"吾家先世中医之学"，遍举曾祖陈琢如、祖父陈宝箴精通医术的证据，而有"中医之学乃吾家学"的结论。[①]因此探究义宁之学的渊源与传统，一是要注意其导源于王学的尽去功名利达之见的学术精神，二是不能忽略陈氏一族所擅长的中医之学。因为中医的特点是推己及人，致力于疗救民间的病痛，在传统社会属于下行之学，与王学有精神脉理上的一致性。

义宁之学的另一传统是兴教重才，即尽可能兴办教育、重视人才的造就。陈琢如为了见识"天下奇士"，走遍淮、徐、齐、豫等地，最后还去了京师，结果非常失望。他慨叹说："士失教久矣，自天下莫不然，独义宁也与哉！诚欲兴起人才，必自学始。"[②]当时曾、左、胡诸胜流尚未命世，仕宦猥委，人才凋落，陈公之叹，实发时代之音。只可惜琢如先生还没有意识到自己的亲子宝箴就是未来的"天下奇士"。当然他自己也够得上"奇士"之目，因为只有"奇士"才具

---

①陈寅恪：《寒柳堂集梦未定稿》第二节"吾家先世中医之学"，参见《寒柳堂集》，上海古籍出版社，1980年，第168页。

②郭嵩焘：《陈府君墓碑铭》，《郭嵩焘诗文集》，岳麓书社，1984年，第437—438页。

有辨识世而无士、有士而不奇的"奇士"的眼光。他的经世之志与经世之学，促使他率先办起了地方教育，创办"义宁书院"，授子弟以实学，以期明体达用。说来绝非巧合，陈宝箴对兴教办学的重视，也是毕生一以贯之。同治三年（1864年），右铭三十三岁，所作《上沈中丞书》，有一节专论书院，针对八股取士的"科制之弊"提出："其可以就成法之中，富化裁之意者，莫如书院一事。"[1]沈中丞即沈葆桢，当时任江西巡抚。后来右铭进入仕途、任河北道，创办"致用精舍"（也称河北精舍或治经书院），学规他亲自撰写，特别强调"读书总期明体达用"的为学目标。规定："诸生诵书经史而外，或旁及诗文、天文、算学，各从所好，期于不荒正课而止。至盐、漕，地舆、水利、农田、兵法、河工、屯、牧、船、炮，尤用世之士所宜急讲。所置诸项书籍，宜以次恣览。"[2]陈宝箴的长项，一是治河、二是揖盗、三是办学。他设计一所学校，唾手可成。抚湘时设立著名的时务学堂，并非偶然。陈三立人在湖南，不仅参与时务学堂的创办，同时关切江西书院的建立。更不消说陈寅恪与大学与研究院的关系。陈宝箴办学，始终不忘添置图籍，这让我想起1925年陈寅恪应聘清华大学国学研究院导师的职务，头一个条件就是研究院要购买充分的图书。义宁之办学兴教的传统，真可谓渊源有自了。

---

①陈宝箴：《上沈中丞书》，《皇朝经世文编续编》卷十，台北文海书局，1979年。

②陈宝箴：《河北精舍学规》，《皇朝经世文编续编》卷六十五，台北文海书局，1979年。

陈宝箴的父亲陈琢如还特别重视学问的实践精神。太平天国起来后，他在义宁操办团练，右铭也参与其事。陈宝箴中举，琢如仍谆谆告诫不要忘了学问。病危之时，还在抄录李二曲的《答人问学书》，并写"成德起自困穷，败身多因得志"[1]两句话交给宝箴。郭嵩焘在《陈府君墓碑铭》中写道："生世而为贤，必有先焉。惟其运量周天下而学术之披其身，足以有传。阕其光以禔之其子，施事而长延。"[2]他已注意到义宁陈氏的家学渊源及陈宝箴对此一家族为学传统的继承。

这里需要辨明，义宁之学与王学有如此密切的关系，吾未见留心义宁之学之时贤已给予注意。实则王学之于义宁，可以说是家传夙契之学，其于宝箴、其于三立、其于寅恪的影响，均昭然有绪。如果撇开蹈人空疏的晚明末流不谈，则王学是非常有力量的学问。述往圣而不泥、言心性而不空是王学的特点。其力量之源泉来自学问与人格的独立。知行合一、独立自适是王学的旨归。义宁之学的要义，即在于此点。陈宝箴立身行事，一是顾全大局，一是保全自身的人格尊严，与铭公巨卿相往还，从无攀附之嫌。光绪九年（1883）任河北道时，他曾参与会审王树汶一案，王临刑而大呼冤枉，经刑部复查，予以平反。除陈宝箴之外，原该案会审的官员均受到或降或调的处分。后来左副都御使张佩纶奏请陈

---

①郭嵩焘：《陈府君墓碑铭》，《郭嵩焘诗文集》，岳麓书社，1984年，第438页。

②郭嵩焘：《陈府君墓碑铭》，《郭嵩焘诗文集》，岳麓书社，1984年，第438页。

宝箴不应放过，结果清廷下谕拟追加处分。陈宝箴非常气愤，说："一官进退轻如毫毛比，岂足道哉？然朝廷方以言语奖进天下士，不竭忠补阙，反声气朋比，颠倒恣横，恐且败国事。吾当不恤自明，藉发其覆，备兼听。"[1]于是上书抗辩，自我澄清。但派下来查核此案的阎敬铭首鼠两端，不加可否。右铭先生怒而离开官位，自我放浪于山水之间。

这次蒙冤，恰值右铭五十一岁的盛年，七年之后复职，已经五十九岁了。其所作《长沙秋兴八首用杜韵》之五："五里浓云九里山，难消氛祲有无间。鸿嗷鹿铤同栖莽，狗盗鸡鸣已脱关。笑我蹉跎成白发，愧人谣诼说红颜。漫嗟骐骥闲秋草，款段犹随仗马班。"[2]颇能显示右铭此时的心境。失去了官职，却保全了名节，历练了人格。但长期赋闲，眼看鸡鸣狗盗之徒都得到升迁，难免生颓唐之感。但右铭尊人琢如公临终时写给他的箴铭"成德起自困穷，败身多因得志"，他不会忘记。

1895年《中日马关条约》签订，当时在天津任粮台的右铭先生，闻讯后痛哭失声，说："这已经不像个国家了。"听说代表清廷签署丧权辱国条约的李鸿章，回国后还要在天津留任总督，陈宝箴说："他早晨回来，我晚上就挂冠而去！"并说："勋旧大臣如李公首当其难，极知不堪战，当投阙沥血自陈，争以生死去就，如是十可七八回圣听。今猥塞责望

①陈三立：《湖南巡抚先府君行状》，《散原精舍文集》卷五，辽宁教育出版社，1988年，第72页。

②陈宝箴：《长沙秋兴八首用杜韵》，载《江西诗词》1988年第1期。

239

谤议，举中国之大、宗社之重悬孤注，戏付一掷，大臣均休
戚，所自处宁有是耶？其世所蔽罪李公，吾盖未暇为李公罪
矣。"①从而拒不与李鸿章见面。诚如识者所言，甲午之败是
不该战而战之败，因此尤堪哀痛。而早在1860年会试留京师
期间，英法联军火烧圆明园，右铭饮于酒肆，遥见火光，不
觉槌案痛哭，举座为之震惊。②这些地方，都表现出义宁之
学得其大体、风骨凛然而又独立不依的精神。郭嵩焘概括陈
宝箴为人治事的特点："其自视经营天下，蓄之方寸而发于
事业，以曲当于人心，固自其素定也。艰难盘错，应机立
断，独喜自负。"③自是知者之评。

义宁之学的独立性，还表现在论学论治不掺杂党派成
见。陈三立说："府君独知时变所当为而已，不复较孰为新
旧，尤无所谓新党、旧党之见。"④这些，对后来的史学家陈
寅恪流品与风格的形成，有直接的影响。盖因党派之见，无
非私见，而豪杰志士、学者之怀，在存乎公心。我们看右
铭、散原、寅恪，何时因个体之私而与人与事？陈宝箴在湖
北按察使任上，总督张之洞与湖北巡抚谭继洵不相得，但对
陈宝箴都格外倚重。遇有处理事情失当之处，他据理力争，

---

①陈三立：《湖南巡抚先府君行状》，《散原精舍文集》卷五，辽宁教育出版
社，1988年，第74页。

②陈三立：《湖南巡抚先府君行状》，《散原精舍文集》卷五，辽宁教育出版
社，1988年，第69页。

③郭嵩焘：《送陈右铭廉访序》，《郭嵩焘诗文集》，岳麓书社，1984年，第
278页。

④陈三立：《湖南巡抚先府君行状》，《散原精舍文集》卷五，辽宁教育出版
社，1988年，第76页。

使有芥蒂的双方均感信服。①有一次因襄阳知县的任用张、谭发生分歧，张提出朱某，谭主张用张某，使得职掌按察使和布政使两司的陈宝箴左右为难，便挂出两张告示牌，出个洋相给大家看。武昌知府李有棻提醒这样做不好，右铭说："总督与抚台眼里没有两司，我要让他们知道两司也不可以任意侮辱。"后来撤销了张之洞的提名。因为按清朝的官制，藩台（两司）是省衙专管人事的部门，右铭的抗争有维护责权的意思，有益于建立正常的吏治秩序。

陈宝箴的古诗文修养也很高。仅就笔者搜集到的他的奏章与书信，细详之下，感到格高义古，论事剀切，文气充贯而富有生命。刘成澜对他的《疏广议》一文的评语是："识解高出流辈，文格逼近欧曾。"②郭嵩焘看过右铭的奏、议、书、牍、序、传等各种文章三十余篇，总的评价是："右铭十余年踪迹，与其学术志行，略具于斯。其才气诚不可一世，而论事理曲折，心平气夷，虑之周而见之深远，又足见其所学与养之邃也。"③晚年的曾国藩读了右铭的一册文稿，评为："骏快激昂，有陈同甫、叶水心之风。"④可谓一语中的，不愧文章泰斗、赏析大家之评。曾公点明右铭文宗陈、

①陈三立：《湖南巡抚先府君行状》，《散原精舍文集》卷五，辽宁教育出版社，1988年，第74页。

②参见江西省政协文史委员会与修水县政协文史委员会合编《一门四杰》，1994年印行，第33页。

③郭嵩焘：《郭嵩焘日记》第二卷，湖南人民出版社，1981年，第693页。

④曾国藩：《复陈宝箴》，《曾国藩全集》第29册"书信"第九，岳麓书社，1994年，第6783页。

叶，亦可见其为学之渊源所自。至其诗歌，流传下来的不多，我看到的有三十首左右①，一派大家气象，意态从容、不可一世，似有汉魏余绪。如《吴城舟中寄酬李芋仙》第二首：

> 相逢冠剑走风尘，十载论交老更亲。
> 诗有仙心宜不死，天生风骨合长贫。
> 本来温饱非吾辈，未必浮沉累此身。
> 官职声名聊复尔，秋风容易长鱼莼。②

又如《入都过章门，李君芋仙出庄少甫画松见赠，并与曾君佑卿、宋君萍洲各缀诗为别，答题二绝句》：

> 妙墨重劳品藻工，涛声万窾隐苍窿。
> 良材摧塞天应惜，肯作寻常爨下桐。

> 岁寒不改真吾友，拔地干霄傍碧空。
> 旧雨不来庭宇静，虬龙日夜起秋风。③

三首都是大气象、大手笔之作。另有五言古风《蝇》④，

---

①《江西诗词》1988年第一期刊陈宝箴遗诗二十二首，承江西社科院古籍所胡迎建兄寄示，特此致谢。
②参见《江西诗词》1988年第1期。
③参见《江西诗词》1988年第1期。
④参见《江西诗词》1988年第1期。

三十四句，描摹群蝇成阵、染鼎逐臭的各种形态，并提出灭蝇的方法，期望能够安枕酣眠，最后以"乃知天壤间，实繁蝇与蠹"为结，颇似一篇寓言。诚如范肯堂在《故湖南巡抚义宁陈公墓志铭》中所说："公于诗文果不多为，为则精辟有法。"①这从他的诗学主张中也可以看出来，其《书塾侄诗卷》写道：

> 诗言志，志超流俗，诗不求佳，然志高矣。又当俯仰古今，读书尚友，涵养性情，有悠然自得之致。绵渺悱恻，不能自已，然后感于物而有言，言之又足以感人也。后世饰鞶帨，类多无本之言，故曰雕虫篆刻，壮夫莫为。然即以诗论，亦必浸淫坟籍，含英咀华，以相输贯。探源汉魏，涉猎唐宋人，于作者骨骼神韵，具有心得，然后执笔为之，不见陋于大雅之林矣。今侄且无肆力于诗，且先肆力于学。以侄之聪明才能，摆脱一切流俗之见，高著眼孔，开拓心胸，日为古人为徒，即以古人自待，毋自菲薄，毋或怠荒，他日德业事功，皆当卓有成就。以此发为诗文，如万斛泉源，不择地而涌矣。况不必以词章小道，与专门名家者争优劣耶。子夏曰：虽小道，必有可观者焉，致远恐泥。闻侄渐留意于书画笔墨之间，而未知问学，故书此以广所志，勉旃勉旃。②

①范肯堂：《故湖南巡抚义宁陈公墓志铭》,《范伯子诗文选集》，浙江古籍出版社，2008年第2版，第355页。

②参见江西省政协文史委员会与修水县政协文史委员会合编《一门四杰》，1994年印行，第161页。

从这一篇诗论可以看出，高古尚实而又要以学问为基底，是右铭先生的诗文主张，也是他本人词章的特点。而"日为古人为徒，即以古人自待"的规谏，与乃父陈琢如关于为学为人须"抗心古贤者，追而摄之"的知行观，如出一辙。

陈三立在《湖南巡抚先府君行状》里说："府君学宗张朱，兼治永嘉叶氏、姚江王氏说。"①这一提示至为重要，可以说是帮助我们打开义宁之学秘奥的一把钥匙。"学宗张朱"，即张横渠和朱元晦之学。叙论学术思想，习惯上总是程朱并提，很少有把张载和朱熹放在一起的。散原之《行状》写于陈宝箴冤死后不久，当时朝野噤声，散原不能不有所顾虑。因为有清一代，极崇程朱，可是散原又不愿意把乃父为学之宗主，直接与程朱联系起来，遂标之以"学宗张朱"，让人感到陈宝箴的学问路向，"治姚江"（王学）而不失其正。试想，哪有一个有学养的后人，在叙述自己尊人的为学渊源时，会说他父亲在学问上既宗张，又宗朱，又兼治永嘉叶，又兼治姚江王，玩笑也不是这样的开法。以散原之严谨，当然不会如此不伦。明显是出于顾忌，而弱化了右铭为学的真正宗主。我认为右铭之学，其宗主和乃父陈琢如一样，也是意近王学。谜底出来了：散原在《先府君行状》中之所述，再一次印证义宁之学和王学确实是渊源相承的关

①陈三立：《湖南巡抚先府君行状》，《散原精舍文集》卷五，辽宁教育出版社，1988年，第75—76页。

系。其实郭嵩焘给陈琢如写墓碑铭，叙及右铭先生之尊人陈琢如特别服膺姚江，还不是陈宝箴提供的材料？提供这种材料，当然反映他本人的学术主张。

不过我在这里还想揭出另一个更加有趣的谜底，即陈三立在学术思想上是否也有一定的旨归？换句话说，他是不是也秉承家风倾向于王学？万没有想到，这个谜底是散原自己为我们揭开的，他在《清故护理陕甘总督甘肃布政使毛公墓志铭》中写道：

> 光绪初，公方壮年，过谒先公长沙，得间，三立偕公寻衡岳，及登祝融峰，遇暴风雨，衣襦沾湿，达僧寺，张镫就饮，倚几纵论，涉学派，三立意向阳明王氏，微不满朱子，公怫然变色，责其谬误，径去而强卧，夜半闻公展转太息声，乃披衣就榻谢之曰："犹未熟寐耶？顷者语言诚不检，然自揣当不至为叛道之人，何过滤至此耶？"公不语，微昂首颔之，晨起一笑而解。公虽少慧，然迫切厚我之肫诚逸事类此者不能忘。其后获师龙川李先生，遂不复坚持夙昔所见矣。[1]

这应该是铁证了。散原自己说他在学派问题上"意向阳明王氏"，而且惹得笃守程朱之学的毛庆蕃强卧而不能入睡。但散原并未因此而改变自己的学术主张，倒是毛庆蕃后来改

245

①陈三立：《清故护理陕甘总督甘肃布正使毛公墓志铭》，《散原精舍文集》卷十六，辽宁教育出版社，1988年，第233页。

变了自己的为学意向，转而也重视王学。毛氏是散原的江西同乡，又是"相摩以道义，相输以肝胆""终始数十年如一日"的好友，对散原的学术宗主，虽然毛庆蕃今天无法来做证人，但散原这篇纪念毛公的墓志铭，却可以说明陈三立的学术思想的取向。

因此我可以肯定地说，散原与乃父乃祖父一样，也倾向于王学。可是王学在中国传统思想的框架里面，不仅有独立性的内涵，而且有反叛性的品格。这一点，陈三立当年向怒不与语的毛公所作解释（"自揣当不至为叛道之人"），可得到反证。其实，陈琢如、陈宝箴、陈三立所代表的义宁之学的特点，所以具有独立不依和截断众流的精神意向，其原因就在这里。至于陈宝箴和陈三立，特别是陈三立以后的思想经历是否有过"叛道"或"叛道"的嫌疑，这是后话，下面专论陈三立的篇章会涉及。

明白了义宁之学的渊源与宗主，我们就不会奇怪陈氏父子何以能够成为戊戌维新的主要角色，以及为造就日后的大史学家提供了怎样合适的家族传世之学的思想土壤。陈寅恪毕生提倡、生死以之的"独立之精神，自由之思想"，实际上与乃曾祖、乃祖、乃父的学术思想一脉相承。

马一浮的儒学底色、佛学生活和诗学性情

《光明日报》编者按：马一浮（1883—1967）是20世纪的学术大家，新儒学的代表人物。一生追求学术，涉猎广泛，义理精深，在经学、理学、佛学等领域均有建树，是中国现代学术史上的重要人物。由于其行文典雅，又多微言大义，故能深入了解马一浮学术之人甚少，能集中介绍其学术之专著则更为少见。7月25日，"马一浮与国学"光明读书会在北京三联韬奋书店举办，读者济济一堂，听刘梦溪讲述这位"云端上的人物"。

语默动静，贞夫一也

了解马一浮不容易，因为不是简单地读他的书，就可以了解他。了解马一浮的难，在于他的学问并不都在他的著作当中。他的著述不多，我们经常读的，无非是泰和、宜山两《会语》和《复性书院讲录》，以及《尔雅台答问》和《答问补编》等。他的书信和大量诗作，是其学问的延伸，或者说是马一浮学问的另一载体，呈现的是马一浮学问境界和学术精神最生动的世界。

学术界习惯把马和熊（熊十力）、梁（梁漱溟）联系起来，称作新儒家的"三圣"。我个人认为，马先生和熊先生相比，熊先生在学理方面有一点"杂"，而且还有"理障"；而马先生不杂不泥，显微无间，毫无理障。如果把马先生和梁先生相比，梁先生未免太过讲究学问的实用性，而马先生更强调对学问本身的体验。讲经术义理，他虽然提倡践行，但绝不以通常所谓实用为依归。所以，如果以为学的本我境界来衡量，马一浮的名字在"三圣"中，应排在最前面。

　　马一浮与近现代以来的学术文化潮流完全不能相契，如同陈寅恪一样，也可以说是"迥异时流"。他不染尘俗，不泪习气，不沾势利。马先生是通儒，他为我们树立了一种气质清通、彻底刊落习气的纯粹学者的典范。他在纷乱的时代开启了一种文化境界，这就是不任教职、不著时文，"语默动静，贞夫一也"的境界。

　　马一浮是儒学大师，学术界向无异议。他的儒学研究与佛学研究结合在一起，形成一种新的义理学说。无论是《泰和会语》《宜山会语》，还是《复性书院讲录》，抑或是《尔雅台答问》，以及其他的文字著述，都是儒佛一体的讲述。即使是集中讲论儒学，甚至专门讲述"六艺之学"，也都是与佛学联系起来一起讲的，几乎是讲儒就讲佛，无佛不讲儒。

　　马一浮的治学方法，是以佛解儒，儒佛双融，儒佛会通。他的一句话说："儒佛等是闲名，心性人所同具。"他说："《华严》可以通《易》，《法华》可以通《诗》，苟能神会心解，得意忘言于文字之外，则义学、禅学悟道之言，亦可以与诸儒经说大义相通。"那么，马先生的学问到底哪一方面为主？我倾向是儒佛并重，儒学和佛学同为马一浮学问大厦的支柱。

马一浮向以读书多享誉士林。他的学问，是在知识的海洋中通过切身遨游体究的结果，知识已经化作了思想，已成为他生命的一部分，与自性本具之义理融而为一，也就是形成了属于他自己的思想体系。他的思想来源于宋代的义理之学，而又归之于先秦的"六经"，综合阐发，以佛解儒，最后形成经术义理的思想体系。因此可以说，他是少见的重视思想义理的国学学者，是20世纪一位当之无愧的思想家。

办书院，复活"六艺"之学

1938年，当马一浮在江西泰和即将转徙广西宜山之将行未离之际，他的弟子寿毅成和友人刘百闵等拟请他出山筹办一所书院之事，已经在酝酿之中了。马一浮虽应邀赴命，但系"不得已而后应"，心如静物，无减无增。

他用极短的时间起草了一份《书院之名称旨趣及简要办法》，有关书院创办的各项事宜，包括书院的性质、课程设置、讲论方法、经费来源等，均作了得其要领的叙论。他力主以"复性"二字作为书院的名称。他说："学术人心所以分歧，皆由溺于所习而失之。复其性则同然矣。复则无妄，无妄即诚也。"

"复性书院"一名，再好不过地体现了马一浮学术思想的出发点和归宿。而施教的内容，则以"六艺之学"为主，究明经术义理，以期养成通儒。马一浮特别强调："书院为纯粹研究学术团体，不涉任何政治意味。凡在院师生，不参加任何政治运动。"

马一浮深知经术义理对文化复兴可能起到的作用，他说："窃惟国之根本，系于人心，人心之存亡，系于义理之明晦，义理之明晦，系于学术之盛衰。"这和王国维所说的"国家与学术为存亡，天而未厌中国也，必不亡其学术。天不欲亡中国之学术，则于学术所寄之人，必因而笃之"，完全是同一理据。只不过马先生认为，中国学术义理之经典道要，悉在"六经"。也可以说他是为了弘传"六经"之义理道本，养成国人健全的文化人格，为国"造士"，才不得已而有书院之举。

马一浮书法作品

本来积极推动书院创办的友人刘百闵、弟子寿毅成以及教育部，都要马一浮出任书院的院长，但马先生辞以院长之名，宁愿以"主讲"的身份主掌院务。

250

复性书院设在四川乐山乌尤山上的乌尤寺，一个风景优美的地方。1939年农历九月十七日，书院正式开讲。马先生在《开讲日示诸生》中详阐"常""变"之道，说中国遭夷狄侵凌是"事之至变"，力战不屈是"理之至常"；当塞难之时有书院之设是"变"，书院讲求经术义理是"常"。

复性书院的章程由马先生撰写，明文规定"求学者须遵守三戒：一不求仕宦，二不营货利，三不起斗诤"。书院之管理分任诸事项，力求简要，只设主讲一人、监院一人、都讲无定员。主讲是马先生，监院为贺昌群，乌以风为都讲。这些名称都是马先生仿古例拟定的。

复性书院自1939年下半年开讲，至1940年上半年，不到一年时间，马先生主讲的课程，已经次第展开。继前面提到的《开讲日示诸生》，续有《复性书院学规》和《读书法》两课，主要传授进学的观念和进学的方法，类似于读书为学的"发凡起例"，也可以看作是马一浮学术思想的一个纲领。

早在书院开办之前，马一浮就对丰子恺说："书院如能完全独立，不受任何干涉，则吾亦为之。不稍假借，亦自有其立场，若有丝毫未安，决不徇人以丧己。"后来，他的立场受到了挑战，所以决定辞却主讲以实现"决不徇人以丧己"的自性目标。书院应超出现行教育体制之外，是马一浮始终不变的主张。

复性书院的创办，其由盛而衰到存而犹废到终于废置，前后十有余年。马一浮可谓甘苦自知。他实际上做了一次复活"六艺"之学的尝试，也可以看作新儒学的一次探险。好在书院于他无减无增，"十年辛苦"之后，马一浮还是马一浮。如果说有什么不同，那是他的学问更入于本我之境。还有，不知他是否意识到，儒家的"六艺"之学，在20世纪的中国已经无奈而又无力。不过，马一浮本人对此并不存在"切肤之痛"，因为他本来就不曾有过奢望，"语默动静，贞夫一也"是他始终的立场。何况他的学问也从未局限于儒学一门，佛家之义学和禅学，同样是他安身立命的根基。

重新定义"国学"概念

"国学"的概念在中国历史上早已有之，《周礼》《汉书》《后汉书》《晋书》里面都有"国学"的概念。但中国古代历来之"国学"，指的都是国立学校的意思。南宋朱熹之前白鹿洞书院叫作白鹿洞国学，就是一所学校。那么，"国学"作为现代学术的概念是什么时候出现的呢？从现有资料可见，1902年梁启超和黄遵宪的通信里开始使用"国学"的概念。黄遵宪在给梁启超的一封信里说：你提出要办《国学报》，我觉得现在还不是时候。1902—1904年梁启超写就的《中国学术变迁之大势》里又使用了"国学"的概念。他说，现在有人担心"西学"这么兴旺，新学青年唾弃"国学"，很可能"国学"会走向灭亡。梁启超说不会的，"外学"越发达，"国学"反而增添活力，获得发展的生机。

1898年张之洞在《劝学篇》"外篇"里有一节专门讲"设学"——设立学校。他说，在课程设置的时候，要以"旧学为体，新学为用"。1921年梁启超写《清代学术概论》时转述了张之洞这一主张。他说，自从张之洞提出了"中学为体，西学为用"……梁的转述，反而成为后来思想学术的流行语。

今天研究"国学"概念的渊源与流变，可以说，张之洞在《劝学篇》里讲的"旧学"，梁启超转述的"中学"，以及梁启超与黄遵宪通信里提到的"国学"，几乎是同等概念，实际上就是中国历来的传统学问。

1922年，北京大学成立"国学门"。1925年，清华大学成立"国学研究院"。

1923年，北京大学的"国学门"要出版一份刊物——《国学季刊》。胡适在发刊词里讲："国学"就是"国故学"的"省称"。"国故"是谁提出来的呢？他说，自从章太炎写了《国故论衡》，"国故"这个词大家就觉得可以成立了。这是在中国现代学术史上，胡适第一次对"国学"的概念作了一次分疏。事实上，学术界没有采纳胡适的定义，不约而同地在20世纪三四十年代都认可"国学"的另一个定义，即国学是"中国固有的学术"，就是指先秦的诸子百家之学、两汉的经学、魏晋的玄学、隋代的佛学、唐代的经学与佛学、宋代的理学、明代以王阳明为代表的心学，以及清代以考据为主要特征的"朴学"。

1938年5月，浙江大学转移到江西泰和，在那里，竺可桢校长请马一浮开办国学讲座。马一浮国学讲座的第一讲，从"楷定国学名义"开始。他提出，时下关于"国学是固有学术"的提法，还是太觉"广泛笼统，使人闻之不知所指为何种学术"。他提出："今先楷定国学名义，举此一名，该摄诸学，唯'六艺'足以当之。""六艺"就是《诗》《书》

《礼》《乐》《易》《春秋》，是为孔子之教，即后来的"六经"。马一浮认为，国学就应该是"六艺之学"，这是他给出的新的不同于以往的国学定义。"六艺"即"六经"，是中国学问的最初源头，是中国文化的最高形态。

马一浮给出的国学是"六艺之学"的定义，其学理内涵最为确切，可以使之与现行的教育体制结合起来，并有助于厘清国学概念的乱用和滥用。这一概念，也使国学回到了中国文化的初典，可以看作是对国学定义最经典的表述，更容易和现代人的精神世界连接，也更容易入于教育体制。当然，作为国学的整体范围，还应加上小学，即文字学、训诂学、音韵学。也就是说，经学和小学应该是国学的主要支柱。国学进入教育，主要发用的是"六经"的价值伦理。忠恕、仁爱、诚信、廉耻、和而不同等，就是今天仍然可以发用的价值伦理。这些价值是永恒的。马一浮提出"六艺之道""六艺之教""六艺之人"三个连续概念，实际上是主张以"六艺之道"，通过教育途径，使现代人成为具有"六艺"精神伦理的理性之人。

总之，马一浮是迄今最重视"六艺之学"的现代学者，也是将中华文化的最高典范"六艺"楷定为国学的现代学者。

（原载《光明日报》2015年8月18日）

254

我的马一浮研究

马一浮的学术思想体系，可以用"新义理学说"立名，其学理构成为"六艺论"和"义理名相论"两部分，其方法则是儒佛互阐和儒佛会通。

我关注马一浮先生，始于20世纪90年代初，当时正编纂《中国现代学术经典》，有《马一浮卷》，得以读了马先生的大部分著作。由于我的心性偏于审美与哲思，又略有佛缘，与马一浮的思想一拍即合。后来浙江古籍出版社和浙江教育出版社联合出版的《马一浮集》问世了，三大巨册，二百多万字，让我兴奋不已，一年之内读了两遍。尤其他的诗作和信札，我以为那是马先生学问的宝藏。写一本研究马先生的书的想法，不禁油然而生。可是当时已经在写陈寅恪，马先生只好暂且靠后了。

同时也由于研究马一浮不是一件容易的事，起码需要熟悉宋学和佛学。因此好长一段时间，我是一面研究陈，一面准备马。我不得不跟着马先生的足迹往佛学里面走。孰料佛禅义海路有万重，追寻两载还不见内学的边际底里。写了一篇《熊十力与马一浮》，对唯识之学稍存感会。时间积久而生变，马著中的佛学部分慢慢可以读懂了。于是又写了《马一浮的佛禅境界和"方外诸友"》，这是自己比较满意的文字。这是2004年到2005年的事情。《马一浮的学术精神和学问态度》《马一浮与复性书院》两篇，也是此前此后写成的，刊载于《文艺研究》和香港的《九州学林》。《马一浮的儒佛会通思想》当时也写成了初稿，但没有改定发表，直到最近才修润完成。

我还得跟着马先生进入宋学。又是一年多的时间，读竟了濂、洛、关、闽四家五人的全部著作。进入宋学比进入佛学相对障碍较少。各家都有版次比较好的排印本，手边书，阅读方便。学术史宋明这一块，原先我是先明后宋，阳明学摸清楚以后，才返宋去碰朱子。这和我研究陈寅恪有关，因为义宁之学的传统，从陈宝箴的父尊陈琢如，到陈宝箴，到陈三立，都是以阳明学为宗主。我的大好阳明与此不无关联。张载、朱子也喜欢，早已是旧相识。只有二程属于新知，不料如同旧雨，从细读来，方知洛阳两兄弟的厉害。难怪朱子那样称颂他们，连他们的门人弟子也拿来讨论。写了一篇《为生民立命——"横渠四句教"的文化理想》，首载2008年的《中华读书报》，增补后又刊于2010年的《中国文化》，是为研习宋学的一次心得。2009年写的《竹柏春深护讲筵——白鹿洞书院访学记》，主要想重构朱熹当年创办白鹿洞书院的艰辛历程，载2009年8月9日《文汇报》，也属于涉宋学的文字。

问题是马一浮由宋学又返归到"六经"，并独发单提"六艺之学"。这块天地更加广漠无垠、渊深无底了。我只好跟着往那个云雾缭绕的高点上走。好的条件是，自幼熟读

《语》《孟》，熟悉"诗三百"，喜欢《左传》，细读过前四史。需要啃一番的主要是《尚书》《礼记》和《周易》。《礼记》不难读，马先生也认为需要读此书。《大戴礼》马先生也颇看重，只好也去涉猎。《大戴礼·哀公问五义篇》对"士"的解释简直妙绝。哀公问孔子："何如斯可谓士矣？"孔子说："所谓士者，虽不能尽道术，必有所由焉；虽不能尽善尽美，必有所处焉。是故知不务多而务审其所知，行不务多而务审其所由，言不务多而务审其所谓。知既知之，行既由之，言既顺之，若性命肌肤之不可易也。富贵不足以益，贫贱不足以损。若此，则可谓士矣。"这是孟子之后对"士"行的最好论述。知、行、言都必须有其理由，而且守之"若性命肌肤之不可易"，贫贱、富贵均无以"夺"，不足"损"，这才是"士"。试想这是何等分量。

"六经"中《尚书》一向以难读著称，连韩愈都有"佶屈聱牙"的感会。当然读《易》玩辞最难，但我的兴趣驱之不退。孔子说五十学《易》，我学《易》快六十了。马先生是高深博雅的易学大师，他称《易》为"六艺之原"，不学《易》无以研马。应《中华读书报》的约稿，当时写了《2008我读的书》一文，其中讲了学《易》、温"经"、读程子的情形。此一期间，又写了《马一浮和"六艺论"》《马一浮的文化典范意义》，分别载《中国文化》和《中华读书报》。但这时我对先秦学术的兴趣超过了对马一浮的兴趣，往而不知有返，于是研马又停下了脚步。梳理"国学"概念的源流及探讨如何在当代发用，花去我许多时间，《论国学》和《国学辨义》两篇长文，即写于此一时期。尽管是因研马而引起的上下"旁骛",写马书的时间毕竟延宕下来了。

何况我还得写陈寅恪呢。研陈二十年,到2012年才有《陈宝箴和湖南新政》出版。其实研陈的积稿早逾三四十万言,只需要连贯的时间整理定稿。中国传统文化价值理念在今天的意义,是近两年我的学术关切。这缘于对《语》《孟》和"六经"的研习。我想探讨中国文化的观念的思想史。2012年三联书店出版的《中国文化的狂者精神》,是这方面系列思考的一部分。研陈之书,去年又从积稿中整理出一部《陈寅恪的学说》,日前已付梓。

走进宋学和研习"六经"的收获,使我解开了研究马一浮的一个难题。马的《泰和会语》和《宜山会语》两论著,其中有八篇文字在题目下面标有"义理名相论"字样。开始接触,茫然不知所对。十余年过后,开始拨云见日,知道马先生在说什么以及为什么要这样说了。本书第五章"马一浮的义理名相论",探讨的就是此一问题,新近才完成。马先生是通过融通儒佛,以佛家之名相来阐释儒家的经术义理,二学比较推勘,达到由分析名相到排遣名相的目的。天下的事物与人物,无不为名词概念所笼罩,所以孔子才有"必也正名乎"的教言。人文学术研究尤其如此。本体、性体、性理是无形无色无声无臭的,眼不可见,手不可触。所能见及的无非一个个单独的"器"与"物",以及因"气"的流行而形成的"相"。跟"器""物""相"相关的称谓、名词、术语、概念、范畴,形成于万千斯年,也是可辨、可梳、可推、可演而不可见的抽象物。至"气"中之"理""器"寓之道、"相"后之性,亦为不可见及的空无。性理和性体是同等概念。研究者之所能事，不过是识得性体，参究本体，见得道体。这就需要引入思维，而思维需要分析名相、破除名相、排遣名相，然后会相归性。其间经过了极为艰难曲折的体认、体究、审谛、察识的过程，此即学问的过程。因气明理、即器见道、明体达用的境界，就是在此种情况下产生的。也只有在此种情境之下，所谓"体用一原、道器无二、显微无间"的"实理"，才能为我们的理性所认知。理性和义理为人人所同具，但容易为各种"习气"所汩没，须得刊落"习气"，才能恢复本然之知和本然之性。章太炎民元之前因苏报案囚上海狱中，得读唯识旧师的著作，深悟"以分析名相始，以排遣名相终"的谛义并与之发生共鸣，以至于十年之后撰写《菿汉微言》犹忆及此一公案。而马先生的为学，则完成了从分析名相到排遣名相的学理超越过程。故马一浮"义理名相论"的宗旨实在于"复性"，他的谛言是："会得者名相即是禅，不会者禅亦是名相。"

终于有机会将已往研究马一浮的文字全部梳理增补厘定一遍，共得九章，即为是书。书写体例，大体以义理题义为纲，以时间为序，似乎带有学术思想传论的性质。马先生的学术思想系直承宋学而来，特别受朱子的影响至为明显。但他的思想义理多为原创独发，"六艺论"和"义理名相论"可视为他的两项极为重要的学理发明，足以在现代学术思想史上现出光辉。要之，马一浮的学术思想体系，可以用"新义理学说"立名，其学理构成为"六艺论"和"义理名相论"两部分，其方法则是儒佛互阐和儒佛会通。所谓"新"者，是针对宋儒的义理学说而言。宋儒融佛而辟佛，马先生视儒佛为一体之两面，只是名言化迹之不同而已。他的"六艺论"亦与郑康成的"六艺论"有别。他将国学重新定义为"六艺之学"的"国学论"，前贤不逮，义显当代，泽被后世。事实上只有如此厘定国学的内涵，国学才有可能成为一单独的学科，与文史哲诸科门不相重叠。中华文化具有恒定意义的价值理念悉在"六经"，以"六经"为国学，可以使国学进入现代教育体系。马一浮的"六艺论"包括"六艺之道""六艺之教""六艺之人"三项连贯的思想范畴，现代国学教育可以通过"六艺之教"，传播"六艺之道"，从而培养"六艺之人"。此即马氏"六艺论"之一"新"也。二"新"则是视"六艺"为我国最高之特殊之文化，由古即今，永不过时。我曾说《语》《孟》和"六经"的基本价值伦理，是以敬、诚、信、忠恕、仁爱、知耻及"和而不同"为代表，成为中华民族两千年来立国和做人的基本依据，此即直承马氏"新六艺"学说而来。

　　本人多年研究马一浮有一深切的体会，即在马先生其人和他的著作面前，我们的话说得越多，离马先生越远。因此本书的写作，力求让马先生自己说话。笔者之所为作，在个人是梳理、体悟与思考，形诸文字则是辨析、归纳与介绍。所介绍者为题义、事体、故事，介绍前须予以归纳类分。所辨析者为学思、义理、名相。马先生说："学原于思。思考所得，必用名言，始能诠表。名言即是文字，名是能诠，思是所诠。"马一浮的"学""思""诠""表"，是我辨析与介绍的重点内容。马先生又说："必先喻诸己，而后能喻诸人。"这个居于"先"位的"喻诸己"的过程，我想我大体做到了。至于能否"喻诸人",则不敢预其必也。

马先生援引《易·系辞传》的话写道:"唯深也,故能通天下之志。"他的意思是说,对"一切事物表里洞然,更无暧隔,说与他人,亦使各各互相晓了,如是乃可通天下之志,如是方名为学"。对此我只能引孟子的话为说:"虽不能至,然心向往之。"

2014年7月30日凌晨序于京城之东塾

（本文是为拙著《马一浮与国学》所写之自序,生活·读书·新知三联书店2015年初版）

思想的力量

——读朱维铮《走出中世纪》（增订本）和《走出中世纪
二集》

　　没想到朱维铮先生也去参加了杭州的马一浮研讨会。我
们对马持论固异，见面交谈却能生出快意。我喜欢他的直言
无隐的风格。其实我们吵过架，但很快重归于好。我因此说
维铮是"学之诤友而士之君子"。会后去沪，与维铮同行，
候车闲话，得聆他非常时期的非常经历，益增了解。复旦演
讲后的餐叙，维铮夫妇在座，《走出中世纪》（增订本）和
《走出中世纪二集》两书，就是此时所赠。最近才断续读完。
读维铮的书，如对作者本人，音容意气充溢字里行间。他气
盛文畅，有时竟是"使气以命诗"。但理据充足，合于《诗》
"大雅"的"天生蒸民，有物有则"。名物考史，诗文证史，
非其所长，也非其所好。他相信在历史的陈述中可以发现历
史的实相。
　　置于两书卷首接而相续的六万多字的长文《走出中世纪
——从晚明至晚清的历史断想》，就是这种历史陈述的典要
之作，最能见出维铮治史的卓识与功力。读时我心志清醒，

眼睛极累，却又不愿罢手，只好一气了之。即使对明清史事尚不算陌生的笔者，也无法不被他的理据情采所折服。理缘于据，即历史事实本身；采缘于情，即作者的爱憎态度。他对明清的二祖（明太祖、明成祖）三帝（康熙、雍正、乾隆）尤多恶感。被新旧史家一说再说而为不知情者所景慕的"康乾盛世"，维铮不以为然，这与鄙见不无针芥之合。增订本《戮心的盛世》《满清盛世的"小报告"》和关于年羹尧、汪景祺、和珅诸案的文字，则是对此一问题具体而微的论述。如果说于康熙他还心存顾惜，对雍乾及其所效法的"二祖"，则发覆掘隐不遗余力。他认为"体制性腐败""权力腐败"是大清帝国的"国病"兼"死穴"。他说雍乾及"二祖"是恐怖政治的制造者，而"政治冷淡症正是恐怖政治的女儿"，致使清中叶惠（栋）、戴（震）等诸汉学巨擘，不得不扮演"锢天下聪明智慧尽出于无用一途"的历史角色。虽然他引用的是魏源的话，但他本人的态度朗若晴空满月。

维铮自然不会否定清代汉学的群体学术成就，这有他的《梁启超和清学史》和《清学史：学者与思想家》（《走出中世纪二集》）及其他关涉清代学术的论著可证。况且他的学术驻点原未尝离开过章（太炎）、梁（启超）、胡（适）等现代诸学术硕彦，他们对清学的态度，维铮岂能完全知而不认。只不过他试图将思想和学术作一区分，似乎认为清中叶纵有名副其实的学者，却鲜有真正的思想家。也许写《孟子字义疏证》提出"人死于法犹有怜之者，死于理其谁怜之"的戴东原是一个特例，但也止于《孟子字义疏证》一书而已

（戴《与某书》亦曾直言"后儒以理杀人"）。因此他对盛行于明清两代的程朱理学，不稍加宽宥地痛而辟之。甚至连程朱祖述宗奉的孔孟，也不肯通融缓颊。他对儒家殊少敬意与好感。《史》《汉》两家对公孙弘"习文法吏事，而又缘饰以儒术，上大悦之"的书写，他一再引为学术知己。而钱穆《中国近三百年学术史》自序的"求以合之当世"一语，他胪列众多今典予以驳正。不消说当20世纪90年代看到徐中舒的《论甲骨文中所见的儒》一文，他是何等的惊喜。因为这一考古实证可以把孔子从儒的祖师的地位上拉下来，维铮当然乐观其盛。而且此公案直接牵涉康有为、章太炎、胡适、郭沫若几位名可惊座的大人物，即使是他们九泉之下的欣喜或窘态，维铮自必也乐于静观冥想。

　　然而维铮对儒家的这种态度，在我看来有未能将汉以后渗入家国社会结构的意识形态儒学，与作为先秦思想家的孔子和孟子区分开来的嫌疑；也有未能将宋代的哲学家程朱和明清权力者装饰过的程朱理学区分开来的嫌疑。王国维、陈寅恪都指宋代为中国思想文化的最高峰（措辞不同其意则一），陈寅恪更视宋代新儒学的产生与传衍为我国思想史上"一大事因缘"。这些维铮必早已熟知。孔孟所建之儒家道统，是否如韩愈所惊呼的孟轲之后已不得其传？宋儒在重建儒家道统方面的建树，宜有哪些可圈可点？似还有绝大的探讨空间。我很高兴在《走出中世纪二集》里读到《百年来的韩愈》一文，这是一篇不可多得的绝妙好词。只有朱维铮教授有这样的本领，以一个历史人物为中心，串联起晚清以还那么多的人物与故事，曾国藩、严复、张之洞、谭嗣同、毛泽东、蒋介石、陈寅恪、俞平伯、冯友兰、刘大杰，都一一坐定位置，成为他用可信史料编排的舞台剧中的一个角色。他议论风生，举重若轻，剥蕉至心，是非分明。但他的冷峻的语言风格，容易让读者以为他只有了解，没有同情。清儒"实事求是，无证不信"的信条，他奉为圭臬，但钱晓徵告白于海内的"实事求是，护惜古人之苦心"，亦即前贤往圣著笔立说的不得不如是的苦心孤诣，我们的维铮似尚缺乏"了解之同情"。

章学诚有言曰："高明者多独断之学，沉潜者尚考索之功。"我读维铮书看到的作者，宜乎"独断之学"胜于"考索之功"。因此他是一位名副其实的"高明者"。他看重思想的力量。他的学问是活学问，不是死学问。但如果有人以为他的学问根底不够坚实，那就难免犯不知人也不知学的错误。他的学问根底来自五十年如一日的文本典籍的阅读。他习惯夜里读写，上午睡眠。上帝虽未垂顾于他，却为他拨出比常人多得多的时间。疯狂阅读加上惊人的记忆力，加上超强的理性分疏能力，成为朱维铮学问过程的主体精神结构。包括《中国近代学术名著》在内的他编的那些文史典籍，我们切忌以俗眼揣度，在他可是自己吞食原典资料的天赐良机。牵涉学术的理和事，他从不"尸位素餐"。如同钱锺书说"善述"不亚于"善创"，好的编选整理，与文献研究庶几近之，远非夸张篇幅的浮词空论所能比并。课堂上下，大会小会，维铮可以随时挑出时贤后生关乎古典今典以及时地人事的瑕疵舛误，就缘于他的记忆和阅读。

至于文情词采，我是这次才发现的。当他的笔触行至清季的甲午之战，因日人长期预谋蓄势，一旦开衅，陆战清军节节溃败，要不要决战海上？翁同龢和李鸿章两个冤家争论激烈，而且都想得到握有实权的慈禧太后的支持。作者于是写道："岂知这时太上女皇突然'病'了，连皇帝也拒见。她的行为，似乎可解读为听任皇帝自主决策。于是翁师傅也胆大了，亲赴天津逼迫李鸿章出战。既然慈禧心态莫测，那么面对今上对之言听计从的帝师的压力，李鸿章能不孤注一掷吗？果不其然，黄海一战，北洋舰队惨败。也许这正合满汉权贵之意。他们早将当年怀疑曾国藩的阴沉目光，移向实力最强的淮军首领李鸿章，认定他有'不臣之心'，'挟外洋以自重'，所以不肯与'倭贼'决战。待北洋水师全军覆没，他们反而弹冠相庆，以为李鸿章的赌本输光了。"结果"光绪帝和他的重臣因主战而忍诟，李鸿章和他的淮系因丧师而失权，恭亲王等满洲权贵从此退缩自保。至于'公车上书'凸显的举国同仇敌忾，在太后更是觑若无物，她不是早就宣称，谁要扫了她'六旬万寿'之兴，她就决不饶恕吗？""倒霉的是李鸿章。他在甲午海战败后，便被皇帝下诏拔去三眼花翎，在当时外国人眼里，已如公鸡失去了尾巴。"这些诙奇跌宕而又语势流贯的文字，读得我们几乎要撇开历史故实，束手驻足来专赏史家的词采文章。

现在好像又有豪杰之士欲尾随为"则天武后"翻案的昔日时髦，也在替"狡诈的老太婆"慈禧说项了，包括称赞她的"美丽"。在这个问题上，即使不曾欣赏"郁郁乎文哉"的朱氏之论我也一定"从朱"。"狡诈的老太婆"是已故史学家翦伯赞给慈禧下的考语，见于他的《义和团运动》一文（新版翦著《历史问题论丛》合编本作"狡猾"，不知是后改还是原文本如此而维铮笔误）。维铮引来，甚获我心。也是这次才知道，维铮对《三国演义》《儒林外史》和《红楼梦》，还有如许的兴趣。苏州姑娘林妹妹的家政名言，也为他屡引而无倦意。关于基督教来华及西来学术和中外接触史的研究，也成为他关心垂顾的领域，也是这次所见识。我想他一定到徐家汇看过那些珍藏的相关史料。但清代汉学和西学的关系，窃以为至今还是假设多于求证的未竟课题。"盛清"的国力虽不弱，但近代科技远逊于西方，甚至不是"先进"和"落后"的问题，而是"有"和"无"的问题。中国近代科技的不发达，那是要走到历史的深层，借助文化与信仰的大背景来作诠释。

总之维铮先生的学问结构，史学是其地基，经学是其屋棚四壁，近代人物是屋中暂住的过客，思想是其柱石。说开来，他所治之学主要还是思想史。他也是以此自负自居的。他的不可一世的书生意气，一则由于不为人所理解的思想的苦痛，二则由于"高明者"的知性傲慢，三则是性情的直率与天真，最后也许还要加上长期走不出"中世纪"的"闲愁胡恨"。

他优越地驱遣着入于他研究领域的历史人物与事件，他既不想充当历史人物的"辩护士"，也不想做历史事件的"事后诸葛亮"，但他不免相信自己对历史的清理（他偏爱马克思的这句话），没有为后来者留下多少空地。然则即使是"高明者"的"独断"，也有失手的时候。《走出中世纪二集》

中《关于马一浮的"国学"》那篇，就是显例。

想不到一向严谨的维铮竟这样立论："他（指马一浮）对今天最重要的是什么？如果一定要作价值判断，那么在我看来，如今此等老宿已近于无。"就是说已经没有价值。"是这样吗？"这里我套用一句几次出现在此两书中维铮诘问他者的俏皮话。而且说马先生"在政治上总随改朝换代而转向""越发坚持其'用世'为归宿的所谓儒学教旨""可谓'与时俱进'"，如果不是厚诬前贤，我以为也是言之过当。马先生的归宗"六艺"的经学义理之学，对释氏义学和禅学的洞悉达悟（许慎称《说文》有"究洞圣人之微悟"之意），奠定了他的学术地位。在蠲戏老人心目中，佛学和儒学具有同等重要的地位。对宋儒的吸纳二氏而又在言辞中隐其来路的做法，马一浮不予认同。马的学术思想其实是儒佛并重，以佛解儒，儒佛会通。只以儒之一脉来匡马的思想，未免失却半壁江山。至于指抗战时期马先生在四川乐山创办复性书院，是想充当"帝师"，恐怕也是缺少足够理据支持的耳食之言。我虽爱重维铮，但此篇文章的立论则期期以为不然。其实维铮完全可以不写这篇文章。当然文章纠正时人的一些舛误，自然是好的，抑又未可全然抹煞也。

另外，《百年来的韩愈》词密理周，洵为不可多得之作，已如上述。但第六节析论陈寅恪的《论韩愈》，认为陈所列举的韩之"排斥佛老，匡救政俗之弊害"，也许可以解释为对20世纪50年代初"三反"和"抗美"的"赞同"，以及陈文论韩之"改进文体，广收宣传之效用"，是对毛泽东《反对党八股》的"赞同"等等，恐怕亦难逃附会的嫌疑。是又我爱维铮，亦不敢悉为维铮辩也。

2008年12月26日写于京城之东塾

（原载2009年2月11日《中华读书报》）

"天下英雄独使君"

——傅斯年的胆识

　　傅斯年字孟真，山东聊城人，1896 年出生，十七岁考入北京大学预科，后转为国文门。他是五四新思潮的学生领袖，他当时办的刊物就叫《新潮》。陈独秀、胡适之都很赏识他的才干，李大钊的思想对他也很有影响。1919 年 5 月 4 日那天的爱国大游行，他担任总指挥，扛着大旗走在队伍的最前面。但火烧赵家楼的意外行为发生后，他退而回到学校。当年底考取官费留学，赴英国伦敦大学研究院学习。1923 年转赴德国柏林大学文学院，比较语言学和历史学成为他倾心钻研的新的学科领域。赵元任、陈寅恪、俞大维、罗家伦、毛子水、金岳霖、徐志摩等青年才俊，是他在德国期间经常往还的朋友。1926 年回国，应中山大学之聘，担任文学院长兼文史两系之系主任。1928 年就任国家最高学术机构中央研究院历史语言研究所所长。陈寅恪、赵元任、李济，分别是史语所第一、二、三组的组长。他的"拔尖"政策使他有办法聚集全国最优秀的学人。

　　他的最有影响力的文章是就任史语所所长后撰写的《历

史语言研究所工作之旨趣》。他的经常被引用的名言是："上穷碧落下黄泉，动手动脚找东西。"他说："凡一种学问能扩张他研究的材料便进步，不能的便退步。"他说："我们反对疏通，我们只是要把材料整理好，则事实自然显明了。一分材料出一分货，十分材料出十分货，没有材料便不出货。"①他说："史学便是史料学。"②他说了这么多容易断章取义、容易被误解的话，但真正的学术大家、史学重镇，都知道他的苦心孤诣，很少发生误解。不仅不误解，反而承认他的权威地位，感激他对现代史学的建设所做的贡献。

其实他是受德国朗克史学的影响，有感于西方汉学家的独特建树，目睹中国历史语言学的衰歇，提出的振兴救弊的主张。他说：

> 西洋人作学问不是去读书，是动手动脚到处寻找新材料，随时扩大旧范围，所以这学问才有四方的发展，向上的增高。中国文字学之进步，正因为《说文》之研究消灭了汉简，阮、吴诸人金文之研究识破了《说文》。近年孙诒让、王国维等之殷文研究更能继续金文之研究。材料愈扩充，学问愈进步，利用了档案，然后可以订史。利用了别国的记载，然后可以考四裔的史事。在中国史学的盛时，材料用得还是广的，地方上求材料，

---

①均见《历史语言研究所工作之旨趣》，《中国现代学术经典·傅斯年卷》，河北教育出版社，1996年，第340—350页。

②傅斯年：《史学方法导论》，《中国现代学术经典·傅斯年卷》，河北教育出版社，1996年，第243页。

刻文上抄材料，档库中出材料，传说中辨材料。到了现在，不特不能去扩张材料，去学曹操设"发冢校尉"，求出一部古史于地下遗物，就是"自然"送给我们的出土的物事，以及敦煌石藏、内阁档案，还由他毁坏了好多，剩下的流传海外，京师图书馆所存摩尼经典等等良籍，还复任其搁置，一面则谈整理国故者人多如鲫，这样焉能进步？[①]

可知他是痛乎言之、有感而发。他还说："在中国的语言学和历史学当年之有光荣的历史，正因为能开拓有用材料。后来之衰歇，正因为题目固定了，材料不大扩充了，工具不能添新的了。不过在中国境内语言学和历史学的材料是最多的，欧洲人求之尚难得，我们却坐看他毁坏亡失。我们着实不满这个状态，着实不服气就是物质的原料以外，即便学问的原料，也被欧洲人搬了去乃至偷了去。我们很想借几个不陈的工具，处治些新获见的材料，所以才有这历史语言研究所的设置。"[②]何以要把史料的作用强调到如此的地步，他讲得再清楚不过，不需要我们再添加什么了。

傅斯年一生的壮举，办《新潮》、火烧赵家楼、创建史语所，固也。但他还有炮轰宋子文、攻倒孔祥熙两项壮举。

1938年抗战开始后，傅斯年对国民党高层的腐败非常愤

①见《历史语言研究所工作之旨趣》，《中国现代学术经典·傅斯年卷》，河北教育出版社，1996年，第344页。

②见《历史语言研究所工作之旨趣》，《中国现代学术经典·傅斯年卷》，河北教育出版社，1996年，第346页。

慨，他直接上书给蒋，历数当时任行政院长职务的孔祥熙的诸种贪赃劣迹。蒋不理睬，他便再次上书，态度更坚决。国民参政会也成了他抨击孔的舞台，使得社会同愤，舆论哗然。蒋不得已设宴请傅，问傅对他是否信任，回答信任。蒋说："你既然信任我，那么就应该信任我所任用的人。"傅说："委员长我是信任的，至于说因为信任你也就应该信任你所任用的人，那么，砍掉我的脑袋我也不能这样说。"①这成了傅斯年"史学便是史料学"之外的又一名言。孔祥熙后来终于被罢去了一切职务。傅与蒋在维护特定的政治利益上自无不同，所以1945年"一二·一"昆明惨案发生后，傅直接受蒋之命处理学潮而未负所托。蒋对傅的能力胆识是欣赏的。但傅本质上是一名书生。抗战胜利后蒋邀请他出任国府委员，他坚辞不就。北大校长一职，他也不愿担任，为等胡适返国，只同意暂代。对胡适面临国府委员兼考试院长的要职犹豫不决，他大动肝火，写信给胡适说："借重先生，全为大粪上插一朵花。"劝胡一定不要动摇。并说蒋"只了解压力，不懂任何其他"②。

另一方面，毛泽东对傅也很欣赏，1945年7月傅等文化界参政员到延安考察，毛泽东如对故人，整整和傅畅谈一个晚上。临别毛应傅之所请写一条幅相赠，附书："遵嘱写了数字，不像样子，聊作纪念。今日间陈涉吴广之说，未免过

①屈万里：《傅孟真先生轶事琐记》，转引自李泉著《傅斯年学术思想评传》，北京图书馆出版社，2000年，第259页。

②《傅斯年致胡适》，《胡适来往书信选》下册，中华书局，1980年，第190页。

谦，故述唐人语以广之。"条幅写的是章碣的一首咏史诗："竹帛烟销帝业虚，关河空锁祖龙居。坑灰未尽山东乱，刘项原来不读书。"两人谈话时，毛泽东称赞傅在五四时期的功绩，傅说我们不过是陈涉、吴广，你们才是刘邦、项羽。毛泽东所书诗句"古典""今典"均极对景，回答了傅的谦逊，也称赞了傅的以学问自立。①

　　傅斯年 1950 年 12 月 20 日因突发脑出血死于演讲台上，终年 54 岁，当时他担任台湾大学校长的职务。他以耿直狷介著称，他以脾气暴躁著称，他以疾恶如仇著称，他以雄才独断著称。史语所的人私下里称他为"傅老虎"，但都服他尊敬他。他对学问充满了眷爱，对有真才实学的学者充满了温情。他与陈寅恪的特殊关系就是一显例。对曾经帮助过影响过自己的人，他不忘旧。1932 年陈独秀被捕，他为之辩诬，说陈是"中国革命史上光焰万丈的大彗星"。1927 年李大钊就义，报纸上发表消息有谓李在北平"就刑"。傅斯年反驳说，不是"就刑"，是"被害"。难怪陈寅恪对他那样服膺感佩，写了《寄傅斯年》诗两首，第一首为："不伤春去不论文，北海南溟对夕曛。正始遗音真绝响，元和新脚未成军。"第二首为："今生事业余田舍，天下英雄独使君。解识玉珰缄札意，梅花亭畔吊朝云。"②又 1950 年 12 月傅斯年逝世，陈寅恪当即亦有诗为之追念，只不过写得很曲折，通过说傅

①王汎森、杜正胜编：《傅斯年文物资料选辑》，文渊企业有限公司，1995 年，第 115 页。
　　②参见《陈寅恪集·诗集》，生活·读书·新知三联书店，2001 年，第 18 页。

青主（傅山）之诗句从而悼念之。陈诗题为《〈霜红龛集·望海诗〉云"一灯续日月，不寐照烦恼，不生不死间，如何为怀抱"，感题其后》，诗为："不生不死最堪伤，犹说扶余海外王。同入兴亡烦恼梦，霜红一枕已沧桑。"[1]

我们了解了傅斯年，可以了解所谓学者的性格为何物，可以深层地了解陈寅恪的史学，可以了解那个特殊的史语所，可以了解中国现代史学所谓"史料学派"的怀抱与旨归。

（本文系《中国现代史学人物一瞥》中的傅斯年部分，载2003年8月7日《文汇报》）

---

[1]参见《陈寅恪集·诗集》，生活·读书·新知三联书店，2001年，第74页。

怀念柳存仁先生

一

　　刚送走季羡林、任继愈两先生，就传来了久居澳大利亚的柳存仁先生逝世的消息。时间是2009年8月13日上午11时15分，终年九十二岁。不久前刚收到他的信，告以体内有积水，足部微肿，尝住院疗治。他还为无大碍而释然呢。信的落款时间为"七月十六日"，距他远行只有二十余天。而信封上接收局的邮戳，则为2009年8月9日，是他不幸而逝的前三天。由于此信的内容殊为珍贵，兹特全文抄录出来以飨读者：

　　梦溪吾兄史席：前得五月间远道惠寄大刊《中国文化》最近期两册，甚为慰欣。拙文乞常指疵，俾得附骥，大编中奖饰逾恒，实当不起，更乞多加鞭策，俾得稍有寸进耳。接尊刊后不久，弟即住入医院。自丁亥间去西安随喜，忽缠足疾，不乐少履。返此间后，医生言体内积水分，宜加排除。近又发现足部微肿，或与肾脏有关系，需入医院加细检察。近始返家，幸尚无大碍。惟需多些休息，减少午夜抄阅劳顿，思之诚然。贱龄已九十二，近来举止颠顿，大异九十年代在京捧晤时之灵便，似不得不为左右言者耳。弟因失聪，听电话时感困顿，赐书乞作短笺为幸。惟府上电话，迁新第后，想旧号或已更新，便中仍乞并传真号码一并见示，俾必要时联系，则远人念兹在兹者耳。专此奉谢并遥祝俪福。弟存仁再拜。七月十六日。

尊刊本期《中国文化》已寄赠左首两人，皆专研摩尼教者也。

广州中山大学历史系林悟殊教授

瑞典Dr peter Bryder

Department of comparative Religion

University of Lund

Bredgatan 4， 522221

Lund， Sweden

我不知道，这是不是他写给友朋的最后的文字，但确是写给我的最后一封信。

二

我与柳先生初识于1980年国内首届《红楼梦》研讨会上，来往渐多起来是20世纪80年代末我开始创办《中国文化》杂志。承他俯允担任刊物的学术顾问，并先后有五篇文章赐给《中国文化》发表。这就是第十期的《马来西亚和汉学》、第十一期的《道教与中国医药》、第十三期的《藏文本罗摩衍那本事私笺》和《古代的幽默》,以及第二十九期的《金庸小说里的摩尼教》。信中所说的"《中国文化》最近期两册",指的即是2009年春季号总二十九期。由于该文有极高的学术价值,我在此期的《编后记》中予以特殊推荐,并介绍了柳存仁先生的学术成就和治学特点。这段文字是这样写的:

> 本期柳存仁先生《金庸小说里的摩尼教》一文,开启了武侠研究和宗教研究的新生面。柳先生精通《道藏》,小说史和道教史是其专精的两个区域,而尤以研究小说和宗教的关系享誉学林。写于1985年的《全真教和小说〈西游记〉》,就是这方面的代表论作。他还出版过英文著作《佛道教影响中国小说考》。现在又通过对金庸小说宗教门派的研究,将摩尼教在中国传布的情形作了一次历史的还原,钩沉索隐诸多不经见的珍贵史料,熔大众欣赏的说部与枯燥无味之考据于一炉,虽不过四万余言,实为一绝大的著述。钱锺书先生称柳先生"高文博学,巍然为海外宗师"。余英时先生叹美其治学精神则说:"他的著作,无论是偏重分析还是综合,都严密到了极点,也慎重到了极点。我在他的文字中从来没有看见过一句武断的话。胡适曾引宋人官箴'勤、谨、和、缓'四字来说明现代人做学问的态度,柳先生可以说是每一个字都做到了。"但当世真知仁老博雅渊

深之学者甚乏其人，故余英时先生致慨："新史学家恐怕还要经过几代的努力才能充分地认识到他的全部中英文著作的价值。"①英时先生还披露，单是仁老多次阅读《道藏》的笔记，就有数十册之多，真希望这些稀世珍奇之初始著述能够早日印行面世。

柳先生信中所说的"奖饰逾恒"，盖即指此。但我有些后悔写下了这些文字。特别关于期待他的《道藏》笔记能够早日面世，本应是现在可以说的话，却说在当时了，于今思之，实所不该。

三

国内学术界对柳先生了解是比较少的，一般读者更鲜知其人其学。可是当看了钱锺书先生和余英时先生的评价，我们应该知晓其在世界范围内的学术地位。钱锺书先生称柳先生"高文博学，巍为海外宗师"，绝非虚美之辞。以我对柳先生的粗浅了解，他完全当得。余英时先生说"新史学家恐怕还要经过几代的努力才能充分地认识到他的全部中英文著作的价值"，也是物则有据的学理判断。因为钱也好，余也好，他们的眼界极高，从不轻易许人。

我所目睹，1991年6月新加坡国立大学中文系主办的"汉学研究之回顾与前瞻国际会议"，和1993年马来亚大学召

---

①见柳著《和风堂新文集》之余序，台北新文丰出版公司，1997年。

开的国际汉学研讨会，柳先生都是特邀主讲嘉宾，而尤以前者规模更其盛大，全世界稍见头脸的汉学家悉皆出席，仅列入名册的代表就有二百八十多人。柳先生在开幕式上以《从利玛窦到李约瑟：汉学研究的过去和未来》为题发表主旨演讲，大会主席陪侍一旁，礼仪隆重，全场肃穆而无不为之动容。

柳存仁先生的籍贯是山东临清，1917年8月12日生于北京。早年毕业于北京大学国文学系，亦曾获伦敦大学哲学博士和文学博士学位。后长期定居澳洲，担任澳大利亚国立大学中文讲座教授，以及亚洲学院院长等教职。他还是英国及北爱尔兰皇家亚洲学会会员，也是澳洲人文科学院首届院士。1992年获澳大利亚政府颁发的AO勋衔和勋章。国际汉学界公认他是顶尖级学者。

上海古籍出版社出版的《和风堂文集》暨《和风堂文集续编》，以及台湾出版的《和风堂新文集》，是他专著之外的重要学术论文的结集。上海古籍出版社1991年还出版过他的文化随笔集《外国的月亮》，我们从中可以体会他的文史知识和文笔情趣。其实青年时期他还写过剧本和小说。我与柳先生的联系所以比较多一些，一则由于彼此都涉猎过红学，二则由于《中国文化》的创办和对相关问题的探讨，三则也与他的一部长篇小说重新在国内出版有一定关联。

四

刚好1993年12月23日这个日子我有记录，晚8时左右，柳存仁先生突然打来电话，说人在北京，第一次携家人到国内旅游，明天就返回，没有惊动任何人。我意识到他是有什么事需要和我见一面，于是立刻赶往他下榻的台湾饭店。

原来他让我看一本书，他写的唯一的一部长篇小说，叫《青春》，1968年香港初版。我说国内也许可以重版此书。他开心地笑了，答应可以暂放我处。三年之后，天津百花文艺出版社出版了这部五十多万字的小说，只不过将书名改作了《大都》。当然是经过柳先生同意改的。百花主人初意恐书的内容尚不够"青春"，故提出易名问题。柳先生于是改作《四季花开》，但百花嫌涵义稍轻，建议叫《故都春梦》或《故都》。最后柳先生定名为《大都》，与书中所写清末至20世纪20年代中期京城的人物与故事，庶几能相吻合。

我与柳存仁先生有较多的通信，始于20世纪90年代初，迄今已有十七八年的时间，单是他写给我的信就有七十通之多。就中涉及《大都》出版事宜的，有十余通。他的信内容非常丰富，从不就一事而写一事，而是顺手牵引诸多文史掌故，娓娓道来，幽默细腻，妙趣横生。比如因讨论书名可否叫《故都春梦》，他会联想到鸳鸯蝴蝶派名家张恨水，以及民国十八九年阮玲玉演的一部无声电影。而且还插入一段鲜为人知的"今典"故实。他写道："说起张先生（指张恨水），有一逸事，是口头听人讲的。80年代中国要人胡先生曾莅此间，有区区教过书的洋学生在外交部服务任接待者，曾陪同坐飞机，不免闲谈。胡公告以中国小说以张先生写得最好。"此语于张于胡均无贬义，而是觉得此掌故甚隽，可入"世说新语"。因为柳先生对张的作品是颇具好感的，连

《啼笑姻缘》第一回的回目"豪语感风尘倾囊买醉，哀音动弦索满座悲秋"，他都背得出。只不过《大都》的写作，他认为还是属于五四新小说的一流，故取名宁愿远离鸳鸯蝴蝶派的"风花雪月"。

1996年6月，百花文艺出版社正式出版了《大都》，装帧设计柳先生均称满意。接着在8月20日，趁柳先生来北大出席道教会议之便，我们中国文化研究所专门召开了一次学术研讨会，在京学者、作家严家炎、钱理群、陈平原、赵园、韩小蕙，以及百花文艺出版社的社长、责编和天津的评论家夏康达、金梅等出席了研讨。大家谈得很热烈，专家视角，言皆有中。柳存仁先生最后致谢辞，说："师姑生子，众神护持。"他强调自己的这部"旧作"，主要是写那一时期的几个忧郁幽悒的妇人和可怜的孩子，他的同情始终在妇人与孩子的一边。

1995年10月6日他给我的信里，也曾谈到《大都》的这一主旨，写道："主旨实在要说，不论什么民族，什么体制，一定仍得有做人的道德。此为看到今日青年、今日社会如饮狂药，所以有此文字，现代化了的世道人心的关怀。"他希望现实世界中能够有"真的人"存在。而所谓"真的人"，并非指传统的"圣人"，而是"有血肉有情感，真实不欺的人"。"真实不欺"四字，揆诸今天，极平常而分量极重。

五

《大都》研讨会之后，1998年在北京，2000年在台北，我们又有过几次学术会议上的不期之晤。虽然他当时已年过八旬，但精神很好，不禁暗暗为之欣慰。可是2001年的4月，他接连两次突然晕倒，终于不得不为心脏安上起搏器。同年4月26日的信里，已告知此一情况，并感慨"贱龄八四，衰疲亦已逾格矣"。而第二年11月17日的长信里，写得更为详细：

> 不意去年四月五日，共内人上街，返程坐在公共汽车上（我们这里多数人有车，如弟之坐公共汽车者，往往可数，是不会很挤的），不知怎地，弟忽然晕了过去，醒时不知怎地是躺在车中地面上的，救护车已来，即抬上车，弟满面羞愧，平生无此窘境。送医院检示言无恙，氧气一吸，胸臆大畅，也就无事了。两小时后即回舍间。不意次日共友人及内人去一间饭馆"饮茶"，在座上人忽又变卦，再送医院，则四月六日了。住院中又五天，每天检验，最后说弟的心脏跳动失常，偶然会停摆。此皆有纪录可查，弟不能不信，遂于第五天施手术，在胸肩之际种入一个pacemaker，中文曰起搏器。手术很正常，当天即出院了。现在坐飞机，检查身体会有异声，故医院又出了一张特别卡，作为过关的令箭，其余无所苦也。

尽管柳先生仍然像往常那样幽默乐观，但此后写给我的信，每每讲起他的身体状况，这也正是我所关心的。因为他只要身体允许，便难辞却演讲或者会议的人情之约。此次心脏病发作，实与发病的前一月，即2001年3月，赴香港出席道教节并以《老子和太上老君》为题发表演讲过度劳累有关。

六

孰料事有不单行者。心脏病发作的第二年，先生又因视力严重受阻，不得不施行手术，割去双眼的白内障。但手术的预后并不理想，阅读文字反而需要戴一种像放大镜似的眼镜。以前患白内障未经割治时，眯着眼勉强能看清楚报上的文字，现在却非戴那个笨重的放大镜不可了。因此先生颇有后悔之意。但他在2002年11月17日的信里说："然世间亦乏治后悔的药，吾又何尤？"这是一封很长的整整三页纸的信，在最后一页他又写道：

还有一层下情，也当告诉您，就是我的眼睛施手术后，常会发生一种黏黏的半液体似的东西，最近才似乎好了些。有时候眼睛又会觉得有一种也许别人看不见的光线，只自己能看见，有时在黑暗的甬道走，忽然左边或右边会看到有一盏小灯似的，刚才觉得它有，立刻这光就自己没有了，不知何故。问我的医生，他听了我的报告，"笑而不言心自闲"。也有人说，这样的光有害，也许慢慢会影响到眼球的下面，底下的地方rerina者，眼球最后的薄膜，它要是坏了，人就看不见东西了。希望区区的肉眼还不至于这样的倒霉。

柳先生心脏病和眼病之后的痛苦和乐观情状，这封信里表露无遗。

但接下来的打击更让他难以承受。这就是2003年的冬天，与先生一生甘苦与共的老妻，经医检发现患有乳癌，医治三载终归无效，于2006年4月28日不幸去世。柳先生在2006年1月20日的信里写道："前年冬季发现内人患乳癌，以年纪较大（今实足八十七，弱弟一岁），乳旁为有淋巴核线核（lymph nodrs），不宜电疗，经医生推荐用药疗（chemothrercpy），每周只用药注射一次。而其治甚苦，经过数月，头发悉脱，顶如比丘尼，行动无力，说话声音低喑。"此情此境，加上家中只有夫妇二人，原来一直都是老妻照料先生的生活起居，现在则变成"生活杂乱，起居无节"，故信的结尾，情不能禁地发出了"北望中原，不胜蓁念"之叹。

而2006年5月28日的信中则告知："内人不幸已经不在了，她于上月二十八日逝世，年阳历八十八岁，现在荼毗已毕，弟成了孟子所说的鳏夫了。"6月23日函又告余："内人罹胸癌之疾，历三年余，至今春（北半球之春）乃加剧，四月二十八日不幸去世，年八十八。"孟子鳏夫之说，见于《梁惠王下》："老而无妻曰鳏，老而无夫曰寡，老而无子曰独，幼而无父曰孤。此四者，天下之穷民而无告者。文王发政施仁，必先斯四者。"由先生引孟子，可知他处境的孤独与凄凉。

这也就是2006年和2007年两年间给我的信里，何以一而再、再而三地提起老妻病逝一事的潜因。2007年1月17日的信里说："舍间仅一男一女（谓内人及区区也），一人生病，另一人自难离开，固已不在话下。去岁四月底内人病逝，舍间堆积甚繁，不止开门七事，平时内人管的，弟俱不记。渠恒言'生在福里不知福'。今则弟自作自受孽，盖可谓深受其报矣。结缡六十四年，奈何！"2007年4月1日一信又写道："去年四月底内人去世，寿八十八。弟在舍间杂务顿增，忡忡若有所失。"此可知先生当时寂寞无助的苦况。

而且由"结缡六十四年"一语，可推知先生结婚的时间系1942年，二十五岁，夫人当时为二十四岁。先生之子女，各有自己的专业职司，平时无法尽在身边照料。子为医生，也年过六旬，工作在悉尼。女儿在母亲离去后时来帮助"治具共食"，使先生稍破寂寥。

七

先生身体正常之时，每年都有外出讲学或参加学术会议的安排，早些年去得最多的是香港、台湾、新加坡和马来西亚，近些年也曾多次到过北京和上海。但2004年自己以及老妻患病之后，有三四年的时间不曾"出远门"。2006年12月，饶宗颐先生九十岁生日的庆会，柳存仁先生出席了。因为有做医生的儿子全程随侍，虽年已八十九岁，往返还算平安顺利。

但2007年3月香港中文大学新亚书院邀请他主讲钱宾四讲座，共三次讲了三个题目，然后又去台湾，还第一次到了台南的成功大学，返港后再赴西安的道德经论坛。这样自3

月底至4月29日，前后一个整月的时间，尽管也有人陪同，显然是过于劳顿了，致使返程由西安经港，不得不以轮椅代步。而甫及回到澳洲住所，便住进了医院。本文开头所引最后一信所说的"自丁亥间去西安随喜，忽瘿足疾，不乐少履。返此间后，医生言体内积水分，宜加排除"等等，就是指此而言。

不用说是九十岁的老人，即使是一中年人或者青年人，连续一个月频换地址的旅行演讲，也会让身体有吃不消之感。所以先生在2007年5月30日（返回澳洲住院后未久）的信里，在向我讲述此次出行经过的时候，不免痛乎言之，说"三月至四月间弟作了些愚而可数的傻事"。

八

柳存仁先生的离去是很突然的。如果不是那一个月的过度劳累，我想他也许不会走得这样快。他有着惊人的学术生命力，即使近五六年每信必及年龄与身体，好像在预示着什么，也始终不曾或离艺文与学术。《中国文化》杂志每次收到，他都有所评骘。

前引主要谈患病经过的2007年5月30日这封信，最后一段也还是关于《中国文化》，2007年春季号，他刚收到。此期有龚鹏程兄《土默热红学小引》一文，柳先生连类写了好长一段话："在台南看见了龚先生，这一期他的土默热红学看了很让人折服。弟于《红楼梦》所识甚薄，对此亦无异说，只是觉得现在有这样的新意见，龚先生加以分析，登在尊刊上是很可宝贵的。私意则以为此案归诸曹公的线索不止一条，曹学固可不治，但知道《红楼梦》之外还有曹家，也就很复杂的了。今又拉远拉早到明末，则范围益大，颇疑此一方面清初诸老时代与之更接近者，何以不一疑及，今既疑之，何不更多找些结实的材料来和曹学或索隐派学者重辩资料，此固读红、涉红的人所共关心者也。"

他并不以为土默热的观点可以完全论定，《红楼梦》曹著说也不见得已然被推翻，但不同的意见发表出来总是好的。特别由拙编《中国文化》来刊载，他见之而喜，因此使用了"很可宝贵"一词。他信中还提到持曹著说最力的冯其庸先生是不是表达了什么意见，问"冯宽堂（冯先生号宽堂）等人有没有新消息"。先生称自己对《红楼梦》书"所识甚薄"是过谦了。其实他治《红楼梦》极具心得，1994年撰写的《王湘绮和〈红楼梦〉》，发表在翌年中研院文哲集刊第七期，曾蒙见寄抽印本，那是一篇绝妙的好文。

柳先生护惜我们的《中国文化》杂志，经常勤勉有加，但遇有舛误，也会不吝指教。2006年秋季号的《编后》在介绍作者和文章时，有"本期刘梦溪先生《论国学》一文"的措辞，先生看后以为不妥，随即在2007年1月17日的来示中写道："编后话未署名，文中称梦溪为先生，而卷首即梦溪为主编，梦溪素本谦卦六四爻俱吉，此一笔漏重印时可稍移易，信无褒贬也。"此一教示令我极为感动，当即复函致歉致谢。《编后》虽非我所写，但实难辞失察之责。《易》"上经"第十五卦"谦"，其六四爻为"无不利，扬谦。"《象》辞则曰："'无不利，扬谦'，不违则也。""扬谦"指奋发向上之谦。盖先生在期许于晚辈的同时，其督责亦分毫无漏。

我们的通信，先生总是有信必复，我则未能做到四时节候都及时问候。一次许久未向先生通音问，故在信里讲起，平素和友朋对坐，也曾有默然无语的时候。先生回示讲了一则故实警示于我。他说与一老辈长期书信往来，中间有一段时间居然有去无还，电话中问起，对方直说并无他因，只缘近来懒惰耳。这是先生写给我的七十余封信里，唯一两处对我直接垂教的地方。前者关乎文则，后者关乎礼仪。

九

我与柳存仁先生另外还有一次奇遇，不妨在这里一并向大家告白。那是 2003 年的 10 月份，我曾有澳大利亚之行，随同本院的学术访问团，其中 16 日在堪培拉有一个下午和一个晚上的时间。由于临行匆忙，竟未将先生的电话带在身边。我急得不知如何是好。当晚用餐后，陪同者开车送我们回宾馆，途经一路段的英文名称是 Condamine，我大呼柳存仁先生就是这条街！陪同者先将其他成员送回住地，然后带我在这条街上慢慢寻访。车行没有几步，突然见路左侧小径的深处有一朴拙的房舍，我说停下来看看。待一敲门，开门者不是别人，正是柳存仁先生。

世界上竟然有如此蹊跷的事情，由不得不信造物的神奇伟力。柳先生也没有想到我会突然而至，他的高兴自不待言。这已经是他心脏发病的两年之后了，语言思维无任何问题，只是身体明显地向左倾斜。我们照的一张合照，我居左他居右，冲出来一看，先生的头部紧紧地歪向我的一侧。因急于寻觅先生，我的一只假牙落在酒店了，说起话来颇不雅观。柳先生说他的许多老友都有此经历，"我们管这叫无齿（耻）之徒"。说罢我们相视大笑。又过了两年，2006年，先生在5月28日写给我的信里，还提到"前两年您过澳洲摄寄的照片仍在架上"云云。

先生无论为文还是写信，字写得极小，密密麻麻，若非熟读，颇难辨识。心脏患病后，字不仅小，而且一溜往左侧倾斜。故先生信里多次引书家柳诚悬（柳公权字诚悬）"心斜则笔斜"语，自我调侃。2006年1月20日函云："此篇又写斜了，昔柳诚悬言'心斜则笔斜'，吾为此惧。"5月28日之信尾又云："纸无行格，字愈写愈斜。昔吾家诚悬先生言心不正则字不正，大可怵戒也。"病患缠身，亦不改幽默的习惯。

1994年为《大都》出版时，涉及小说正文中数字的写法，2月1日的函示中加一附语："国内出版小说，其中数目字皆改印亚剌伯（阿拉伯）数字，如10月、20元之类，弟较不习惯。幸十分高兴尚未作10分高兴，一宿无话尚未作1宿无话耳。一笑！"读来令人忍俊不禁。

十

接连多天整理重读先生的信函，其和蔼宽仁的音容宛然如在。又想到不久前给我的最后一封信，真有东坡"不思量，自难忘"之感。二十年来柳存仁先生对我的相惜之情和沾溉之益，我无法忘怀。如果有人问我，柳先生的学问精神有哪些值得晚生后学汲取呢？我可以用他信里的一段话作答。

2003年元月22日，我写了一封比较长的信，涉及他治学的一些方面，于是他在2月6日的复示里写道："辱荷谬赏，高明前贤而外，时人又以选堂先生为比拟，弟荒陋何敢上侧饶公，无论先辈前贤。所自勉者，不轻妄语；有失必自己认错；看书必看完全部；于闲书力之所及，有读过周匝者；如是而已，不足为外人道也。"其中以分号隔开的几句话，即"不轻妄语；有失必自己认错；看书必看完全部；于闲书力之所及，有读过周匝者"，可视为他一生为学经验的总结，同时也是他的治学格言。此亦可印证余英时先生所称美的"他的著作，无论偏重分析还是综合，都严密到了极点，也慎重到了极点。我在他的文字中从来没有看见过一句武断的话"，确是知者的平实之言。

真理原来如此简单。

可尊敬的我们学界的仁厚长辈柳存仁先生将永远活在愿意和学问沾边的人的心里。

2009年9月24日写毕于京城之东塾

（原载《中国文化》2009年秋季号）

"书生留得一分狂"

——波士顿郊外的女作家

女作家的名字叫木令耆。她看上去一点也不狂,满身的幽雅淡如。我是说她家书房的一幅字,武汉大学世界史专家吴于廑先生写的,是一首《浣溪沙》词:

> 丹枫何处不爱霜,谁家庭院菊初黄,登高放眼看秋光。
>
> 每于几微见世界,偶从木石觅文章,书生留得一分狂。

第一二句枫霜、菊黄,都指的秋天,故第三句明点"秋光"二字。木令耆长期主持的一本刊物叫《秋水》,因此词的上阕似指书赠对象的事业成就和视野胸襟;下阕则是说作家的职业特点了:以小见大、草木皆可成文。"木石"连用,寓《红楼梦》"木石因缘"之意,大约是说秋水主人的作品,总不离一个情字吧。尾句是对自己、对整个知识分子群体、当然也是对书赠对象的一种期许——不算太高的期许,只希望保留一分可爱的狂气。

　　我和木令耆相识，是1992年的秋天。哈佛开"文化中国：诠释与传播"国际学术研讨会，我应邀前往。临行前王蒙说有几张照片顺便带给她，于是会后的一天下午我们见了面。她开车到我的住地来接，然后进一家餐馆，边吃龙虾边交谈。没有陌生感，如同旧相识。后来她来北京，到过我家里，对我的书房有兴趣。这样一个云淡风轻的人，居然不以我的书房之乱为意，也算识有别才了。

　　1998年再次到哈佛，做访问学者，时间充裕，与木令耆有了更多见面的机会。

　　一次是邀我去波士顿美术博物馆看特展，还是她开车来接。尽管天空飘着雪花，波士顿人的雅兴丝毫未减，不仅博物馆前的停车广场早已没有了空位，对面的停车楼里也是车满为患，至于特展的票更是早已售罄。而时间已经到了中午，只好退而求其次，以口福代替眼福。二楼的餐厅有各式品种的主菜和开胃菜，1992年童元方陪我享用过，至今还记得雪鱼和布丁的美味绝伦。没想到波士顿人吃饭的热情也如同看特展一样高涨，二楼已经没有了座位，排队等号也停止了。幸好一楼的咖啡厅还在供应，但仍需排队，足足等了一刻多钟，轮到了我们，木令耆叫了一个汉堡沙拉，我叫的鸡肉沙拉，以为谈话之助。

　　当时正是克林顿因莱温斯基而狼狈不堪的时候，美国的电视、报纸争抢头条，每天都有惊人的报道。甚至，一位长相很不起眼的女士声称，其千金是克林顿的私生女，几天之后就要到白宫去寻夫认父，而且连孩子的照片也堂而皇之地登在报上，并说可以随时接受DNA检查。决心整治克林顿的议员们如获至宝，表示一定把这个意外收获查个水落石出。克林顿则说并无此事。我到美国不久就赶上这场花样百出的猫捉老鼠的游戏，雾里看花，不很明底里。木令耆是一个有平民思想的作家，虽然不大看得上克林顿，却寄许多同情给他，说这一事件有右翼的种族以及宗教的背景，一任发展下去，会走上孤立排外的道路。她说她为美国感到担忧。

她有时也来中国，提到国内的城市，她说她喜欢南京、扬州，我说我也是。还有杭州，我特殊喜欢，她亦如此。她还喜欢洛阳，但我没去过，我说如果去了，我想会喜欢的。我们都不大喜欢广州，理由不一定充足，印象而已。她生在上海，因此对上海有摆不脱的怀恋。我说上海的特点是都市味浓，天生的与国际接轨。北京居然她没提我也没提。因为常年住在北京，它的不尽如人意处甚为了然，可是在国外或者外省住了一些时间以后重回北京，还是觉得北京好。流行的段子说，在上海人面前，都是乡下人，在深圳人面前都是穷人，在北京人面前都是下级。这是讽刺北京的官多、权位观念重，但北京的真正好处是适合做学问，在这点上没有哪个城市能够和北京相比。

两个星期之后，即1998年12月21日，木令耆带着上次预订好的入场券，再次接我去美术博物馆看莫奈的画展。中间我去了旧金山，访问斯坦福大学和伯克力加州大学，与两校东亚系的教授们交流中国学有关的问题。回来的第三天，我们就如愿以偿地观看了这位法国印象派大师的诸多杰作。莫奈的活动年代主要在20世纪初，第一次世界大战前后是他的创作旺盛期，绘画对象以睡莲为主，兼及意大利风景。最突出的特色是画水，把波、光、影的神奇变幻表现无遗。他个人精神宇宙的风起云涌，变成了水色天光的变奏。

波士顿美术博物馆是西方绘画艺术的宝库，藏品之丰富，与世界上任何艺术馆相比都不会失去一流的地位。1992年童元方陪同我参观的时候，已经粗粗领略过。元方是台湾大学中文系的高才生，当时正在哈佛东亚系撰写关于李笠翁的博士论文。她的艺术感悟力极强，对西方绘画的历史渊源和流派熟稔于心，遇到这样的好向导，不必担心在艺术之旅中茫然迷路。木令耆的鉴赏眼光也足令我叹服，每遇到交融着莫奈精神宇宙的作品，她会驻足久立，流连观赏。童元方也是木令耆的好友，看完特展到一楼咖啡厅小息，我们还不时谈起她——她哈佛毕业后现在香港中文大学翻译系执教。1996年初，我与内子自台湾"中央研究院"返回北京，在香港中文大学短期访学，一次在学校车站的排队处仿佛听到有人叫我的名字，回头一看，原来是木令耆。而站在她旁边的不是别人竟是童元方，人生的离合聚散如此巧合者。

木令耆的家住在距波士顿市区三十公里外的一条公路的旁边，大约是西北方向，屋前屋后是很密的树林，树很高大，有常绿树，也有白桦。屋后的树木连着一片大湖，面积几十亩，湖四周点缀着稀疏的白色小屋。她在此安家已经有三十多年了，自建房，先买下了地。居室简朴，但格致通透，幽静绝尘。我说这所房子只适合一个人居住，谁是这里的女主人，第一步应该把先生先赶跑才是。木令耆说她的目标没有如此远大，只是在先生外出的时候感到特别高兴而已。客厅的壁上挂着木令耆尊人的书法，散淡、疏落、闲适。自署驭万，一个开阔不拘的名字。母名继孟，擅画梅，也挂出一幅，风格谨饬，一如其名。这一字一画，可知女作家韵致风度的来历出处。

女作家的工作室在楼上，只一小间，兼卧室。窗外是湖面，大树掩映，甚高致。屋顶有一天窗，星月直入，可照幽思。吴于廑先生的那首《浣溪沙》词就挂于此室之内。上款署"竹林幻叟"，我以为是木令耆的号，谁知是作者信手而书。我说这可是个了不得的称谓，特别用于女性，可谓千古独得，非知者断写不出。吴先生的中国学问的根底和超越精神由此可见一斑。木令耆为我的解读感到欣悦，说如果我见到吴先生，一定谈得来。可惜我生也晚，与当代大儒、世界史专家吴于廑先生竟无缘一见，但能够在新英格兰的一所湖边小屋欣赏到他的手泽，发遑心曲，体悟他的文学幻想，已是很幸运了。

造访木令耆的家，是她精心安排的。原就约好等内子陈祖芬来了以后一同前往。祖芬在加拿大，大雪困住了她，未能按期来哈佛。两周前终于从多伦多过来，很快就有这次开心的波士顿郊外之旅。木令耆先陪我们到美术博物馆看美国一位女画家的特展，然后来到她郊外的这所清幽的住处。芬的感触是，作家用来写作的房间的确不需要很大。我们从她家出来，木令耆又开车带我们到不远的一个小镇，在一家"九九"餐馆用餐。三个人早已饥肠辘辘，木令耆给我要了一份牛排，芬要的去骨鸡沙拉，她自己要的烤土豆皮，都是这家餐馆的特色菜。本来想在另一家更有名的餐馆用餐的，那是华盛顿住过的一家客店，仍保持原来的面貌，由于是休息日，人多，没排上队，只在楼上楼下看了看。这家"九九"餐厅，是美国最初开发西部的九十九个人的意思，所以颇具西部牛仔的粗犷风格。牛排的味道很美，两位女士也称赞她们的菜香甜可口。

北美独立战争的发祥地列克星敦（Lexington）就在附近，我们吃饱喝足之后驱车来到这打响独立战争第一枪的地方。1775年4月19日，英国殖民者派兵到列克星敦和康克德（Concord）收缴武器，不料当地民兵事先已得到银匠里维尔送来的信息，便拿起反抗的武器，在北桥与英军发生冲突，揭开北美独立战争的序幕。北桥仍然完好如初，当年指挥民兵作战的约翰·帕克上尉的塑像威严地挺立在桥头。但路旁还有一处特殊的纪念地，就是一名英国士兵牺牲的地方，一个小小的水泥墓碑，插着一面小小的英国国旗。纪念反殖民主义的独立战争，也为牺牲的殖民者士兵难过，我们三位参观者不能不为之动容。

这时我才恍然，今天木令耆带我们夫妇离开波士顿北行，不只是看她的湖边寓所，更主要是瞻仰旧北桥这里有过耀眼光辉的历史遗存。美国文豪《红字》的作者霍桑住过的老曼斯宅，也在距北桥不远的地方。爱默生也曾在这里住过。爱默生的祖父就是在这所房子目睹了北桥战役。我们来到这所名宅面前，天色已将晚，在房前拍了一张照，就匆匆离去了。

这是我在波士顿收获最丰盈的一天。回康桥的路上，车外云淡风轻，晚霞夕照，非常好看。我不停地吟诵吴于廑先生的词，尤其对"书生留得一分狂"句深深感会于心，并模仿吴诗的韵脚胡乱杜撰出一些句子，诸如"竹林幻叟有天窗""有天窗处有斜阳""我把圣地作大荒"等等。这后一句，其实有"今典"存焉。我们中午在"九九"餐厅喝了太多的饮品，包括冰水、咖啡，但坐在车上毫无感觉，不知水流何处。可到了北桥凭吊之际，我突然感到不妙，但附近绝无公用厕所。两位女士也为我着急，不约而同地建议不妨使用初民的方法。犹豫再三，不得已只好走到约翰·帕克上尉塑像后面的草木深处行事一番。所以当我高声朗诵"我把圣地作大荒"的时候，祖芬和木令耆在车里笑了个人仰马翻。我赶紧劝止，说无论如何开车的人不能笑，我们三人的安全系在你一人身上。

当然也怕有违吴于廑先生积毕生经验的教诲，超过书生之狂的规定额度，不是一分而是僭越达到二分或三分乃至三分以上就不好了。

（原载2002年3月13日《中华读书报》）

《杨天石文集》序

　　杨天石先生的文集即将付梓，共十七卷，八百万言，蔚为壮观。承天石兄雅意，嘱序于余，想系取平日交谊亲厚，亦大体能明其所学故也。天石长我五岁，他大学毕业的翌年我刚入学。并不同校，他在北大，我在人大。病相怜者，念的都是中文系；读书时，他是"白旗"，我是"白专"。得知天石兄的令名，是他毕业后在北京一所中学教高中语文发生的一桩小故事。班上一女生引起了天石的好感，还未及发乎情即已止乎礼义的杨老师只是略表微忱，那女生就吓哭了。当时北京的中学生单纯得如一张白纸，哪里知道情为何物。可是这个小故事却使我对天石发生了好感，由是便留意他的文章。

　　他的文章也真多，时不时地就能看到他的新作。20世纪70年代中期以后，经过外放劳动和干校整治，我已回到北京，参加《红楼梦》新版本的校订。天石兄研究王艮和泰州学派的著作即问世于此时，前此还有《近代诗选》出版，南社研究似亦肇始于此际。他的学术名声开始萦回于学术之林。爱才重学的史学家侯外庐拔赏贤才，准备将他调至社科院历史所思想史研究室，未及实施李新就调他到了近代史所，专门从事民国史研究，时在1978年。这以后便开始了我与天石兄的学术交往。

近代史所图书馆的资料颇丰，我常去查阅资料，遇有疑难每得到天石兄的帮助，间歇时亦常到楼上他的办公室小坐。他整天埋在办公室，晚上十一二点才回家休息。他的用功是惊人的，是我所见到的京城学界最用功的人。直到今天，他的精勤用功的习惯仍未尝有变。近代史所在东厂胡同，在明代那可是让人望而生畏的去处。文集中的《东畅楼随笔》卷即由此谐音得名。

天石兄的学术兴趣是建立在翔实材料基础上的，天南地北地搜罗材料是他为学的第一要务。经常听他说起到台湾近代史所、到美国各大图书馆查阅资料的奇特经历。他的办法是动手抄录资料，坐下来就是一整天。几周甚至几个月，天天如此，周而复始。《蒋介石日记》就是他在斯坦福大学图书馆如此这般地一字一句抄录下来的。文集中解读《蒋介石日记》的五大卷书，字字都是汗水垒成，可谓得来匪易。现在他成为海内外研究蒋公的权威作者了，殊不知背后所付出的辛劳又岂是常人所能为者。

天石为学不专主一家，所涉区域甚为开阔。晚清民国以来的史事固是他一向的研究重点，但选题视角独特。《蒋介石日记》的解读，可以说是他的独得之秘。《南社》和南社史研究，则是独辟蹊径，侧攻民初史事的丰硕成果。他喜欢当时在场的人写的日记，《钱玄同日记》的整理即为一例。当我奉到天石兄送的疑古玄同的《日记》时，分明感到了珍惜和感激。论者或谓，民国史主要研究一个蒋介石，未免局限。实际他的研究远不止此。文集第七卷是孙中山研究，第四卷是辛亥革命研究，第五卷探讨民国时期的风云变幻。如果说天石是民国史研究的大家，其谁曰不然。

天石的研究兴趣亦包括思想史，特别是思想和人物研究，这有文集第二卷朱熹和王阳明研究为证，也有第六卷的思潮与人物专集可证。他在我主编的《中国文化》杂志共发表文章十一篇，最早是1991年的第四期，同时刊发两篇，一是《跋胡适、陈寅恪墨迹》，一是《胡适与国民党的一段纠纷》。第二次是2006年，题目为《王克敏、宋子文与司徒雷登的和平斡旋——近世名人未刊函电过眼录》。第三次是2008年春季号，《论国民党的社会改良主义》，我们安排在最重要的"文史新篇"专栏刊载。第四次是《蒋介石与尼赫鲁》，发表于2009年秋季号。第五次是《辛亥革命何以胜利迅速代价很小》，刊于2011年秋季号，是为纪念辛亥革命一百周年的特稿。第六次也是两篇同时刊载，一为《孙中山的"知难行易"学说与蒋介石在台湾的"革命实践运动"》，二为《台湾时期蒋介石与美国政府的矛盾》。第七次是2018秋季号，题目为《雷震、胡适与〈自由中国〉半月刊》。此外还有两次专为我们撰写的"学人寄语"。不必详细，仅从题目即可知晓他的这些篇章是一些何等重要的论著。

天石先生绝不是以堆砌史料为能事的史学家，他的史中有思想，有精神，有现实关切。清儒所说的学问构成的三要素，在天石那里，义理、考据、辞章是融合在一起的，从不曾将考据和义理划然而二分。刊于1991年《中国文化》的《跋胡适、陈寅恪墨迹》一文，其实大有来历。文中涉及陈夫人唐晓莹未与寅恪先生结缡时悬挂祖父唐景崧的诗幅一事。唐公是甲午战败时的台湾巡抚，为反对割让台湾尝欲以暂时"独立"缓解危机，当然不可能成为现实。所以后来他写了两首绝句发为感慨，一为："苍昊沉沉忽霁颜，春光依旧媚湖山。补天万手忙如许，莲荡楼台镇日闲。"二为："盈箱缣素偶然开，任手涂鸦负麝煤。一管书生无用笔，旧曾投去又收回。" 1931年九一八事变前夕，陈先生尝请胡适为唐公遗墨题句，胡适题的是："南天民主国，回首一伤神。黑虎今何在？黄龙亦已陈。几枝无用笔，半打有心人。毕竟天难补，滔滔四十春。"寅老回复胡适不禁感叹道："以四十春悠久岁月，至今日仅赢得一不抵抗主义，诵尊作既竟，不知涕泗之何从也。"

此典例涉及本人的研治范围，不妨稍作旁证。2007年，我写过一篇论述陈寅恪学术思想的精神义谛的文字，发表在《学术月刊》2007年第6期上。其中有一段稍涉寅老择偶事典，尝冒昧地援引寅恪先生自己的回忆。他写道：

　　寅恪少时，自揣能力薄弱，复体羸多病，深恐累及他人，故游学东西，年至壮岁，尚未婚娶。先君先母虽累加催促，然未敢承命也。后来由德还国，应清华大学之聘。其时先母已逝世。先君厉声曰："尔若不娶，吾即代尔聘定。"寅恪乃请稍缓。先君许之。乃至清华，同事中偶语及：见一女教师壁悬一诗幅，末署"南注生"。寅恪惊曰："此人必灌阳唐公景崧之孙女也。"盖寅恪曾读唐公《请缨日记》。又亲友当马关中日和约割台湾于日本时，多在台佐唐公独立，故其家世知之尤谂。因冒昧造访。未几，遂定偕老之约。[1]

我引录此事典，是为了说明陈的贵族史家的立场随时有所彰显，其择偶过程，亦见出家世因素占有何等分量。我说："不是见婚姻对象而钟情，而是因其家世而属意；而且终生相濡以沫，白头偕老，也算人生的异数了。"又说："而那轴署名'南注生'的诗幅，便成了他们定情的信物，伴随他们度过一生。"持续下去还有故事。

当1966年端午节的时候，寅恪先生为纪念这段人生奇缘，对诗幅重新作了装裱，并题绝句四首，其中第二首为："当时诗幅偶然悬，因结同心悟凤缘。果剩一枝无用笔，饱濡铅泪记桑田。"这首诗恰好和唐景崧的诗前后印证。唐公诗句为"几枝无用笔"，寅老诗句是"果剩一枝无用笔"。天石兄讲述胡适应寅老之请为唐公诗幅题句一事，岂闲笔哉，岂闲笔哉！其他如《胡适与国民党的一段纠纷》以及《雷震、胡适与〈自由中国〉半月刊》，虽是考史，那目光始终未尝离开真正的现实。克罗齐说，一切历史都是现代史，诚然也。

天石文集中那些大部头著作，我们显然难以逐篇赏读，但他发表在《中国文化》上的文字，我是篇篇细读过的。虽只十余篇，作为抽样，其笔法、义理、思旨、辞章的特点，我大体可以了然。历史书写是讲究笔法的，此一方面天石在行文中自有会心。他出身文学科门，诗文写作是家常营生。

---

①陈寅恪:《寒柳堂集》，生活·读书·新知三联书店，2015年，第236页。

他置身于晚清民国以还的史事研究，史笔中亦难免会有诗心流露。但他不是文史汇流的考史方法，也不是以诗文证史，而是诗作另行，成为他书写性情的单独途径。文集第十五卷里面的《半新半旧斋诗选》等，即为他诗作的选编。由于每有诗集出版天石都会送我，因此知道他的诗多为抒怀写实，交游、经历、情感心迹，历历在焉。他为学的考据、义理、辞章可谓同行并存。

天石还主持过历史和思想的刊物，就是那本影响很大的《百年潮》。我的考证陈寅恪的祖父陈宝箴系为慈禧密旨赐死的长文，曾蒙他谬赏择要刊载于此刊。记得他的《百年潮》还发生过不少故事，天石兄自己宜有记述，我就不在这里赘言了。2011年，我成为中央文史研究馆馆员，在那里我们有了更多的晤谈机会。特别当每年两次的馆员休假之时，我们可以畅叙一切。我与天石的交谊似乎越来越"情好日密"，内子陈祖芬也很喜欢天石，我们常常一起交谈。我们看重他是一个心地单纯的纯学者，这比学问本身还重要。我曾说我们中国文化研究所进人的条件，是学问第一，人品第一。或问，两个第一何者在前？答曰：学问好的人品在前，人品好的学问在前。我们的天石兄可谓两者能得其兼者也。

何敢称序，不过借此忆往事思来者而已。祝贺天石，谢谢天石。

2023年4月28日癸卯三月初九刘梦溪于西子湖畔

（原载《中华读书报》2023年11月29日）

李昕《一生一事》序

　　李昕的生平志业无二事，一年四季做书忙。俗云"为他人作嫁衣裳"是也。北京人文、香港三联、北京三联、北京商务，四十年四段编辑生涯，颠沛必于是，造次必于是。可是这位漂亮衣裳的缝制者并没有失去自我，那些书里书外的戏剧场面，都是他一手所导演。只要一读此书，就可以思过半了。

　　我幸运地成为读完《一生一事》的忠实读者。一口气读完的。不是接受了谁的托付，是拿起来放不下。自传性的纪实文字，写得像章回小说一样好看。高潮迭起，一浪高过一浪。余波后面还有余波。哈佛大学傅高义教授的名作《邓小平时代》中文版由三联推出，充满了惊险。几乎是将不可能之事变成了现实。这得力于李昕的好人缘，也多亏了他的终极陈述的万言书。作者文笔的特殊魅力，我是充分领略到了。

　　李昕年来文思喷涌，著述不断，一本接着一本，本本好看，当代作手可称雄矣。不知道这和他的家学渊源是否有一定关联。他的尊人是清华外语系主任，精通多种语言。祖父是晚清广东水师提督李准的胞弟。祖母是两广总督周馥的孙女。我们当然不必听信有其父必有其子之类的无凭推断，但佛教唯识学发明的"种子熏习"学说，可是史学大师陈寅恪考史论人的经常性依据。寅老特别看重大家世族因文化累积深厚而形成的"优美门风"。当代学者中，汤一介先生可为一例。他父尊是佛学史大师汤用彤，祖父是清代进士颐园老人，"事不避难，义不逃责"的铭言，就出自他祖父之口。何况遗传学还有隔代遗传之说，验证事例更是车载斗量。

　　我和李昕相与较晚，他在三联的后期才得以识荆，但很快成为新结识的老朋友。是书缘，也是善缘。《清华园里的人生咏叹调》里面的小李昕，我也喜欢，因为小时候我也很调皮。

2022年壬寅五月十三于东塾

《我思古人》题记

本书是中央文史研究馆馆员文丛的一种。昨天收到付梓前的清样。翻看目录，应该颇有一定可读性。编辑也说文字好看。

《我思古人》这个书名，用的是《诗经》里面的话。《诗经·邶风·绿衣》共四章，其中第三章为："絺兮绤兮，凄其以风。我思古人，实获我心。"诗的本义，《毛传》《诗谱》都认为是庄公宠爱妾，夫人卫庄姜失位，因忧伤而作此诗。朱熹《诗集传》亦持此说。但作者不必是卫庄姜，也可能是代作或竟是民间作者的吟唱。近人闻一多认为此诗是感旧之作，男子因看到妻子缝制的衣裳，而引起怀思（《风诗类钞》）。高亨《诗经今注》亦秉此说，并以悼亡一语括之。

本书以"我思古人"名书，意在断章。盖平生为学，大都是与古人打交道，即本书所写，也多是古人的故事。至于选取哪些古人和古人的哪些事，自然是那些"实获我心"者。

谢谢中华书局编者为核校此书付出的辛劳。

2022年5月31日壬寅端午前三日于东塾

《读书》与"读书人"和"知识人"

　　《读书》杂志是特殊的，三十年来没有任何一个思想文化刊物能跟她的影响力相比并。她的成功，使得不喜欢读书的人，也喜欢《读书》杂志，即使不经常看《读书》杂志的人，也不能不称赞这本刊物，否则有可能被目为没有文化，不够时尚。

　　《读书》的独擅之处，是在于，她是读书人的家，是知识分子的朋友。各类刊物多得不可计数，但可以称作读书人的家，能够成为知识分子的朋友的，只有《读书》杂志。照说不应该是唯一，可是我想来想去，竟找不到第二个。虽然如此，《读书》杂志本身却面临着一个现实的问题，就是你们的"门庭"可能会变得"冷落"，你们的"朋友"会越来越少。因为如今的社会，真正的读书人是越来越少了。中国古代，特别是明清以后，是有一个读书人阶层的，但他们读书的目标很单一，就是为了科举。读书的范围也很狭窄，一切围绕"五经四书"来旋转。这样的读书人其实已经开始"异化"，《儒林外史》描写的那些人物基本上都是史笔。倒是晚清迄于民国百年以来，确实渐渐有了读书人的群体。但近年来这个群体正在分解和弱化。为了专业研究而读书的人多了，无特定目的闲适读书的人少了。鲁迅说："有病不求药，无聊才读书"。我们自然不必把读书和"无聊"必然地联系起来，但真正的读书人，我以为一定要与功利阅读相区隔。

同样，具有充实涵义的知识分子现在也越来越少了。20世纪90年代以来，出版物剧增，人文与社会科学的从业人员在自己的专业领域各有所成。但不能不承认，专家多了，思想者少了；学者多了，知识分子少了。知识分子的概念到底如何界定？西方有具体的界定方法，大体是除了专业成就之外，还需要对社会的公共问题发表见解。中国古代的"士"，解释起来颇多歧义，但其中有的解释，和现代知识分子的内涵多少有一些吻合之处。比如孟子说："无恒产而有恒心者，为士为能。"所谓"恒心"，就是孟子在另一处说的"尚志"。齐国的王子有一次问："士是做什么的？"孟子回答说："尚志。"又问："何谓尚志？"孟子说："仁义而已。"可见所"志"者"道"也。这也就是孔子所说的"士志于道"。那么所谓"恒心"，其实就是对"道"的不动摇的坚执。另一对"士"的解释，是司马迁记述齐国的稷下学派，说齐宣王喜欢"文学游说之士"，驺衍、淳于髡等七十多人"不治而议论"。一条是"无恒产而有恒心"，一条是"不治而议论"，这两个条件很符合现代知识分子的职能。

但中国今天的知识人士，有"恒产"者越来越多，有"恒心"者越来越少。其实"恒产"多了，"恒心"也就难以维持了。而且现成的"官位"也常常摆在知识人士面前，不为之所动的不能说没有，但毕竟太少了。一旦有了"官位"，

"不治而议论"便无法成立。所以真正意义上的知识分子只能越来越少。本来《读书》是知识分子的朋友，知识分子少了，就是《读书》的朋友少了，出现门庭冷落的情形，正不足怪。

然而《读书》依旧还是《读书》。不管读书人如何地减少，她仍然是读书人的家，哪怕是只有一间阁楼大小的家。知识分子的数量虽然锐减，她接纳朋友的热情却丝毫未减。这一点，三十年前如此，三十年后还是如此。她门所"尚"之"志"，始终没有改变。《读书》的这种品格十分难得。读书人少了，知识分子少了，讲学问的却日见其多。而且近一个时期大家蜂拥而上，一齐比赛着讲"国学"，不懂"国学"的人也来讲"国学"。我注意到，《读书》杂志没有赶这种时髦。国学的根基，主要是经学和小学，马一浮定义"国学"为"六艺之学"，其苦心孤诣很多人没有注意到。

余英时先生前些时有一个提法，他认为与其使用知识分子这个概念，不如使用知识人的概念。因为知识分子概念在中国语境下，涵义展开得不是很充分。而知识人这个概念，可以有一定的弹性空间。所以关于"读书人"和"知识人"的话题，能否在《读书》杂志上有所讨论？还有，最基本的文本经典，包括古今中外的文本经典，《读书》杂志如能细水长流不间断地有所介绍与诠释，窃以为自是有百利而无一弊的文化长策。

（2009年6月6日，根据在《读书》三十周年座谈会上的发言写成，原载《读书》2012年第7期）

附录：《八十梦忆》友人题咏唱和

题梦公《八十梦忆》

胡晓明

一

枯桑海水知天风，片羽翩然向碧空。
我与先生同寤梦，一生低首义宁翁。

二

任他南北又西东，新典岿然第一功。
犹似班书汉志后，万川映月水云通。

三

八十诗翁心尚童，清雄健笔写诸公。
百年家国萦怀事，都入先生一梦中。

和胡晓明教授诗题梦公《八十梦忆》

章方松

梦公文字一向简淡清明，述意平实，文言白话互融，平易间蕴存儒雅风采。今读胡晓明教授题梦公《八十梦忆》三首诗，慧识光彩，涵义深蕴，颇有感怀，和之三首，以示对梦公敬意。

一

听啸山河立晚风，仰望皓月照星空。

文章说梦元非梦，觉启钟声一慧翁。

二

椽笔风涵西与东，自寻常处亦神功。

溯源汲古开新典，月映千江一棹通。

三

耄耋真初尚稚童，丹诚一片识诸公。

梦回风雨百年事，坦荡逍遥天地中。

虞万里教授和诗

予之废吟咏也四十年矣，今梦公转来晓明兄《题梦公八十梦忆》暨章方松先生和诗，雒诵再三，为之击节。忽忆辛丑腊月夜读《八十梦忆》，真有一梦，遂曾与梦公微信往复论古人精义入神之理，因不揣浅陋芜词，奉和追记之。

其一

文字因缘付柳风，当年健笔扫长空。
恍惚前世曾同梦，追步高人马湛翁。

其二

魂萦邹鲁梦山东，经典传承造化功。
犹似净瓶甘露泻，流奔千里百川通。

其三

鹤发如仙颜若童，哲思文史画吾公。
毫笺五彩真堪梦，谈笑鸿儒入梦中。

壬寅八月廿八日于浙大马一浮书院

柳理先生和诗

梦公前示胡晓明、章方松、虞万里三先生同韵诗和，咏赞殷渥，辞雅义深，莫不中怀。公问肯和否？小子不敏，年来数读公《八十梦忆》，每多新悟。因不揣谫陋，谨步前韵以附骥，微申敬忱。

其一

展卷锵然万窍风，无边星斗点霜空。

稀龄述学遐龄梦，梦里何人更梦翁？

其二

开源汲古总流东，遍访奇峰造化功。

炼作一溪岩上泻，潺潺澹澹水天通。

其三

八十儿儿皓发童，天留鸿巨识群公。

情钟不尽卮言梦，总在兴亡爱恨中。

刘永翔教授次韵

恭诵 家 东塾前辈《八十梦忆》敬次晓明教授韵

尽展神州国士风，求才铁网未曾空。

访贤历遍东西海，谁似吾家矍铄翁？

恰如燃炬耀天东，文化回归伟厥功。

凭仗灵光廓迷雾，古今夷夏一时通。

羡公发鹤与颜童，月旦群英秉至公。

谁道命名缘慕蔺，声华早盖沈存中！

后　记

　　承刘进宝先生雅意，约我编一本文章选录，作为他主编的《雅学堂丛书》之一种。进宝兄是我主持马一浮书院期间结识的友人，彼此相与甚得，虽系新交，却不无故知之感。

　　今受命成此一编，以短文为主，按类型和题意的历史时序，分为四组。

　　第一组，是经学和中国文化通论部分，不少篇章是第一次收书。

　　第二组，是魏晋、唐宋、清及五四各时期一些专题研究文字的选篇。

　　第三组，选了几篇我研究王国维、陈寅恪、马一浮的个案文字。

　　第四组，则为序跋之属。

　　《雅学堂丛书》已出各家，著者都是时贤名素，今厕身其间，虽不敢称雅，亦有荣焉。

2024年2月28日补记于京城之东塾